최고가
아니면
다
실패한
삶일까

철학자와 심리학자의 인생질문 20

최고가 아니면 다 실패한 삶일까

줄리언 바지니, 안토니아 마카로 지음 | 박근재 옮김

아날로그

철학자와 심리학자의 인생질문 20

최고가 아니면 다 실패한 삶일까

초판 1쇄 인쇄 2014년 8월 30일
초판 2쇄 발행 2014년 10월 15일

지은이 줄리언 바지니, 안토니아 마카로
옮긴이 박근재
펴낸이 김종길
펴낸 곳 아날로그
책임편집 임현주
편집 임현주, 이경숙, 이은지, 홍다휘
디자인 정현주, 박경은
마케팅 박용철, 임형준
홍보 윤수연
관리 이현아

출판등록 1998년 12월 30일 제2013-000314호
주소 (121-840) 서울시 마포구 양화로 12길 8-6(서교동) 대륭빌딩 4층
전화 (02)998-7030
팩스 (02)998-7924
이메일 geuldam4u@naver.com
페이스북 www.facebook.com/analogue.geuldam
블로그 http://blog.naver.com/geuldam4u

ISBN 979-11-952708-2-8 13100
책값은 뒤표지에 있습니다.
잘못된 책은 바꾸어 드립니다.

이 도서의 국립중앙도서관 출판시도서목록(CIP)은 e-CIP홈페이지(http://www.nl.go.kr/ecip)와 국가자료공동목록시스템(http://www.nl.go.kr/kolisnet)에서 이용하실 수 있습니다. (CIP 제어번호 : 2014023916)

저에게 바꿀 수 없는 것을 받아들이는 평온을
제가 바꿀 수 있는 것은 바꿀 수 있는 용기를
그리고 그 차이를 아는 지혜를 허락하소서.

_라인홀드 니부어

철학과 심리학, 양날의 눈으로 인생에 대해 통찰하다

김형철(연세대학교 철학과 교수)

지식은 모르는 새로운 사실을 알게 되는 것이다. 지혜는 자신이 모른다는 사실을 깨닫는 것이다. 자신이 모른다는 것을 모르는 사람은 배우려고 하지 않는다. 자신이 모른다는 것을 아는 사람만이 배우려고 한다. 뭔가를 모르는 사람은 어디서부터 배우기 시작해야 하는지도 모른다. 그리스 철학자 메논의 역설이다. 과학은 새로운 지식을 우리에게 제공한다. 반면에 철학은 지혜를 준다. 지혜는 삶의 가치와 의미를 성찰하는 데서 나온다.

철학은 과학이 아니다. 아니 더 정확하게 말하면 과거 소크라테스 시절에는 철학과 과학이 같이 동거하고 있었다. 그러다가 개별 과학이 하나둘 철학으로부터 떨어져 나갔다. 물리학, 생물학, 정치학 그리고 심리학이 마지막으로 짐 싸들고 나갔다. 왜 그랬을까? 철학이랑 같이 있으면 굶어 죽을까봐? 너무 세속적인 해석이다. 과학과 철학은 연구 대상이 서로 다르기 때문이다. 물론 연구방식도 다르다. 과학의 탐구대 상은 '사실'이다. 더 정확하게 말하면 우리가 감각적으로 경험하는 자 연현상 또는 사회현상의 배후에 어떤 법칙이 존재한다는 가정하에 그 현상을 연구하는 것이다. 반면 철학은 사실과 현상의 '의미'와 '가치'를 성찰하는 학문이다. 논리와 자기성찰이 철학적 사유의 방법론이고, 실 험과 관찰이 심리학의 방법론이다.

행복에 대한 철학자들의 관심은 아리스토텔레스 이래로 오래된 것 이다. 행복이란 무엇인가? 행복은 우리에게 가장 중요한 목표인가? 이 질문은 철학적 질문이다. 개념을 분석하여 그 정확한 의미를 파악하는 것은 철학자들이 가장 즐겨 쓰는 사유방법이다. 연역적 방법론이다. 심 리학자들은 행복이 무엇인가라는 근원적 질문보다는 어떻게 행복을 추구할 것인가에 초점을 맞춰 왔다. 어떤 상황 속에서 사람들은 행복 을 느끼는가? 나이가 들어감에 따라 행복을 느끼는 기준이 달라지는 가? 이것은 심리학자들의 관심사항이다.

그런데 왜 이렇게 서로 다른 두 학문을 탐구하는 철학자와 심리학자 가 만나서 공동 집필을 했을까? 우리의 삶은 철학자와 심리학자가 생 각하는 것처럼 사실과 가치, 현상과 의미로 구분되어 있지 않기 때문 이다. 학자들은 학문의 전문적 속성에 따라서 연구대상을 분리시키지 만, 우리의 삶은 통합적이다. 우리의 삶에 대한 관심은 양자를 동시에 아우르는 것이다.

행복에 대한 우리의 관심은 그 말의 뜻과 더불어서 추구하는 방법 둘 다를 포함하는 것이다. 외모에 대한 우리의 관심도 마찬가지다. 아름다운 외모에 대한 관심이 어디까지가 적절한지에 대한 의문은 무엇이 아름다운 외모인가에 대한 답과 같이 나와야 해결된다. 소크라테스에게 의지박약은 있을 수 없는 일이다. 왜? 무엇이 옳은 것인지를 알면 그것을 행동하게 되어 있기 때문이다. 그것을 행동하지 않으면서 안다고 할 수 없다. 지행합일이다. 그러나 우리는 의지박약을 느낀다. 이 책의 저자인 철학자 바지니는 이렇게 말한다. "언제 포기해야 할지 모르는 것이 의지박약이다"라고. 재미있는 해석이다. 보통 우리는 '해야 할 것을 하지 않는 것을 의지박약'이라고 생각하는데, 그는 '하지 말아야 할 것을 계속하는 것이 의지박약'이란다. 철학자 바지니는 확신이 결여된 상태가 의지박약이라고 진단한다. 반면 심리학자 마카로는 의지박약이라는 질병에 걸리지 않기 위해서는 최초에 세운 목표를 단호하게 점검하라고 충고한다. 중독현상을 다년간 연구한 그는 대수롭지 않게 생각한 행동에서 의지가 무너지는 함정을 발견했기 때문이다.

　최근 열풍이 일고 있는 자기계발서들을 읽어 보라! 반전이 있는 스토리들에서 우리는 감동과 교훈을 얻는다. 문제는 특정한 결론을 밀어붙이기 위해서 짜 맞춘 듯한 예화들과 사례들에는 과학적 엄밀성도 철학적 성찰도 담겨 있지 않다는 점이다. 이 책은 시작부터 다르다. 우리 입맛에 맞는 말만 하고 있지 않다. 그저 듣기 좋은 얘기만 하고 있지 않다. 삶에 대한 진지한 성찰과 깊이 있는 통찰력을 제시하는 책으로 일독一讀이 아니라 다독多讀을 권한다. 그래야 이 책을 제대로 음미할 수 있기 때문이다.

달콤한 정답보다
인생을 좀 더 세밀하게 탐구하고 싶은 이들을 위한 책

이나미(이나미심리분석연구원 원장)

'철학자와 심리학자의 인생질문 20'이라는 부제를 단 이 책은 심리학과 철학의 결별에 대한 반성으로 시작됐다. 본래 '정신Anima'과 '심리학psychology'이라는 용어를 처음 쓴 사람은 철학자 아리스토텔레스이다. 이후 서양에서 철학과 심리학은 분리되지 않은 채 19세기까지 지속되어 왔다. 동양에서도 주자학의 한 분파인 심학心學이 조선시대에 꽤 많은 지식인들의 공부 대상이었다. 과학이 인간의 마음을 객관적인 척도로 측정하려 시도하고, 프로이트 이후 심리분석 기법이 다양하게 발전하면서 이 두 학문은 결별하게 된다. 이 책에 나오는대로 20세기 초, 철학자들은 심리학자들에게 더 이상 철학박사란 칭호를 쓰지 말라고 주문하기까지 한다. 이후 대부분의 심리학자들도 철학에 등을 들리고 각자의 방식대로 다양하게 사람의 마음을 분석하기 시작했다. 그러면서 빅터 프랑클이나 칼 융 같은 소수의 학자들을 제외하고 대부분의 심리학자들은 철학적 질문들에 대해서 점점 무관심해진 것이 사실이다.

이런 반성에서 출발한 이 책은 살아가면서 마주치는 인생의 질문들에 대해 철학자와 심리학자가 같은 주제, 다른 시각으로 주장을 펼친다.

지난 10여 년간 인기를 누려온 처세술, 혹은 앞뒤 분석도 비판도 하지 않는 무한 긍정심리학, 자기 본능에 충실하라고 말하는 가짜 프로이트 심리학자들, 무슨 수를 쓰든 남을 움직여 자기가 원하는 것을 얻어내라는 조작법을 가르치는 심리서 등에 염증이 난 사람들과 실생활과는 거리가 먼 추상적 담론에 빠져 있는 철학서가 답답한 사람들에게는 매우 유용하고 실용적인 책이 될 것 같다.

특히 멜로드라마같이 질척거리는 '힐링' 유행이 지긋지긋한 사람이라면 지적인 자극과 논쟁할 말한 정보가 가득한 이 책이 더욱 흥미로울 것이다.

그러나 이 책에는 우리가 그토록 원하는 달콤한 정답이 없다. 철학자와 심리학자답게 결론을 강요하지 않고 독자들에게 문제의식을 던지고 생각을 유도한다. 어쩌면 독자들은 그 점이 답답할 수도 있을 것 같다. 그러나 나는 바로 그 이유 때문에 이 책을 권하고 싶다. 인생의 문제들은 양자택일이 아니라는 사실을 우리 모두가 잘 알고 있지 않은가!

인생의 정답을 찾아 더 이상 방황하지 말자
-자기계발에 지친 당신에게

"삶은 투쟁이다. 진정 행복을 느끼고자 한다면 인내심을 가져라. 이조차 지나가리라."

_작가 개리슨 케일러Garrison Keillor

자기계발서로 분류되는 책에서 자주 인용되는 이 글귀를 보고 많은 이들이 고개를 끄덕였을 것이다. 나 역시 '이조차 지나가리라'라는 말에 크게 위안을 받은 적이 있다. 그러나 한편 이런 의문도 든다.

'정말 인내심만 기르면 행복해질까?'

대체로 자기계발서의 가르침은 순간적으로 뜨겁다. 그러나 마음에 새기고 오래 적용하기 어렵다. 심지어 시간이 지나면 허망해지는 경우도 많다. 아마도 만족한 삶을 위한 비법이나 마법의 공식 같은 것이 따로 존재하지 않기 때문일 것이다. 그렇다면 인생의 갈림길에서 지침으로 삼을 만한 최소한의 지혜는 없는 것일까?

우리 두 사람은 이 문제에 대해 오래도록 이야기 나누고 연구해왔다. 그리고 누대에 걸쳐 축적된 지혜 속에는 인생을 살면서 맞닥뜨리는 여러 문제들에 잘 대처할 수 있도록 돕는 유용한 지식과 경험이 내재해 있다는 결론에 이르렀다. 이것들을 잘 활용한다면 우리는 실천적인 지혜를 계발할 수 있다. 실천적인 지혜란 구체적인 삶의 현장에서 순간순간 좀 더 나은 선택을 할 수 있는 능력을 의미한다.

심리치료와 철학이라는 연장

철학자와 심리학자가 인생의 지침서를 쓴다는 것은 자칫 오만한 일로 비춰질 수 있다. 우리 두 사람 역시 뭔가 거창한 주장을 하거나 독자에게 대단한 지혜를 전해주고자 이 책을 쓴 것은 아니다. 다만 차고에 각종 연장을 완벽하게 구비한 무능한 수리공보다는 달랑 드라이버 하나뿐이지만 실력이 뛰어난 수리공이 훨씬 더 많은 일을 해 낼 수 있는 것처럼 약간의 지식만으로 세상의 본질을 통찰할 수 있다는 생각에서, 그 약간의 지식을 공유하고자 책을 쓰게 된 것이다.

우리가 이 책에서 말하고자 하는 바는 다음과 같다. 우리는 다양한 연장을 갖춘 어느 차고에 들어가는 길을 알아냈으며, 그 차고에 당신을 초대하여 가장 유용한 연장을 선택해 활용하도록 이끌고자 한다. 그 연장들은 심리학과 철학이라는 자원을 활용해 만들어졌다.

마지막으로 이 책은 이혼 후 각자의 길을 가던 철학과 심리학이 '어떻게 살 것인가'라는 문제에 도움을 주기 위해 재결합해서 나오게 된 책이다. 가치를 따져 묻는 일에 익숙한 철학자와 사실 연구에 익숙한 심리학자 두 사람의 목소리로 채워져 있지만, 상호대립보다는 상호보완을 통해 화음을 만들기 위해 노력했다. 부디 그 화음이 독자에게 전달되기 바란다.

_줄리안 바지니, 안토니아 마카로

CONTENTS

최고가 아니면
다
실패한 삶일까?

최고가 되기 위해 노력하는 당신에게

심리학자
우리가 통제할 수 있는 것은 결과가 아니라 노력이다

철학자
내가 살아온 삶이 곧 나 자신이다

우리가 통제할 수 있는 것은
결과가 아니라 노력이다

가장 좋은 모습의 자신을 상상해본 적이 있는가? 그때의 당신은 무엇을 하고 있는가? 더 자신에 차 있고, 관용을 갖추었으며, 붙임성 있고, 흐름을 따를 줄 아는 모습인가?

요즘 사람들의 머릿속에는 자기 자신을 완벽하게 만들어야 한다는 생각이 어떤 방식으로든 깊이 배어 있다. 그래서인지 자기계발 서적들이 범람하고 있다. 그러나 어떻게 계발이 이루어져야 하는지를 명확하게 제시하는 책은 의외로 찾아보기 힘들다.

한때는 그 방법이 명확히 제시되기도 했다. 1859년에 출간되어 전 세계적인 베스트셀러가 되었던 『자조론Self-Help』의 저자 새뮤얼 스마일즈Samuel Smiles에 따르면 자기계발이란 근면, 끈기, 검소함 등의 고귀한 소양을 기르는 것을 말한다.

하지만 지금의 사정은 다르다. 도처에 계발해야 할 것들이 널려 있다. 심지어 와인 음미법을 배우는 일조차 자기계발의 방법 중 하나로 받아들여질 정도다. 더구나 여러 조언들이 서로 상충하는 경우도 있다.

우리는 왜 완벽에 집착할까?

더 나은 자신이 되고자 하는 욕구는 물론 존중할 만하다. 하지만 경계해야 할 부분도 있다. 아마도 가장 나쁜 선택은 완벽에 대한 지나친 집착일 것이다. 완벽에 집착하는 이유는 두려움 때문이다. 그 두려움이란 이런 생각이다. '완벽함을 추구하지 않으면 내가 할 수 있는 최소한의 일만 하려 들게 되고, 결국 만사 될 대로 되라는 식의 안일주의에 빠지게 되지 않을까?'

하지만 동시에 정반대의 의문도 생길 수 있다. '도저히 도달할 수 없을 것 같은 높은 기준과 목표를 세워놓고 그걸 달성해보겠다고 평온해야 할 내 삶을 제물로 바치는 것 또한 과연 가치 있는 일일까?' 더 나아가 이런 생각도 해볼 수 있다. '우리의 삶이 반드시 이 둘 중 하나의 경우에만 속해야 하는가?' 어쩌면 완벽이 아니면 평범이라고 보는 이분법적 사고가 더 큰 문제일 수 있다. 즉, 최고의 목표를 세우고 그것을 달성하기 위해 부단히 노력하는 삶 외에는 다 실패한 삶이라고 간주하는 것이 문제인 것이다.

'합리적 정서·행동치료REBT'의 창시자인 앨버트 엘리스Albert Ellis는 우리를 괴롭히는 독단적이고도 절대적인 의무들에 관한 글을 쓴 바 있는데, 그 내용이 상당한 설득력을 지닌다. 예를 들어 자신이 정한 목표를 100퍼센트 달성해야만 성공으로 여기는 믿음은 합리적이지도 않으며 삶에 아무런 도움도 되지 않는다. 완벽은 인간이 결코 도달할 수 없는 목표이다. 그리고 반드시 성공해야 한다는 요구에 집착하면 할수록 우리의 성공 가능성은 오히려 더 줄어든다. 최종적인 결과물을 놓고 너무 많은 생각을 하다 보면 오히려 아무것도 행동으로 옮기지 못하는 일이 벌어질 수 있다.

완벽주의자들이 쉽게 빠지는 오류

스토아학파는 몇 가지 유용한 조언을 남겼다. 그들은 활쏘기를 예로 들어 논지를 펼쳤다. 활을 쏠 때 우리는 자신의 기량을 최대한 발휘하여 뛰어난 활솜씨를 보여주고 싶어 할 것이다. 하지만 그런다고 해서 반드시 과녁의 정중앙을 꿰뚫으리라는 확신이 서는 것은 아니다. 물론 활을 잘 쏘고 못 쏘고는 우리의 능력 안의 일이지만 화살이 시위를 떠난 뒤의 일은 통제 범위를 벗어난다. 엄밀히 말해 우리가 통제할 수 있는 것은 우리의 노력뿐이다. 그럼에도 우리는 일의 결과까지 통제할 수 있어야 한다고 생각하며 스스로를 괴롭힌다.

역설적이게도 자기 향상을 위해서는 자신의 불완전함을 인정해야 하며 실패를 견딜 줄 알아야만 한다. 이러한 능력이 완충 역할을 해주지 못하면 자기 향상에 대한 관심은 결국 자아도취에 빠지게 되거나 자아비판적인 완벽주의로 전락하기 십상이다.

또 다른 잠재적인 위험은 우리가 자신의 행동에 대해 너무나 많은 책임을 지려 한다는 것이다. 이 말을 오해하지는 말라. 책임을 지는 것은 좋은 일이다. 책임은 자신을 변화시키는 발판 역할을 해준다. 그러나 상황에 대한 고려가 반드시 동반되어야 한다. 전후 맥락은 따져보지도 않고 모든 일을 자신이 책임지려 한다면 이는 스스로를 부당하게 대우하는 일이 된다.

어느 누구도 고립된 채 홀로 존재하지 않는다. 따라서 우리는 자신이 처한 환경으로 인해 더 잘 될 수도 있다. 지금과 다른 환경이었다면 어쩌면 특정 능력이나 자질을 더 많이 계발할 수 있었을지 모른다. 다만 실제 환경이 그러한 능력과 자질을 계발하는 데 부적합했기에 그만한 능력이나 자질을 갖추지 못한 것이리라.

모든 분야에서 최고가 될 수는 없다

마지막 얘기를 해보자. 우리는 실패한 것, 즉 자신이 성취하지 못한 것에 미련이 남을 수도 있다. 그러나 어쨌든 자기계발이 우리 삶의 모든 측면을 포괄할 수는 없다는 사실, 그리고 어떤 잠재 능력을 향상시키는 과정에서 불가피하게 다른 능력을 잃게 되기 마련이란 사실을 받아들여야 한다. 우리가 가진 자원은 한정되어 있으며, 자신의 에너지를 모든 일에 동등하게 쏟는 것은 불가능하다. 예를 들어, 크게 성공한 사람들 중 다수는 더 좋은 사람, 더 좋은 친구 혹은 파트너가 될 수도 있었지만 그렇게 되지 못했다. 이런 점은 쉽게 수긍이 갈 것이다. 어느 누구도 인생의 모든 측면에서 최고가 될 수는 없다. 이 또한 인간의 조건이 갖는 여러 측면들 중 하나이다.

한 방면에서의 상실은 다른 방면에서의 획득을 의미한다. 예컨대, 우리가 꾸준히 노력하여 어떤 능력을 향상시켰다고 해보자. 그것은 다른 무언가를 포기하고 대신 특정한 능력을 개발하는 일에 자신의 잠재 능력과 열정을 집중시킨 결과로 볼 수 있다. 당신은 어쩌면 운동선수나 사업가로서의 잠재 능력을 가졌지만 결국 그것을 실현시키지 못한 채 살아가고 있을지도 모른다. 하지만 그 대가로 행복한 가정을 얻게 되었을 수도 있다. 물론 그 반대의 상황도 가능하다. 우리는 자신의 한계를 감안하여 어디에 집중적으로 에너지를 투자해야 할지 신중하게 생각해봐야 한다. 이를테면, 기억력을 향상시키는 무언가에 시간과 비용을 투자하는 것은 좋은 일이다. 그러나 만약 그것에 너무 많은 시간과 노력을 쏟는다면 그로 인해 더 좋은 기회를 놓치게 되거나 다른 능력이 약화될 수도 있다.

물론 이런 조언들을 목표를 이루지 못한 자신의 행동을 정당화하고 아무런 노력도 하지 않았던 자신을 변명하는 수단으로 해석해서는 안 된다. 그러나 분명한 사실은 우리는 자신이 불완전하다는 사실을 인정하고 받아들여야만 한다는 것이다. 그래야만 자기 자신뿐 아니라 타인에게도 관대할 수 있다.

가장 불완전한 사람이 되라

최고의 자신이 되고자 하는 이상은 말 그대로 이상으로 봐야 한다. 결국 우리는 스스로가 불완전한 존재라는 사실을 전적으로 받아들이면서 주어진 일에 최선을 다해야 한다. '모리타 치료법'의 창시자인 일본의 정신의학 전문의 쇼마 모리타Shoma Morita는 이러한 생각과 관련된 조언을 다음과 같이 재미있게 표현한 바 있다. "당신이 될 수 있는 가장 불완전한 사람이 되라." 두려움, 불안 등의 감정을 극복 대상이 아닌 '있는 그대로' 인정하고 받아들여야 할 대상으로 봤던 모리타 박사답게 자신의 부족함 역시 인정할 것을 권한다.

마음껏 발휘하지 못한 잠재 능력에 대한 불만족스러운 느낌은 쉬이

누그러지지 않고 마치 끊임없이 이어지는 잔소리처럼 우리를 따라다
닐 수도 있다. 이러한 '잔소리'를, 자신이 추구하는 가치와 관련된 암시
로 해석할 줄 아는 건설적인 사고가 필요하다. 그 '잔소리'는 이제까지
자신의 삶에서 간과해왔던 특정 부분을 향상시키고자 하는 욕구를 표
현하는 것으로 해석할 수 있다. 그럼으로써 이 잔소리에 힘입어 또 다
른, 그리고 좀 더 성숙하고 충만한 길로 방향을 전환해 나아갈 수 있다.
물론 다른 많은 경우와 마찬가지로 이 경우에도 도착점보다는 여행의
경로가 더 중요하다.

철학자

내가 살아온 삶이
곧 나 자신이다

1920년대에 프랑스 심리학자이자 자기암시요법의 창시자인 에밀 쿠에Émile Coué는 사람들이 약의 내용물보다는 포장이나 광고에 더 큰 영향을 받는다는 사실을 알게 되었다. 이를 계기로 그는 최면술에 흥미를 갖게 되었고, 마침내 우리의 생각이 눈 앞의 현실을 만들어낸다는 골자의 자기암시요법을 개발하기에 이르렀다. 그는 "나는 나날이, 그리고 모든 면에서 점점 더 좋아지고 있다"[1]는 주문을 외운다면 자기 암시의 힘에 의해 실제로도 눈에 띄게 나아질 것이라고 주장했다. 이런 기법이 효력을 발휘했는지는 확신할 수 없지만 만약 효과가 있다면 굉장한 일임에 틀림없다.

훌륭하게 사는 것과 잘 사는 것의 차이

무언가 향상되는 것이 곧 악화되는 것을 의미하는 경우가 존재할 수 있을까? 에어기타(기타도 없이 기타 치는 흉내만 내는 것을 말함 : 옮긴이)를 하루 종일, 혹은 일주일 내내 연습하는 사람을 떠올려보면 생각이 달라질 수도 있다. '과도한 능력 계발'이라는 말은 그 자체로 모순된 표현이라는 주장도 있지만 에어기타 치기의 경우에는 적용되지 않는 것 같다.

이 사례를 좀 더 훌륭한 사람이 되는 문제로 대체해서 생각해보면, 다른 어떤 것보다 문제가 될 만한 것들을 여럿 찾아낼 수 있다. 예를 들어, 우리가 도덕적이라고 여기는 삶과 잘 사는 것이라고 여기는 삶의 차이를 떠올려보자. 도덕적으로 향상된다는 것은 타인을 좀 더 잘 대우하고 세상에 긍정적인 영향을 끼치는 것을 의미한다. 반면 잘 산다는 것은 자기 자신의 생활이 더 나아진다는 것을 의미한다. 좀 더 건강해진다거나 만족스러운 경험을 하는 것, 혹은 좀 더 깊은 인간관계를 맺는 것들이 여기에 포함된다.

도덕적 향상이 아닌 생활의 향상만 추구하게 되면, 자기 자신에게 가장 큰 이득을 남기는 일에만 집중하게 된다. 이에 대해 어떤 이들은 자신에게 이득이 되는 일에만 집중하는 행동에도 이타적인 면모가 포함되어 있다고 주장한다. 내게는 그 점이 무척이나 흥미롭게 다가온다.

그들에 따르면, 더 잘 살게 된다는 것은 곧 타인에게 더 큰 즐거움을 주고 더욱 친절한 사람이 된다는 것을 의미한다. 그로 인해 다른 사람들이 자신과 좀 더 스스럼없이 어울리고 싶어 하게 될 것이므로 더 잘 산다는 것 자체에 이타적인 속성이 있다는 것이다. 그들은 심지어 삶의 목표 중 가장 이기적인 것이라 할 수 있는 개인의 행복에조차 이타적인 요소가 포함되어 있다고 주장할 것이다. 그러면서 그들은 행복한 사람이 타인에 대해 관대하고, 공감할 줄 알며, 배려도 잘하는 경향이 있다는 것을 그 증거로 제시하려 할 것이다.

이 말은 어느 정도까지는 사실이다. 대개의 경우 도덕성은 삶의 자양분 역할을 한다. 그러나 이 두 가지가 언제나 함께 간다고 믿는 것은 지나치게 낙관적이며 순진한 생각이다. 이기심으로 똘똘 뭉쳤지만 행복한 사람도 있으며, 자신의 건강과 재산을 고귀한 가치를 위해 기꺼이 희생하는 성인군자도 있다.

자기 향상에 과도하게 집중하는 행위는 순전히 이기적인 의미의 발전에만 주의를 기울이게 될 위험성이 있다. 또한 도덕적인 차원을 무시하게 되는 부수적인 위험도 도사리고 있다. 어긋난 초점을 재조정하기 위해서는 '자기'라는 단어를 빼야 한다.

그리고 쿠에의 주문은 다음과 같이 바꿔야 한다. "나는 나날이, 그리고 의미 있는 측면에서 좀 더 바르게 행동하기 위해 노력하고 또 노력해야 할 것이다."

잠재 능력에 대한 오해

그렇다면 이제부터는 우리가 향상시키려고 하는 것이 정확히 무엇인지 또 얼마나 향상시켜야 하는지 물어야 한다. 사람들은 흔히 자신이 향상시키고자 하는 것이 잠재 능력이라고 믿는다. 그리고 대부분의 사람들은 자신의 잠재 능력이 무엇인지 알고 있다고 여긴다. 더 나아가 타인의 잠재 능력까지 발견할 수 있다고 생각하는 사람도 많다. 하지만 말 그대로 잠재 능력이란 아직 밖으로 드러나지 않은 우리 안의 어떤 것을 말한다. 따라서 잠재 능력이 실제로 존재하는지 그렇지 않은지는 그것을 계발할 수 있는지 여부에 달려 있다고 해도 지나치지 않다.

예를 들어 어떤 사람이 훌륭한 테니스 선수가 될 잠재 능력을 가지고 있다고 말하는 것은 그가 아직 훌륭한 테니스 선수가 아니라는 사실을 역으로 드러내는 것이다. 그러므로 아직 계발되지 않은 잠재 능력을 현실화시키는 문제를 전제할 때 여기에는 우리가 생각하는 것보다 훨씬 더 많은 불확실성이 포함되어 있음을 알 수 있다.

장 폴 사르트르Jean-Paul Sartre의 비판에 따르면, 잠재 능력은 상황만 달랐더라면 어떤 일을 해낼 수도 있었을 거란 착각을 느끼게 함으로써 우리에게 거짓된 위안을 준다. 사르트르에게 인간이란 "그의 행동의 총합 이외의 어떤 것도 아니며, 그가 살아온 삶이 곧 그 자신이다." 상황이 좋았더라면 더 잘할 수 있었을 거라고 자신에게 말하는 것은 거짓된 위안이다.

사르트르는 "믿을 수 있는 것은 실재뿐이며 꿈, 기대, 희망이라는 말은 그저 거짓된 꿈, 실현되지 않은 기대, 무산된 희망을 통해 한 사람을 정의 내리기 위해 사용될 뿐이다"라고 주장했다.[2] 잠재성에 안주하는 것은 자신을 부정적으로 정의 내리는 것, 즉 자신을 다른 누군가로 정의 내리는 것이다. '나'를 긍정적으로 정의 내리기 위해서는 다른 이가 아닌 스스로를 정의 내려야 한다. 계발되지 않은 잠재 능력이란 꿈의 영역에 속하는 가정된 능력에 불과한 것이지, 우리의 실제 삶의 영역에서 유령과 같이 존재하는 어떤 것이 결코 아니다.

프랑스 철학자들이 표현을 절제하는 스타일은 아닌지라 사르트르가 꽤 과장된 표현을 한 것으로 볼 수도 있다. 하지만 자신이 무엇이 될 수 있을지, 혹은 될 수 있었는지를 우리 스스로 잘 안다고 쉽게 가정하는 문제에 대해 의문을 제기했다는 측면만 놓고 보면 그의 주장은 옳다. 그 누구도 미래를 내다볼 수 없으며, 과거에 선택하지 않았던 다른 길이 어느 곳으로 이어졌을 것인지에 대해서도 알지 못한다. 우리가 적극적으로 계발하려 하지 않았던 잠재 능력이란 어쩌면 정말로 가지고 있는 것인지 아닌지조차 정확히 알 수 없는 가상의 능력에 불과한 것일 수도 있다.

자기 향상을 위해 얼마나 노력해야 할까?

자신을 향상시키기 위한 노력은 결과와 관계없이 그 자체로 훌륭한 것이다. 잠재 능력에 대한 자아도취적인 생각이나 착각에 빠지지 않는 한 말이다. 그렇다면 자기 향상을 위해 우리는 얼마만큼의 노력을 경주해야 할까?

완벽주의라는 함정이 도사리고 있긴 하지만 불가능한 이상을 향해 노력하는 것은 바람직하다고 나는 생각한다. 이 생각은 사실 칸트 Immanuel Kant가 제시했던 원리를 반대 방식으로 차용한 것이다. 칸트의 원리에 따르면 '당위는 능력을 함축한다.'[3] 달리 말해, 그만한 능력을 갖지 못했는데도 어떤 것을 해야만 한다고 말하는 것은 아무 의미가 없다. 가난한 사람에게 자선단체에 백만 파운드를 기부해야 한다고 말할 수 없는 것처럼 말이다.

칸트의 주장은 마땅히 지켜야 할 원칙으로 우리에게 다가온다. 그렇기 때문에 철학자 사이먼 크리칠리 Simon Critchley의 얘기를 듣고 난 뒤의 내 반응은 놀라움 그 자체일 수밖에 없었다. 그에 따르면, 윤리학에서는 당위가 불가능을 함축한다. 우리는 자신이 성취할 수 있는 것보다 더 높은 기준과 목표를 세워야 한다. 왜냐하면 자신의 행동에 만족하는 순간 길을 잃게 되기 때문이다. 이런 생각은 "네 이웃을 자신처럼 사랑하라"는 예수의 계명에도 명확히 드러난다. 이 말을 실현 가능한 것으로 받아들여서는 안 된다. 자신을 향상시키기 위한 노력을 지속해야 한다는 말로 이해해야 한다.

이 말이 전형적인 완벽주의자들이 하는 말과는 다르다는 사실을 알아차리는 것이 중요하다. 성취할 수 없는 것에 대한 열망이 의미를 갖는 경우는 그것을 향해 나아가는 과정에서 발전이 이루어질 때이다. 당신이 특정 시간에 특정 장소에 가기 원하는 경우를 예로 들어보자. 단순히 그 목적지의 절반에 해당하는 지점에 도달했다고 해서 딱 절반만큼 좋아졌다고 말할 수는 없을 것이다. 이것은 무용한 논리이다. 반면 당신이 이 나라 최고의 우쿨렐레 연주가가 되기 위해 노력을 했는데, 결국 동네 최고의 연주자 정도 되는데 그쳤다면 어떨까? 그것은 노력할 만한 가치가 있었다고 말할 수 있다.

완벽주의자의 첫 번째 문제점은 대개 차선의 결과에 대해 만족하지 못한다는 데 있다. 이런 문제점을 극복하기 위해 완벽주의자들은 전부 아니면 전무라는 식의 사고방식을 극복하거나 스스로에게 부과한 당위가 자신이 가진 실제 능력과 조화를 이룰 수 있게끔 노력해야 할 것이다.

두 번째 문제점은 불가능한 것은 진정 불가능하다는 사실을 인정하지 않는다면 헛된 갈망으로 인해 자칫 어리석은 결과를 초래할 수 있다는 점이다. 불가능한 일임에도 할 수 있다고 우기면서 노심초사하다가 결국 불만족스럽고 불행한 삶을 사는 자신을 비난하게 될 것이기 때문이다. 완벽주의자들 대부분이 갖고 있는 문제점은 완벽해지려고

애쓴다는 점에 있는 것이 아니라 자신이 완벽해질 수 있다고 믿는다는
데 있다.

행복이
인생의 목표가
될 수 있을까?

인생의 목표가 행복인 당신에게

심리학자
행복해지려고 노력하기보다 행복해질 이유를 찾을 것

철학자
행복하지 않아도 삶에 만족하며 멋지게 사는 사람들

심리학자

행복해지려고 노력하기보다
행복해질 이유를 찾을 것

심리치료사들이 애용하는 소도구 중 하나로 '기적 질문'이라는 것이 있다. 이것은 다음과 같은 방식으로 진행된다. "간밤에 당신이 자는 동안 기적이 일어났고, 당신을 이 병원에 찾아오게 만들었던 문제가 해결되었다고 가정해봅시다. 오늘 아침 눈을 떴을 때 당신은 과연 무엇을 발견했을까요? 당신의 인생은 어떻게 변했을까요? 어떤 변화가 일어났나요?" 이 질문에 대한 가장 흔한 대답은 "그냥 행복해져 있을 것 같군요"이다.

치료사는 좀 더 집요하게 행복해졌다면 무엇이 달라져 있는지, 누구와 무엇을 하고 있었을 것 같은지 등의 질문을 이어나간다. 그러면 사람들은 분명하게 답변하기를 꺼려하고, 그 과정에서 행복에 대한 장밋빛 꿈도 퇴색해간다. 이것이 행복과 관련된 첫 번째 문제이다.

언제부터 우리의 인생 목표가 행복이 되었을까?

행복은 너무 모호하다. 행복을 좀 더 상세하게 정의하지 않는 이상 행복으로 가기 위해 우리가 할 수 있는 일이란 거의 없다. 하지만 최근 몇 년 사이 그 추세가 바뀌기 시작했다. 언제부터인가 —아마도 2005년 리처드 레이어드의 책 『행복의 함정Happiness』이 출판된 즈음부터— 행복 추구를 긍정적으로 보는 사람들이 한목소리로 호소하기 시작했다. 심지어 달라이 라마Dalai Lama조차 인생의 목적은 행복을 추구하는 것이라고 공언했는데, 그의 이 같은 발언은 다소 의외성을 띤다. 왜냐하면 불교의 교리에 따르면 인생은 그 자체로 고통이기 때문이다.[4] 그 때문인지 그와 생각을 달리하는 목소리들이 잇따르기 시작했다.

긍정심리학의 창시자인 마틴 셀리그만을 포함한 많은 철학자와 심리학자들이 행복은 인생의 주요 목표 중 낮은 지위를 차지할 뿐이라고 비판했다. 행복보다는 '잘살기'나 '번영'을 삶의 목표로 삼는 것이 낫다는 것이다. 이 둘 속에는 행복보다 더 풍요롭고 미묘한, 그리고 좀 더 다차원적인 의미가 들어 있다.

행복을 추구하는 일에는 확실히 여러 가지 모순이 도사리고 있다. 그 이유는 행복에 지나치게 집착하다 보면 오히려 행복이 훼손될 수 있다는 사실에서 찾을 수 있다. 왜냐하면 행복해지기 위해 더 많이 노력할수록 우리는 덜 행복해지기 때문이다. 행복을 움켜잡기 위해 더 애쓸수록 행복은 더 손쉽게 손아귀를 빠져나가기 때문이다.

행복에게 다가서면 멀어지는 이유들

왜 그런 일이 벌어지는 것일까? 아마도 우리를 실질적인 행복이나 불행으로 이끄는 것이 무엇인지 예측하는 데 서툴기 때문일 것이다. 심리학자 대니얼 길버트Daniel Gilbert의 주장대로 살아가는 동안 우리에게 닥치는 커다란 환경적 변화가(그것이 긍정적 변화든 부정적 변화든 상관없이) 우리의 행복에 미치는 영향은 사소하고 단기적일 뿐이다. 또한 순간적으로 느꼈던 희로애락의 감정은 본래의 일상적 수준으로 돌아가고 만다.[5]

또 다른 이유는 우리가 완벽한 행복을 원한다는 데서 찾을 수 있다. 심각한 문제가 닥친 것도 아니며 더할 나위 없이 만족스러운 상황에서조차 우리는 행복을 이상적인 시나리오 속에서만 찾으려 한다. 완벽한 미래라는 최면에 너무 깊이 빠져 있기 때문에 현실에서 당장 느낄 수 있는 행복을 못 보고 마는 것이다.

행복을 쫓다 보면 우리의 기대치가 과도하게 상승할 수 있는데, 이 또한 위험하다. 행복 관련 서적이나 잡지 기사를 읽다 보면 우리는 인생을 살면서 자신이 행복해질 권리와 행복해져야 할 의무가 있다고 믿게 된다. 그러나 자신이 행복하다는 것을 반드시 확인해야 한다는 태도 때문에 우리는 수많은 실망과 후회 그리고 자책에 빠진다. 특히 일이 뜻대로 되지 않을 때('않을 것 같으면'이 아니다!) 그렇게 될 위험이 크다.

우리는 행복은 이루기 힘들다는 사실을 그 이유와 함께 확실히 기억하고 있어야 한다. 긍정심리학 분야의 선구적 학자로 평가받는 미하이 칙센트미하이Mihalyi Csikszentmihalyi는 『몰입Flow』이라는 책에서 행복을 이루기 어려운 이유를 다음과 같은 간결한 문장을 통해 밝히고 있다.

"우주는 인간의 안락을 염두에 두고 만들어지지 않았다."[6]

행복을 느끼는 감정의 패턴

이런 얘기가 우리에게 무엇을 의미할까? 결국 행복해지고자 하는 모든 시도를 떨쳐버려야 한다는 말인가? 아니면 단지 그 구체적인 시도 방법을 다듬어야 한다는 말인가?

행복에 강박적으로 집착하는 것과 완전히 포기하는 것 사이에는 중간지대가 존재한다. 삶을 풍요롭게 해주는 많은 것들 중에서도 행복이 차지하는 비중은 크다. 그리고 어떤 일이 나를 행복하게 해준다는 단순한 이유로 그 일을 선택한 사람을 비난할 근거 또한 없다. '하는 과정에서'라는 말이 핵심적인 역할을 한다는 점에 유념하며 대니얼 카너먼Daniel Kahneman의 다음 질문에 귀를 기울여보자. "행복을 증진시키는 가장 쉬운 방법은 당신의 시간 분배를 조절하는 것이다. 당신은 어떤 일을 하는 과정에서 즐거움을 느낄 수 있는 그런 일들에 더 많은 시간을 더 할애할 수 있는가?"[7]

만일 자신을 행복하게 만드는 것이 무엇이고 자신의 행복에 방해가 되는 것이 무엇인지에 주목하기 시작한다면 모종의 패턴을 목격할지도 모른다. 예컨대, 어떤 즐거움은 금방 지나가거나 고통스러운 결과를 낳는다. 다른 어떤 즐거움은 오래 지속되며 그것이 끝나고 오랜 시간이 지난 뒤에도 우리를 계속 행복하게 한다. 우리는 이러한 패턴으로부터 배움을 얻을 수 있으며, 강렬하지만 얕은 매력을 지닌 것들에 동요되지 않고 우리의 에너지를 보다 꽉 찬 만족을 주는 것들에 돌릴 수 있다.

행복해지고 싶다면

정신의학 전문의이자 로고테라피logotherapy의 창시자인 빅터 프랭클Viktor Frankl에 따르면, 정말 중요한 것은 행복해질 이유를 갖는 것이고, 그렇게 되면 행복은 따라오기 마련이다. 행복이 따라오든 따라오지 않든 자신이 가치 있게 여기는 일과 자기 삶에 의미를 주는 일을 하는 데 온힘을 다하는 것은 바람직해 보인다. 행복은 '부차적으로' 추구되어야 한다는 주장을 설명하기에 이보다 더 좋은 경구는 없을 것 같다.

버트런드 러셀Bertrand Russell도 이와 비슷한 맥락의 충고를 한 바 있다. "당신의 관심 영역을 최대한 넓혀라"[8] 그러면 우리의 협소한 시각이 균형을 유지하는 데 도움을 얻을 수 있다.

더불어 행복의 등급을 한두 단계쯤 낮출 필요성 또한 있을 것 같다. 보통 행복이라는 말을 통해 의미를 찾는 것은 결국 감정이나 기분일 것이다. 또한 감정과 기분은 완전히 통제할 수 없는 것들이다. 이 점은 감정과 기분에 과도하게 집중하지 말아야 할 좋은 이유가 된다.

인간에게는 긍정적인 감정을 지속시키고 부정적인 감정을 피하고자 하는 성향이 있다. 심리학의 이론들은 이런 성향에 이끌려서는 안 된다고 말한다. 하지만 그러기란 불가능하다. 그 대신 우리는 자신의 삶에서 가치 있다고 여기는 일을 묵묵히 해나가야 하며, 그 과정에서 감정을 물 흐르듯 자연스럽게 놔두어야 한다.

그러므로 행복을 만들어내는 요리법을 찾기보다는, 번영에 필요한 삶의 재료들을 모으고 섞는 일에 노력을 경주해야 한다. 그 재료들은 다음과 같다. 감정과 무관하게 당신이 가치 있게 여기는 활동들, 자신을 더 행복하게 해주리라 당신이 믿고 있는 균형 잡힌 목표들…… 이 재료들을 잘 버무리면 우리는 지금보다 훨씬 더 행복할 것이다.

철학자

행복하지 않아도
삶에 만족하며 멋지게 사는 사람들

대략 백 년 전쯤 심리학과 철학이 학문적으로 분리되었을 때 마치 이혼하는 부부가 종종 그러하듯 책을 어떻게 나눌 것인가 하는 문제가 발생했다. 결국 심리학은 행복이나 훌륭한 삶에 관한 책들 대부분은 철학에 넘겨주었고, 충실하게도 철학은 그 책들을 먼지가 쌓이도록 책장에 방치해두었다. 최근에 와서야 심리학은 즐거운 마음으로 그 주제로 되돌아왔고, 방치되었던 책들을 시급하게 다시 찾아내야 할 필요가 생겼다.

그러한 필요가 생긴 중요한 이유 중 하나는 심리학자들이 행복에 대해 빈약한 개념을 가지고 연구하는 경향이 있었기 때문이다. 심리학자들은 행복을 그저 좋은 느낌 같은 것으로 이해했고, 빈약한 자가 진단 설문지에 의존해 행복을 측정해왔던 것이다.

좋은 느낌이 꼭 행복은 아니다

그러나 사람들이 어떤 행동을 선택하는 과정만 살펴봐도 단지 좋은 느낌뿐 아니라 가치에 대해 통찰하려고 한다는 사실을 알 수 있다. 설령 그런 것들이 긍정적인 감정을 불러일으키지 않는다 할지라도 말이다.

오스트리아 출신의 철학자 루트비히 비트겐슈타인Ludwig Wittgenstein 이야말로 그와 관련된 완벽한 사례로 꼽을 수 있다. 기복 많고 격정적이었던 그의 인물됨으로 미루어보건대 전적으로 믿을 수밖에 없는 얘기가 전해온다. 62세의 나이로 병상에 누워 있던 비트겐슈타인은 자신이 살 날이 며칠 안 남았다는 얘기를 듣고는 다음과 같이 말했다. "좋군요!"

실제로 그는 그로부터 얼마 지나지 않아 죽었는데 그의 마지막 유언으로 전해지는 말은 다음과 같다. "내가 멋진 삶을 살았다고 사람들에게 전해주시오."

비트겐슈타인의 전기를 쓴 레이 몽크Ray Monk는 이 이야기가 그리 놀랍지 않았다고 말했지만 '내가 멋진 삶을 살았다고 사람들에게 전해주시오'라는 유언은 결코 평범하지 않다. 언젠가 몽크는 "우리 중 극소수만이 성취할 수 있는 목표인 순수함을 비트겐슈타인은 성취해냈다"고 말한 바 있다. (비트겐슈타인은 평생 독신으로 살았고 물려받은 막대한 유산을 타인들에게 나눠주었으며, 생전에 철학자로 명성이 드높던 시기에도 시골학교에서 아이들을 가르치며 살기도 했다.:옮긴이)

비트겐슈타인은 우리 시대가 몰두하고 있는 많은 것들 예컨대, 자식, 주택 융자, 일상사 등을 자신의 삶에서 성공적으로 제거해냈고, 이 때문에 그의 삶은 일종의 원형적인 순수성과 집중력을 획득할 수 있었다.

이런 식으로 행복한 삶과 멋진 삶을 구분지은 것에 대해 심리학자들은 이렇게 설명한다. '긍정적인 기분'은 행복을 구성하는 감정적인 요소로 삶에 대한 만족과는 구분된다. 삶에 대한 만족은 자신이 인생을 얼마나 잘 살았는지 평가하는 한 개인의 판단을 의미한다는 것이다. 긍정적인 기분과 삶에 대한 만족을 구분하기란 상당히 힘든 것인지도 모른다. 예를 들어, 긍정심리학의 창시자 마틴 셀리그만Martin Seligman 박사는 〈자기 인생 점수〉에 대한 만족도를 조사한 결과의 70퍼센트 정도는 조사 대상자들이 응답 당시에 느낀 기분에 좌우되었다는 사실을 발견하기도 했다.[9]

또 다른 삶의 목표, 번영

이런 문제를 극복하기 위해 셀리그만은 최근에 중심 개념을 '행복'에서 '번영'이라는 말로 바꾸었다. 이것은 아리스토텔레스가 인간 삶의 최고 목표라고 여겼던 '에우다이모니아eudaimonia'를 적절하게 번역한 것이다. 그럼에도 불구하고 토론이 혼란에 빠지기 시작했음을 알리는 신호가 늘 개념의 혼동 형태로 드러나듯 그 용어는 자주 행복이란 뜻으로 단순 해석되었다. 그로 인해 번영과 행복이 기본적으로 같은 개념이라거나 아리스토텔레스가 긍정적인 감정을 우리의 궁극적 목표로 옹호했다거나 하는 잘못된 인상을 심어주었다.

아리스토텔레스는 결코 우울증 환자가 아니었다. 그는 긍정적인 그리고 번영하는 삶을 위해 즐거움이 중요한 요소가 된다는 점을 인정한 바 있다. 그러나 즐거움은 단지 여러 요소 중 하나에 지나지 않았다. 더 중요한 요소는 합리적 동물로서의 우리 본성에 따라 머리를 사용하고 지혜를 기르며 사는 것이다. 이런 삶을 추구하다 보면 어떤 경우 우리 삶에서 웃음이 사라질 수도 있다. 하지만 이 덕분에 우리는 삶의 의미를 찾을 수 있으며 자기 본연의 모습을 보존할 수도 있다.

우리는 이런 것들이 우리의 기분을 좋게 만들기 때문에 가치를 두지는 않는다(물론 이것들이 우리를 기분 좋게 만들 수도 있지만). 그보다는 이런 것들을 추구하는 삶에 가치를 두는 것이다.

심리학에서 추구하는 행복의 위험

더 나아가 심리학은 인간의 마음이 실제로 작동하는 방식을 연구하는 과학적인 학문이다. 그래서 에우다이모니아에 대해서도 과학적으로 접근하곤 하는데, 그 과정에서 오류가 발생한다. 에우다이모니아에 대한 과학적 접근이 갖는 가장 큰 위험은 우리가 어떤 대상들을 목적을 이루기 위한 수단으로 삼는 경우, 그 대상들이 갖는 의미나 가치가 변질된다는 것이 문제이다.

대인관계를 예로 들어보자. 대인관계는 행복한 인생을 살고 있는지 여부를 판단할 수 있는 좋은 지표가 될 것이다. 이와 관련해 심리학에 도사리고 있는 위험을 간략히 짚어보자. 즉, 심리학은 우리가 타인을 그 자체로 소중하게 생각하고 사랑하도록 만드는 것이 아니라 그들을 자기만족의 수단으로 여기도록 만든다. 그로 인해 우리의 대인관계는 손상되며 그 가치가 폄하될 수도 있다.

『무조건 행복할 것The Happiness Project』이라는 책에서 그레첸 루빈

Gretchen Rubin이 한 얘기를 사례로 들 수 있다. 이 책에는 그녀가 자기 남편을 '최소한 6초 동안 포옹해준다'는 얘기가 나온다. 그런데 그녀는 이런 행동을 하게 된 동기를 다음과 같이 밝히고 있다. "내가 연구를 통해 알아낸 바, 6초는 연대감을 촉진하는 기분 조절 화학물질인 옥시토신과 세로토닌이 분비되기 위해 필요한 최소의 시간이다."[10] 확실히 이 점을 염두에 두고 껴안는 것은 포옹의 경험을 변질시키며, 고유하고 진정 어린 무언가를 도구적인 수단으로 바꾸어버린다.

우리를 행복하게 만드는 문제와 관련해 심리학이 많은 가르침을 준다는 것은 부인할 수 없는 사실이다. 그러나 무엇을 해야 하고 무엇을 하지 말아야 하는가에 대한 생각으로 넘어간다면 그때부터 윤리학과 관련된 문제를 다루는 것이다. 그런 이유로 우리에게는 철학이 필요하다. 무엇을 해야 하는지에 대한 답을 얻기 위해서가 아니라, 스스로의 힘으로 그 답을 찾아내기 위해 철학에 의지할 필요가 있는 것이다.

목표가
우리 삶에 미치는
영향에 대하여

목표의 노예가 되고 싶지 않은 당신에게

심리학자
목표를 세우기 전에 '가치'에 대해 생각하라

철학자
훌륭한 목표는 '해냄'이 아닌 '하고 있음'에 초점을 둔 것

목표를 세우기 전에
'가치'에 대해 생각하라

지금 이 순간에도 많은 사람들이 자신의 목표를 달성하기 위해 애쓰고 있을 것이다. 다이어트는 가장 흔한 목표 중 하나이다. 그 외의 일반적인 목표로는 인생의 반려자 찾기, 더 좋은 직장 얻기, 내집 마련하기, 행복해지기 등이 있다.

우리가 어느 곳에 있든지 목표를 제대로 설정하는 데 필요한 조언을 얻기 위해 먼 곳까지 발품을 파는 수고를 할 필요는 없을 것이다. 더구나 우리는 목표가 '스마트Smart'해야 한다는 것도 알 것이다. 즉 목표는 구체적이고Specific, 측정가능하며Measurable, 달성가능하고Achievable, 적절하며Relevant, 한시적Timed이어야 한다. ('Measurable' 대신 'Meaningful-의미있는'을 'Relevant' 대신 'Realistic-현실적인' 등을 쓰는 버전도 있다. : 옮긴이)

예를 들어보자. 당신은 좀 더 매력적인 몸매를 갖길 원해 달리기를 하기로 결심하고 적당한 운동 장소 또한 마련해놓은 상태이다. 이 경우라면, '다음 주 월요일부터는 일주일에 세 번 매일 아침 30분 동안 조깅을 할 거야'라고 하는 것이 '앞으로 운동을 열심히 해야겠어'라고 하는 것보다 더 나은 목표라는 것에는 이론의 여지가 없다.

반면 목표들이 어떤 형식으로 표현될 수 있는가 하는 문제에는 논쟁이 개입될 여지가 있다. 예를 들어 '결혼하기'와 '결혼정보회사에 가입하기' 중 어느 것이 목표로서 더 적절해 보이는가? 달리 말해 목표는 과정의 형식으로 표현되는 것이 적절한가, 결과의 형식으로 표현되는 것이 적절한가? 자기계발 업계에 있는 많은 사람들은 둘 다 우리에게 필요하다고 말한다. 그럴듯한 말이다. 과정 목표인 결혼정보회사 가입하기에 의해 결과 목표인 결혼하기는 적절하게 보완될 수 있다. 물론 결과 목표에 도달하는 데 도움이 되는 또 다른 과정 목표들도 얼마든지 떠올릴 수 있다.

목표의 노예가 되어선 안 되는 이유

자신이 희망하는 결과를 끈기 있게 추구하는 과정에서 목표 설정은 한편으로 도움이 된다. 그러나 다른 한편으로 우리를 숨 막히게 압박한다. 인정하기 싫겠지만 그것이 현실이다. 자칫 우리는 목표 추구에 중독될 수도 있다. 목표가 우리 삶에 끼치는 영향력은 지나치게 지배적이다. 하나의 목표를 달성했다고 체크하자마자 목록에 있던 또 다른 목표가 튀어나오기에 목표 달성을 축하할 겨를조차 없을 지경이다.

이런 식의 게임은 우리를 지치게 만든다. 또한 자신이 궁지에 몰렸다는, 혹은 남들에게 뒤처져 있을지도 모른다는 두려움이 이 게임을 채운다. 설사 가상으로 이것은 도저히 이길 수 없는 게임이기도 하다. 그러다 보니 이 모든 악전고투로부터 자신을 해방시켜 당분간은 목표 달성을 위한 노력을 중단하자고 생각할 수도 있다. 이런 달콤한 유혹은 비록 정도는 약하지만 일종의 전복적 사고에 속한다. 그렇다면 우리는 자신의 목표를 내던지고 삶이 무엇을 던져주든 순순히 그것을 받아들여야만 하는가?

우리는 항상 열심히 일해야 한다거나, 안락한 생활에서 탈출해야 한다거나, 혹은 그 밖에 무엇이든 해야만 한다고 생각하지만 어떤 의미에서 보면 반드시 그럴 필요는 없다. 그럼에도 불구하고 매사에 무감한 상태는 좋지 않다. 그리고 많은 사람들은 수동적이고 정적인 상태의 자신을 선호하지 않는다. 따라서 자신의 능력을 발전시키는 데 필요한 활동을 하는 것은 우리에게 좋은 일이다. 자신과 주위 환경을 개선하고자 하는 욕망은 자연스러운 것이고, 칭찬 받을 만한 것이며, 진지하게 고려할 가치가 있는 것이다.

목표가 거대한 도약과 동일시될 필요는 없다

빅터 프랭클의 말을 예로 들어보자. 그에 따르면, 지금의 자신과 자신이 되고자 하는 미래의 자신 사이의 긴장은 정신 건강에 필수적이다. "사람에게 실제로 필요한 것은 긴장 없는 상태가 아니라 가치 있는 목표나 자유롭게 선택한 일을 위해 노력하고 투쟁하는 것이다."[11]

심리학자 미하이 칙센트미하이Mihalyi Csikszentmihalyi도 비슷한 주장을 했다. "명확한 지향점과 행동에 옮기는 데 필요한 규칙, 일에 몰입하고 적극 참여하는 방법을 제시해줄 수 있다면 모든 목표는 한 사람의 인생에 의미를 부여해줄 수 있다."[12] 그가 창시한 '몰입 이론'에 따르면 목표는 지루하지 않을 만큼 어려워야 하지만 걱정을 일으킬 정도로 너무 어려워서도 안 된다.

목표는 우리가 정신을 집중하고 행동을 실천으로 옮기는 데 도움이 된다. 그러나 목표가 곧 거대한 도약과 동일시될 필요는 없다. 자신에 대한 학대, 끝도 없는 학습 과정, 부단히 더 어려운 단계로 나아가는 수련으로 이루어지는 거대한 도전 없이도 성장은 가능하다. 그러니 그냥 묵묵히 나아가라.

목표에 집착하지 말고 가치에 집중하라

자신이 옳은 방향으로 나아가고 있는지 확인하고 싶다면 목표를 세우기 전에 먼저 가치에 대해 생각해보라고 조언하고 싶다. 왜냐하면 가치는 삶을 좀 더 포괄적으로 성찰할 수 있는 환경을 조성해줄 것이기 때문이다.

'수용전념치료법ACT'에서는 목표와 가치의 차이를 여행에 비유해 설명한다. 목표는 당신이 여행하는 동안 놓치고 싶지 않은 멋진 풍경 같은 것으로, 여정을 통해 실제로 보았는지 여부를 체크하듯 인생을 살아가면서 체크할 수 있는 항목들로 구성된다. 반면 가치는 당신이 여행하고 싶어 하는 방향을 가리키는 나침반 같은 것으로, 원한다면 계속해서 그 방향으로 나아갈 수 있도록 도와줄 것이다.

그러므로 '의사되기'와 같은 구체적인 목표에 집착하는 대신 '남에게 도움주기'와 같은, 가치 있는 무언가를 선택하는 일부터 시작할 수도 있다. 이 방법은 특정 목표에 대한 부질없는 집착을 막아주고 유연성을 길러주면서도 정말로 중요한 것 가까이에 우리가 머물도록 도와준다는 장점이 있다. 왜냐하면 가치는 폭넓은 것일 뿐 아니라 가치를 실현하기 위한 다양한 길이 우리 앞에 열려 있기 때문이다. 예컨대, 설령 어떤 이유로 의사가 되는 것이 불가능해진다 하더라도 그와 관련된 다른 길이 당신에게 얼마든지 열릴 수 있는 것이다.

목표의 노예가 되고 싶지 않다면

어쨌든 당신은 어느 정도는 가치를 탐색해야만 한다. 하지만 어떤 가치들이 자신에게 가장 소중한지 당신은 확실히 말할 수 있는가? 혹 어떤 가치를 정밀하게 검토해보지도 않은 채 그저 수동적으로 받아들이지는 않았는지 점검해봐야 한다. 또한 하나의 가치가 당신이 추구하는 또 다른 가치와 모순되지는 않는지에 대해서도 점검할 필요가 있다. 자칫하면 목표들이 상충하는 상황으로 악화될 수도 있기 때문이다. 예를 들어 제대로 점검하지 않을 경우 헌신과 자유라는 두 가치는 자칫 우리의 목표를 혼란스럽게 만들 수도 있다.

가치에 대한 솔직한 성찰에는 또 다른 장점이 있다. 그것을 통해 우리는 실현하기 어려운 목표를 포기해버리고 싶은 함정을 피해갈 수 있다. 예를 들어, 우리는 기왕이면 날씬한 몸매를 유지하는 것이 좋겠다고 생각하면서도 식사량을 조절하거나 날마다 운동을 하는 등의 노력을 하고 싶지 않을 수도 있다. 그러나 자신의 가치들을 심사숙고한다면 진정으로 전념할 수 있는 목표를 세울 가능성은 높아질 것이다.

목표의 노예가 되지 않기 위해 반드시 피해야 할 또 다른 실수들이 있다. 우선 자신이 세운 목표를 달성하는 과정에 우연의 요소가 작용할 수 있다는 점을 인정하는 것이 중요하다. 이 우연의 힘을 과소평가하는 실수를 저질러서는 안 된다. 다시 한 번 강조하건대, 목표에 지나치게 집중하는 것은 매우 위험하다. 그런 상황에서 자칫하면 운이 당신을 볼모로 삼게 될 것이기 때문이다. 또한 원하는 삶을 만들어나가는 것이 전적으로 당신에게 달려 있다고 믿는다면, 절망스러운 상황이 닥쳤을 때 스스로를 너그럽게 대하기가 힘들어질 것이다.

또 다른 실수는 목표에 지나치게 집착한 나머지 자신이 이미 가지고 있고 누리고 있는 것들에 대해 감사할 수 없게 되는 것이다. 우리는 앞으로 꾸준히 나아가면서도 자신이 어디 있는지 명확히 알아야 하며, 애쓰는 것과 만족하는 것 사이의 균형을 잃지 않도록 힘써야 한다. 목표의 가장 좋은 배우자는 일의 흐름에 대한 수용이다.

훌륭한 목표는 '해냄'이 아닌
'하고 있음'에 초점을 둔 것

성공과 실패를 나누는 선은 의외로 가늘다. 그 선은 지속적으로 변동된다. 영국의 테니스 선수 팀 헨만Tim Henman을 예로 들어보자. 그가 성공적인 이력을 쌓아왔다는 사실에는 이견이 없다. 그는 여러 해 동안 영국 랭킹 1위 자리를 지켜낸 바 있고, 프로 테니스 월드 투어에서 열다섯 차례나 단식 우승을 차지했으며, 세계 랭킹 4위까지 올라갔기 때문이다. 이것이 성공적인 이력이 아니라면 무엇을 성공이라 하겠는가?

그러나 비록 헨만이 테니스 세계에서 역사상 가장 훌륭한 선수 중 한 명으로 평가되긴 하지만 세계 최고 권위를 자랑하는 그랜드 슬램 대회들에서는 단 한 차례도 우승하지 못했을 뿐 아니라 결승전에 진출조차 하지 못했다. 그 때문에 그는 선수 생활 말년에 이루어진 인터뷰에서 "나를 실패자로 규정짓는 뭇 인식들"에 대해 끊임없이 언급해야만 했다.

헨만 선수의 경력이 주는 교훈

목표를 세우는 일과 목표를 성취하는 일의 의미와 중요성을 이해하고 싶다면 헨만의 경력을 살펴보는 것이 좋은 출발점이 될 것이다. 그의 경력을 통해 성공이 얼마나 상대적인가를 분명히 깨닫게 되기 때문이다.

2005년 인터뷰에서 헨만은 "올해 나는 지구에서 네 번째로 훌륭한 선수로 랭크되었습니다"라고 말했다. 그리고 이렇게 덧붙였다. "당신들의 정의로는 이것이 실패라고 해도 뭐 어쩔 수 없지요." 목표와 기대를 설정하고 평가하는 방식이 상황에 따라 달라지는 것은 지당하다. 좋아진다거나 나빠진다는 것은 적어도 자신이 서 있는 자리를 명확히 인식한 다음에야 비로소 판단이 가능하다. 언제나 이미 이룬 것보다 더 큰 무언가를 성취해야 한다는 강박관념이 우리를 위험에 빠뜨린다.

목표 달성을 의무사항으로 보지 말아야 한다면 기대하는 것 역시 의무사항이 될 수 없다. 무언가를 성취하기 위해 두 사람이 똑같은 정도의 공을 들여 일에 몰두한다고 해보자. 이때 한 명은 성공하기를 바랄 뿐이지만 다른 한 명은 성공을 맹목적으로 믿을 수도 있다. 적극적으로 예측하거나 너무 굳게 믿는 것보다 가볍게 소망하며 사는 것이 현명한 태도가 아닐까. 좌절을 겪거나 실패로 결말이 나는 경우에도 이런 태도를 유지하는 것이 현명하다.

성공하기 위해서는 성공에 대한 확신이 필요하다고 주장하는 사람들도 있다. 그들은 실패할 가능성을 조금이라도 인정하기 시작하면, 즉 성공에 대한 확신이 희석되기 시작하면 바로 그 지점부터 성공을 향한 굳은 의지와 집중을 좀먹는 의심의 균열이 생긴다고 믿는다. 또 그들은 어떤 상황에서도 자신을 믿어야 한다고 강조한다. 여기서 믿음이 의미하는 바는 무엇일까? 그것은 자신에 대한 의심을 나약함의 징후로 판단내리고, 그런 나약함은 제거해야 마땅하다는 믿음이다.

그러나 자신에 대한 의심 때문에 의지가 무너지는 이유는 단 하나, 의심과 더불어 살아가는 법을 아직 배우지 못했기 때문이다.

훌륭한 목표의 조건

목표와 관련하여 근본적인 문제가 남아 있다. 인생의 여러 목표들 중 어떤 목표가 최우선적으로 추구할 만한 것인가의 문제이다. 우리에게는 이 문제 자체를 꺼려하는 경향이 있다. 왜냐하면 인간사의 다양한 일들 중 어느 것이 더 가치 있는지 판단해야 하는 까다로움을 감수해야 하기 때문이다. 게다가 "결코 다른 사람을 평가하지 말지어다"라는 말이 우리 시대의 새로운 계명 중 하나가 되어버렸다.

적어도 몇몇 극단적인 경우에 대해서는, 그것이 너무나 잘못된 것이므로 목표로 추구되어서는 안 된다고 누구나 인정하는 것들이 있다. 가령 특정 인구 집단 내의 유전 혈통을 '순혈화'해야 한다는 주장이나 특정한 종교에 대한 신앙을 금지해야 한다는 등의 주장이 그런 것이다. 한편 도덕적 잘잘못을 따질 정도는 아니지만 그렇다고 올바른 방향으로 추구된 것으로 보기에는 왠지 미심쩍은 목표들도 있다.

내가 말하고 싶은 것은 이런 것이다. 어떤 사람들에게는 기네스북에 오르는 것은 좋은 목표가 될 수 있을 것이다. 그러나 네덜란드 출신의 니크 페르묄런Niek Vermeulen처럼 비행기의 기내용 멀미 봉투를 가장 많이 모아(현재까지 5,568개를 모았고, 계속 늘어나고 있다) 기네스북에 오르는 것이 정말로 가치 있는 목표인지는 생각해봐야 할 것이다.

이런 종류의 목표에는 어떤 문제가 있을까? 가장 빠른 설명은 너무 사소하고 덧없어 보인다는 것이다. 시간이 지나면 어느 순간 목표를 이룰 것이고 결국 기네스북에 등재될 것이다. 그러나 그것이 전부다. 너무 빠른 설명이기 때문인지 이렇게 접근하면 한 가지 문제가 생긴다. 이런 태도라면 베스트셀러의 저자가 된다거나 문학상을 수상하는 일조차 덧없는 일이 될 수도 있다. 변덕스러운 독자 취향이나 예측 불가능한 유행, 또는 문학 비평가들을 고려해볼 때, 그런 것들을 신빙성 있는 성공의 지표로 판단하는 데에는 다소 무리가 있다. 가치 있는 목표는 중요성과 지속성을 모두 갖추어야 한다는 시각에서 벗어날 필요가 있다.

따라서 우리는 다른 식으로 생각해봐야 한다. 즉, 해냄이 아닌 하고 있음과 되고 있음에 초점이 맞춰지고 목표가 설정되어야 한다. 그랜드슬램을 달성한다거나 1분 안에 콩을 그 누구보다 많이 먹어치운다거나 하는 일들을 생각해보라. 이런 일들처럼 그 무언가를 해내는 것을 목표와 동일시한다면 어떤 문제가 생기겠는가? 결국 목표를 달성한 뒤 당신에게는 아무 할 일도 남아 있지 않게 된다. 물론 목표를 달성한 뒤 재빨리 또 다른 목표를 세우고 그것을 달성하기 위해 노력하는 과정을 되풀이할 수도 있을 것이다. 하지만 이런 과정은 그 목표들이 당신을 완전히 지치게 만들 때까지 반복될 것이다.

반면 당신의 목표가 뛰어난 요리 실력을 갖춘 훌륭한 요리사가 되는 것이라고 가정해보자. 이 경우 자신에게 더 큰 의미와 만족을 주는 삶의 모습, 즉 당신이 보다 가치 있게 여기는 어떤 것들로 충만한 삶을 성취해냈다는 것을 의미한다.

목표를 진정 가치 있게 만드는 그 무엇

간과하지 말아야 할 점이 있다. 위와 같은 목표를 세우는 것 또한 어떤 경우에 있어서는 '해냄'의 요소를 포함한다는 것이다. 예컨대, 자신이 가진 잠재 능력을 최대한 발휘하여 뛰어난 테니스 선수가 되고자 한다면 은퇴하기 전까지 적어도 당신은 몇몇 테니스 대회에서 우승을 차지하길 기대할 것이다. 혹은 당신이 작가가 되고 싶어 한다면 어떨까? 구상한 작품을 멋지게 완성하고 싶을 것이다.

여기서 내가 말하고자 하는 핵심은 다음과 같다. 위에 열거한 두 사례가 목표로서의 가치를 갖는 이유는 목표를 추구하는 과정 자체가 곧 진정 하고 싶어 하는 일을 하게 만들고, 또 자신이 될 수 있도록 이끈다는 점 때문이다. 분명히 말하건대 목표를 달성함으로써 당신의 성취 목록에 기록할 항목이 하나 더 추가되었다는 단순한 사실이 가치를 만들어내지는 않는다.

'하고 있음'과 '되고 있음'이 '해냄'의 요소를 포함하는 또 다른 경우가 있다. 바로 이타주의와 관련된 것이다. 가령 아프리카의 마을에 깨끗한 물을 공급하는 일은 당신이 떠올릴 수 있는 가장 가치 있는 일 중 하나일 것이다. 왜 그런가? 만일 당신이 그 목표를 달성했다고 해보자. 그 사람들은 당신 덕분에 자신이 되고 싶거나 하고 싶은 일을 할 수 있게 된 것이고, 당신은 그들의 삶을 좀 더 나은 방향으로 변화시킨 것이기 때문이다.

04
life's question

자기 자신을
알고자 하는
욕망

/

가면 뒤에 숨은 자신을 발견하고 싶은 당신에게

심리학자
'이게 나다운 거지'라는 생각의 함정

철학자
지금 이 순간에도 자아는 새롭게 창조되고 변화한다

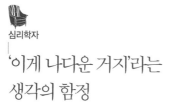

'이게 나다운 거지'라는
생각의 함정

'자아를 발견하겠다는 일념으로 남들처럼 상담치료도 해보고, 명상도 해보고, 여행과 모험도 시도해본 스탠리. 티벳 고원 그 높은 곳에서 마침내 참된 자아를 발견했을 때 스탠리의 실망은 매우 컸다. 결국 그가 찾아낸 참된 자신은 언제나 회사에 남겨두고 온 바로 그 사람이었기 때문이다.'

농담은 이 정도로 하고, 가면 뒤에 숨은 참된 자신을 발견하는 게임은 유행처럼 퍼져 있다. 숨겨진 내면의 자아를 발굴해내고 싶은 마음이 사람들에게 간절한 듯 보인다. 그런데 이 과정에서 이해하기 힘든 구분법이 등장한다. 흔히 우리는 '이 사람은 진솔하지만 저 사람은 가식적이다, 이렇게 사는 것은 참된 인생이지만 저렇게 사는 것은 진정성이 없다'라고 말하곤 한다. 그런데 생각해보라. 우리는 '진짜 피카소의 작품'이라고 말할 때의 '진짜'의 의미는 잘 알고 있다. 하지만 '진짜 자신'이란 말에서의 '진짜'의 의미는 제대로 알고 있는 것일까?

우리가 진짜라고 믿는 것이 과연 진짜로 진짜일까?

이런 게임에 집착하다 보면 자신이나 다른 사람이 참된지, 아니면 가면을 쓰고 있는지 알아내려 하다가 오히려 혼란에 빠질 가능성이 있다.

예를 들어 당신이 어떤 모임에 가서 자신의 인생사를 익살스럽게 이야기한다고 해보자. 당신은 감정에 솔직하지 못하고 거리를 두려 한 것이기에 그곳 사람들은 당신을 진짜가 아니라고 여길 것이다. 하지만 '진짜'를 이런 식으로 정의하는 방식은 협소하다. 감정 표현에 솔직하고 행동이 자연스러우며 나약한 모습을 숨기려 하지 않는 경우만으로 '진짜'라는 것의 의미를 제한하기 때문이다. 그렇지만 당신이 가진 것 중에 진짜 아닌 것이 있겠는가?

다른 사람에게는 물론 자기 자신에게조차 감정을 드러내지 않는 습성을 가진 사람을 생각해보자. 한 측면에서만 보자면 그 사람이 '진짜'가 아니라고 말할 수 있을지도 모르겠다. 반면 다른 측면에서 볼 때 그 사람은 완벽하게 '진짜'이다. '겉모습 아래' 감추어진 요동치는 감정이 실제로 존재할 수도 있지만 존재하지 않을 수도 있지 않겠는가.

그러므로 실제 생활에서 어느 한 사람이 보여주는 모습이 진짜인지 아닌지 질문하는 것은 그다지 흥미롭지도 않고 유용하지도 않다. 그보다는 다음과 같은 질문을 던지는 것이 더 바람직하다. '그는 지금 자기 자신과 타인에게 정직하게 행동하고 있는가?' '어떤 사고방식과 행동이 그에게 어울리는가?' '그의 행동은 그가 염두에 둔 가치나 되고 싶어 하는 인물상에 부합하는가?' '자신만의 생활 방식을 유지해나가기 위해 그가 희생시킨 것은 무엇인가?'

우리가 충실해야 한다고 믿어 의심치 않는 본질적이고도 핵심적인 개념이 바로 '참된 자아'라는 개념이다. 하지만 당신의 참된 자아도 직장생활 같은 일상이나 대인관계 등을 완전히 벗어난 별세계의 존재가 아니다. 그런데도 간혹 우리는 참된 자아가 별도로 존재한다고 착각하고 그것을 찾아내고 규정하려고 노력한다.

개인이 가진 성격 유형을 다루는 책이나 잡지 기사들 때문에 이런 식의 사고방식이 사람들에게 더욱 고착화된 면도 없지는 않다. 한때는 성격 유형을 쾌활함, 성마름, 침울함, 냉담함의 네 가지로 구분하는 방식이 유행한 적이 있다. 물론 그 외에도 다양한 구분 방식이 있다. 그중 널리 알려져 있는 몇 가지만 열거해보자. 내성적 성격과 외향적 성격으로 구분하는 방식이 있고, 감각적, 감성적, 사색적, 직관적 성격의 네 가지로 구분하는 방식도 있다. 문득 지금 이 순간 내가 특별히 호의적으로 언급하고 싶은 또 다른 방식도 있는데, 바로 '성격의 5요인 모델'이다. 이 모델에서는 성격을 개방성(경험에 대한), 성실성, 외향성, 우호성(친화성), 신경성(정서적 안정성)의 다섯 가지 요인으로 구분 짓는다.

딱지 붙이기의 긍정적, 부정적 효과

그뿐만이 아니다. 자신을 규정하기 위해 우리가 딱지 붙이는 개념 중에는 정체성이라는 것도 있다. 당신은 부모이고, 교사이고, 아마추어 사진가이며, 스쿼시 동호인일지 모른다. 어쩌면 당신은 은퇴한 사업가이자 섬세한 성격의 정원사일 수도 있다. 아니면 또 다른 무언가일 것이다. 자신을 세상에 소개하기 위해 이런 식으로 한 움큼의 화려한 딱

지들을 붙여 내놓으면, 사람들이 당신의 정체성을 파악하는데 도움이 될 수 있다. 그리고 당신은 말한다. "자, 이게 바로 나야."

딱지 붙이기를 통해 우리는 안도감을 느끼기도 한다. 의미가 확실한 이런 명사들로 스스로를 표현할 수 있다는 점 때문에 자기 자신의 정체성이 확고하다는 환상을 갖게 된다. 자신의 내면에 도사리고 있는 실존적 불안에 대해 거짓된 위로를 받는 것이다. 딱지 붙이기는 타인과 나를 동일한 집단 속에 묶어 넣음으로써 소속감을 높여주기도 한다. 놀라운 사실은 그 딱지가 부정적인 어떤 것을 가리키는 경우에도 효과를 발휘한다는 것이다. 예를 들어 스스로를 경기 침체의 희생자로 여기는 경우 비슷한 처지의 다른 사람들에게 동료 의식을 느낄 수 있다.

그러나 이런 식의 '딱지 붙이기'는 짧은 몇 마디 말로 기술될 수 있는 편리함은 갖춘 반면, 그 결과로 형성되는 자아는 경직된 사고방식을 갖기 쉽다. 자기 정체성에 지나치게 집착하다 보면 융통성 없고 비타협적인 사람이 되어간다. '이게 나다운 거지' 혹은 '그건 나답지 않아'라는 식으로 자신을 드러내는 특정 표식에 집착하다보면 그 표식이 사라졌을 때 채울 수 없는 공허함에 빠지기 쉽다. 마치 일과 결혼이라도 한 것처럼 열심히 직장 생활을 하다가 퇴직한 사람들과 자식이 부모에게서 독립할 때 엄마들이 경험하는 감정이 바로 정체성 상실인 것처럼 말이다

한 가지 조언하자면, 자기 정체성의 테두리를 너무 날카롭게 갈아놓지 않는 것이 좋다. 그로 인해 원활한 인간관계를 위해 꼭 필요한 유연성을 손상시킬 수 있기 때문이다. 또한 자기답지 않은 것 같은 활동이나 상황을 번번이 회피하다가 정체성을 확립할 기회마저 놓쳐버릴 수 있기 때문이다.

우리는 자신이 가진 여러 요소들 중 가장 특징적인 것 한두 가지에 주목해 스스로를 규정한다. 명심해야 할 것은 우리가 가진 다양한 요소들이 얼마든지 변화할 수 있고 성장해갈 수 있다는 점이다. 아직 딱지 붙이지 않은 우리 안의 많은 요소들이 위대한 잠재력을 지니고 있음을 기억해야 한다. 어린 시절부터 우리가 갖고 있던 성향이나 기질이 마치 고무공이나 스프링처럼 대단한 탄성彈性을 지닌 것은 아니지만 그렇다고 딱딱하게 고정되어 있지도 않다.

습관과 정체성

아리스토텔레스에 따르면, 변화의 능력을 지닌 인간은 물리 법칙에 전적으로 종속되는 다른 존재들과 본성 면에서 차이가 난다. 그는 우리가 습관을 바꿈으로써 도덕적인 성품을 발전시킬 수 있다고 생각했다. "나쁜 짓을 저질러왔기 때문에 정의롭지 못한 사람이 되었고, 술 마시는 일 등으로 시간을 허비해왔기 때문에 무절제한 사람이 되었다. 그 책임은 본인에게 있다. 각 행동 하나하나마다 그에 대응하는 각각의 품성이 있으며, 품성은 행동에 의해 만들어지는 것이다."[13]

습관을 통해 '나 자신'의 정체성을 파악하려는 생각은 자연스러우며 불가피하다. 그리고 습관을 바꾸고자 노력할 때의 나는 마치 '나 아닌' 사람처럼 보이기도 한다. 하지만 이런 생각이 드는 이유는 단지 오랜 습관이 격렬히 저항하기 때문이다. 습관은 대부분 일상적인 환경에서 나오는 고착화된 행동들, 즉 자동적으로 진행되는 일련의 행동 과정으로 구성되어 있다.

이 때문에 전체 과정 중 한두 가지를 제거해버리면 습관 자체가 바뀔 수도 있다. 심리학자 데이비드 닐David Neal의 연구에 따르면, 주로 사용하는 쪽의 손이 아닌 다른 손을 사용해 식사를 하다 보면 식사 습관 자체가 바뀔 수도 있다. 우리는 습관에 꼼짝없이 묶여 있는 상태가 아니다. 습관을 바꾸는 것이 불편하고 어색하게 느껴질 수도 있겠지만, 꾸준히 노력할 가치는 충분하다.

자신에게 솔직해지기의 진정한 의미

그러나 유연성에 과도한 신뢰를 부여하다 보면 자기희생을 감수하면서까지 습관을 바꾸려 노력하는 오류를 범할 수도 있다.

이반과 레베카의 사례를 살펴보자. 이반은 내성적인 반면 레베카는 외향적이다(깔끔함과 지저분함, 성욕이 높음과 낮음처럼 다른 종류의 대립적 관계도 상관없다). 이반은 자신의 내성적인 성격을 고칠 수 없다고 생각하지만 레베카는 원한다면 얼마든지 스스로를 변화시킬 수 있다고 믿는다. 이 두 사람이 만남으로써 발생할 수 있는 부조화는 자칫 위험을 초래할 수 있다. 왜냐하면 연인 관계를 지나치게 소중하게 생각한 레베카가 파경을 두려워한 나머지 본래 성격까지 바꿔가며 이반에게 맞추려고 노력할 수 있기 때문이다. 하지만 그녀가 자신을 변화시켜 만들고자 했던 새로운 모습은 본래의 자기 모습에도 어울리지 않을 뿐 아니라 그녀가 원하는 자신의 모습도 아닐 것이다. 수많은 가슴앓이를 경험한 뒤에야 레베카는 자신의 괴로운 상태를 자각하게 된다.

물론 습관의 변화와 관련된 문제에서 우리의 태도가 일관성을 갖지는 않는다. 어떤 때는 자신의 본래 모습에 충실하기 원하지만 또 어떤 때는 자신을 변화시킬 수 있는 힘을 믿기도 하는 등 이 둘 사이에서 자주 갈팡질팡한다.

불행한 사실은 시도해보기 전까지는 자신의 능력이 다다를 수 있는 한계가 어디까지인지 알 수 없다는 것이다. 우리는 자신을 변화시킬 수 있는 잠재 능력을 종종 과대평가하기도 하고 과소평가하기도 한다. 자기 유연성의 한계점까지 도달해나가는 것이야말로 우리에게 주어진 과제일 것이다.

또 다른 과제도 있다. 자신을 변화시키는 것이 더 중요한 상황이 있는 반면 자기가 가지고 있는 기질에 순응해야만 하는 상황도 있는데, 그 둘을 구분해내는 것이다. 예를 들어, 당신이 수줍음 많고 내성적인 성격인데, 정치가가 되거나 홍보 업무와 관련인 직업을 갖기 원한다면 상당한 노력을 해야만 할 것이다. 당신은 그러한 노력을 경주하는 것이 바람직한지 여부를, 혹은 대가를 치를 만한 가치가 있는지 여부를 결정해야만 한다.

이런 상황에서 적절한 조언자 역할을 해줄 수 있는 이를 어디서 찾을 수 있을까? 확실한 방법은 자신에게 가능한 것이 무엇이고, 치러야 할 대가가 무엇이며, 자신이 소중하게 여기는 가치는 무엇인지, 그리고 자신이 어떤 사람이 되기를 원하는가에 대해 허심탄회하게 반성하는 것이다. '자신에게 솔직해지기'란 이런 식의 반성을 의미하는 것이 아니겠는가?

지금 이 순간에도 자아는
새롭게 창조되고 변화한다

'자신에게 솔직해지기'라는 말은 그 자체로 문제의 소지가 있다. 이 말은 우리가 솔직해져야 할 대상인 자아의 정체를 이미 알고 있다는 가정에서 출발한다. 자아의 정체를 파악하는 일은 실제로는 매우 어려운 문제이다. 신경과학이나 철학에서 제공하는 자아에 대한 훌륭한 설명조차 상식을 크게 벗어나는 경우를 발견할 수 있다.

자아는 어디에 어떤 모습으로 존재할까?

자아에 대한 이론은 크게 두 가지로 나눌 수 있다. 첫째, '진주' 이론이 있다. 이 이론에 따르면, 우리들 각각의 깊은 중심부에는 영구적이고 불변하는 무언가가 자리하고 있고, 그것이 지금의 우리를 만들어낸 것이다. 우리가 자신에 대해 직관적으로 떠올리는 생각도 이와 별다를 바 없어 보인다. 하지만 그 '진주'가 무엇인지 규정하려 하다 보면 결코 그것을 찾아낼 수 없다는 사실을 알게 된다. 이는 이 문제를 진지하게 연구했던 학자들 대부분이 동의하는 사실이기도 하다.

거의 모든 철학자들과 심지어 다수의 신학자들조차 불멸의 영혼, 즉 죽은 뒤에도 살아남는 비육체적인 핵심 부위는 존재하지 않는다는 점에 의견을 같이한다. 일생의 모든 경험이 한 곳으로 집중되는 장소인 뇌 속의 특정한 지점에 우리의 자아가 존재한다고 볼 근거는 아무데서도 찾을 수 없다. 이것은 신경과학자들이 거의 만장일치로 동의하는 바이다.

둘째, 진주 이론과는 다른 개념으로 설명하는 '다발' 이론이 있다. 당신의 생각, 감정, 경험, 욕망, 기억 등의 총합이 바로 당신 자신이다. 당신은 이것들과 분리된 별도의 존재도 아니며, 분리된 상태에서 이것들을 소유하는 존재도 아니다. 이 말이 이상하게 들리는가? 하지만 우주에 존재하는 모든 것들이 사실은 이와 같은 모습을 지니며 우리도 그 예외가 될 수는 없다.

물을 예로 들어보자. 물은 두 개의 수소 원자와 한 개의 산소 원자로 구성된 단순한 화합물이지만, 그렇다고 이 세 개의 원자를 따로 떼놓은 별도의 물과 같은 것이 존재하지 않는다. 마찬가지 방식으로 우리의 자아도 얼마든지 설명이 가능하다. 우리는 생각, 감정, 감각, 기억 등으로 구성된 집합체로서 집합체 그 자체가 우리일 뿐 이런 요소들을 소유하고 있는 별도의 자아란 존재하지 않는다.

나 자신이 된다는 것은 지속적인 자기 창조의 과정

그렇다면 왜 우리는 '진주'라는 환상에 빠지는 것일까? 그 이유는 우리를 이루는 다발들이 이른바 '자서전적 자아(우리가 경험한 것들을 뇌에게 기억으로 변환시키는 과정에서 일관성을 갖춘 하나의 이야기가 만들어지는데, 바로 그 이야기가 만들어낸 자아를 의미한다. : 옮긴이)'에 의해 매우 단단하게 결속된 상태를 유지하기 때문이다. 여러 실험 결과에 따르면 특정 시점에서 이루어지는 우리 경험들은 훨씬 약하게 통합되어 있다. 이는 우리 뇌의 상이한 부분들이 제각각 다른 대상들을 지각한 후 자신들이 얻은 정보를 매번 의식적으로 공유하지는 않는다는 말과 같다.

이러한 경험의 일부는 거의 즉각적으로 기억으로 변환되며, 이러한 기억 과정에서 경험들은 일관되고도 매끈한 이음새를 가진 이야기의 형태로 가공된다. 이것이 바로 자서전적 자아로서 일종의 뇌의 속임수이다. 그리고 이러한 이야기 안에서 우리는 단일한 의식의 중심을 갖게 되는데, 그것이 곧 우리의 단일한 인생사가 된다.

만약 우리가 자신을 불변의 '진주'라 여기지 않고 역동적이고 변화무쌍한 '다발'로 본다면 삶이 달라질 수 있지 않을까? 나는 그럴 수 있다고 생각한다. 그러면 우리 인간은 어떤 특정한 속성을 갖고 태어나는 게 아니라 살아가면서 만들어진다는 결론을 내릴 수 있기 때문이다. 결국 나 자신이 된다는 것은 고정된 이미지를 찾아간다기보다 지속적인 자기 창조의 과정이라고 할 수 있다.

성격과 성품의 차이

우리는 생각과 행동뿐 아니라 자신의 신체, 소속 집단, 과거의 경험에 의해서도 형성된다. 현실의 삶은 시계 장치 같은 기계적인 시스템으로 이루어진 것이 아니라 유동성과 복잡성을 띤 역동적인 시스템에 의해 굴러간다. 이 시스템의 일부분인 우리 자신을 시스템의 노예나 주인으로만 간주하는 것은 삶에 도움이 되지 않는다. 만물은 그것이 처한 환경의 영향을 받기 때문에 그 어떤 것도 완전히 고정되어 존재할 수 없다. 그리고 동시에 그 어떤 것도 완전히 자유롭게 존재하지 않는다. 자신이 모든 것을 통제할 수 없다는 것을 인정하며 자신이 실제로 변화시킬 수 있는 작은 것부터 변화시켜나가야 한다.

지금까지의 생각을 성품이라는 것에 적용시켜 생각해보자. 만일 우리가 자신의 성품을 선천적으로나 후천적으로 고정된 것으로 여긴다면 어떻게 될까? 우리는 어떤 종류의 책임감도 느낄 수 없을 것이며, 결과적으로 위험을 초래할 수 있다. 선한 사람과 악한 사람이 그저 어쩌다 보니 그런 식으로 만들어졌을 뿐이라면 칭찬이나 비난이 무슨 의미를 갖겠는가?

반면 우리가 가진 성품 중 일부가 스스로 만들어낸 것이라 간주한다면 좋은 성품을 길러나감으로써 장차 우리에게 주어질 선택 기회나 대인관계에 있어 어떤 질적인 향상을 기대할 수 있게 될 것이다.

'성품'을 '성격'과 구분하다 보면 이런 점은 더더욱 중요해진다. 우리는 성격을 다소간의 고착성을 띤 특징들의 총합으로 보기에 그것에 대해 웬만해서는 도덕적인 평가를 내리지 않는다. 하지만 성품에 대해서는 도덕적인 차원에서 접근하는 편이다. 우리는 어떤 한 사람이 착한 성품인지 나쁜 성품인지, 혹은 올곧은 성품인지 비열한 성품인지에 대해 이야기한다. 따라서 성격에 대해서는 사람마다 상대적인 고정성을 띤다고 말할 수는 있어도 도덕적 성품마저 그런 식의 고정성을 띤다고 말할 근거는 없다. 예컨대 충동적인 사람은 치정에 얽힌 범죄를 저지를 가능성이 더 높다고 하겠지만, 그렇다고 해서 반드시 그가 자신의 행동을 전혀 통제할 수 없다는 의미는 아니다.

정체성의 두 얼굴

'진주 이론'처럼 고정된 핵심 부위가 별도로 존재한다는 생각은 정체성에 꼬리표를 붙이는 방식에도 영향을 끼친다. 우리는 민족적, 종교적, 국가적, 정치적 측면에서 정체성의 꼬리표를 붙이곤 한다. 물론 사람들은 자신이 이런저런 식으로 분류되기를 원하지 않는다고들 말한다. 하지만 이런 말들이 실제로 의미하는 바는, 타인이 자신에 대해 이런저런 꼬리표를 다는 게 싫다는 말일 뿐이다. 우리는 순전히 자기만의 방법을 만들어내 기꺼이 자기 자신을 여러 가지 방식으로 분류한다. 분류에 의한 정체성 확립을 통해 자신이 어떤 곳에든 소속되어 있다는 안도감을 얻을 수 있기 때문일 것이다. 더 나아가 자신이 누구이며 세상의 어느 곳에 위치하고 있는지에 대해 더 강한 신뢰를 얻기 때문으로 보인다. 따라서 정체성은 우리 자신을 타인과 다른 독특한 존재로 만들어주는 어떤 것을 가리키는 동시에, 타인과 동일한 존재로 만들어주는 어떤 것을 가리킨다.

우리는 보다 넓은 집단과 하나가 되고 싶어 하는 동시에 그와는 별개가 되고 싶어 하는 것 같다. 그리고 실제로 또 그래야만 한다. 어느 영역에서는 타인과 어우러져 함께 살아가고 또 다른 영역에서는 개인의 사적 현실을 살고 있다. 이러한 경계에 걸친 삶을 이해할 수 없다면 개별 인간으로서 존재한다는 것이 의미하는 바 또한 이해할 수 없게 된다.

이런 식의 이중적인 본성을 이해하는 데 정체성이라는 꼬리표가 우리에게 도움을 준다. 우리가 가진 정체성들 각각은 타인과 공유되는 것이지만 그 각각의 정체성이 한데 모여 하나의 거대한 집합체를 만들어낸다. 그리고 그 집합체는 고유의 독특성을 드러낸다. 설령 그 정도의 독특성까지는 갖추지 못한 경우라 할지라도 고도의 개별성 정도는 띠게 된다.

자신의 본모습을 온전하게 지킨다는 것의 의미

정체성의 꼬리표는 우리가 타인과 공유하는 어떤 것들만을 가리킨다. 따라서 그것을 통해 우리 자신의 독특성은 결코 포착하지 못할 수도 있다. 우리 안에는 다양한 정체성들이 불완전한 재료들의 목록처럼 존재하지만 그 각각의 정체성 중 어떤 것을 얼마나 많이 사용해야 하는지, 혹은 어떻게 배합해야 하는지에 대해서는 구체적으로 파악할 수 없기 때문이다. 그런 연유로 정체성을 과도하게 확장시켜 정치적인 영역까지 몰아가는 것은 중대한 실수를 범하는 꼴이 된다. 가령, 우리는 '유대인 공동체'라느니 '자전거 이용자들'이라느니 하는 용어를 사용함으로써 정체성을 이루는 모종의 핵심적 요소를 하나 정도는 공유하는 동질화된 어떤 집단을 떠올릴 수 있다. 하지만 이런 생각을 떠올리기 시작하는 순간, 그저 한 가지 정도의 공통점만 공유하고 있을지 모르는 사람들을 조악하게 묶어서 획일화시키는 우를 범하게 된다.

성품과 성격, 집단 정체성에 대한 과도한 확신은 '진정한 자아'를 좀 더 일관되고, 예측가능하며, 이해 가능한 존재로 여기게끔 만드는 데 필요한 방편에 불과하다. 하지만 우리의 실제 모습은 그 정도의 일관성과 예측 가능성, 그리고 이해 가능성을 갖지 않는다.

이 지적은 자기 온전성과 관련해 기존에 널리 알려진 견해를 뒤엎는다. 즉 자신의 본모습을 온전하게 지킨다는 것을 일관성 있고 완고한 자세를 유지하고 변화를 거부하는 것과 동일시하는 기존의 입장에 대해 도전적인 주장을 하고 있는 것이다.

우리가 진정으로 '진주 이론'이 함축하고 있는 바를 넘어서서 자기 자신을 훨씬 더 역동적이고 유동적인 존재로 파악한다면 자신 속의 모순과 동요, 그리고 발전된 자신을 수용해야 하는 때가 왔을 때 보다 진실되게 스스로를 대할 수 있다. 결국 10년이 지나도록 한결같은 모습으로 남아 있는 사람은 자기 자신에게 솔직한 것이 아니라 거짓된 개념의 자기 자신에게 솔직한 것이다.

긍정적인 마음으로
자신을
사랑하라?

낮은 자긍심이 불행의 원인이라고 생각하는 당신에게

철학자
자신을 사랑하려 노력하기보다
사랑받을 만한 사람이 되기 위해 노력하라

심리학자
자기애는 자긍심이 아니라 자아수용이다

철학자

자신을 사랑하려 노력하기보다
사랑받을 만한 사람이 되기 위해 노력하라

철학자 칸트는 정언 명령을 '그 자체가 목적으로서 필연성을 띠는' 행동의 명령으로 정의 내린 바 있다. 오늘날 우리는 수많은 정언 명령의 폭격 속에서 살고 있다. 그중 가장 흔한 명령으로 '네 자신을 사랑하라'를 꼽을 수 있다. 불행하게도 이 명령은 칸트의 간결하고도 체계적인 철학 사상에서 도움을 받은 것이 아니라 이른바 자기계발 분야의 '정신적 스승들'이 설파하는 '긍정적으로 사고하기' 쪽에 기반을 두고 있다.

조니 머서Johnny Mercer가 작사하고 빙 크로스비Bing Crosby가 불렀던 노래 〈긍정에 악센트를 주자Ac-Cent-Tchu-Ate the Positive〉(이 노래는 연애할 때 부정적인 남자는 멀리하고, 긍정적인 남자는 놓치지 말아야 하며, 이도 저도 아닌 남자는 경멸하라는 내용을 담고 있다.:옮긴이)를 살펴보자. 이 노래 가사에는 '빙 크로스비의 3중 정언 명령'이라 이름 붙일 만한 것이 나온다.

부정은 없애 버리고

긍정은 꽉 붙들며

중간 군君과는 말도 섞지 말거라

이 명령에 대해 나는 더 간단한 3중 답변으로 화답할 것이다.

틀렸어

틀렸어

틀렸다고

'부정'을 긍정적으로 볼 수는 없을까?

내 답변은 특히, 빙 크로스비의 3중 명령을 자기 자신을 어떻게 봐야 하는지에 관한 명령으로 간주했을 때 비로소 효력을 발휘할 것이다.

우선 부정을 제거할 필요가 있다는 생각부터 제거하자. 이것은 대단히 반철학적인 명령인데, 왜냐하면 철학은 언제나 직설적인 비판과 잘못 들추기를 통해 성장해왔기 때문이다. 플라톤의 〈대화편〉에 등장하는 소크라테스는 사람들의 생각이 왜 잘못된 것인가를 들추는 것 말고는 거의 한 일이 없다. 그렇지만 소크라테스의 이런 행동이야말로 그를 진정한 철학자로 만들었다. 그리고 그 이후 철학 분야의 천칭저울은 부정적인 쪽으로 완전히 기울어진 채 지금까지 전해 내려오고 있다.

이 시대의 언론들은 부정적인 것을 나쁘게 보고 있지만 우리에게는 올바른 부정이 절실히 요구된다. 우리들 대부분은 거짓이 아닌 진실한 보도를 원한다. 우리는 정확한 사실을 알고 싶어 하지 결코 희망사항이나 무지 혹은 편견 등에 의해 왜곡된 세계의 모습을 알고 싶어 하지는 않는다. 하지만 좀 더 솔직해질 필요가 있다. 우리가 가진 믿음들 대부분이 사실은 빈약한 정보, 풍문, 교묘하게 꾸며진 증언, 대중적인 상식 등에 근거한 것임을 시인해야 한다.

하지만 말 그대로 인생은 너무도 짧아 우리가 가진 모든 믿음들의 근거를 면밀하게 검토하며 살 수 없다는 게 문제다. 그렇기 때문에 자신의 믿음이 참된 것이기를 바란다면 동시에 거짓일 수도 있다는 점도 인정하며 살아가야 한다. 또한 자신의 내면에 예리한 비판자를 길러내야만 한다. 그 비판자는 우리가 무언가를 정당하게 의심할 때 그 근거를 찾게 해주며, 현재 생각과 상충되는 증거를 발견하게 해준다. 내면의 비판자를 길러내는 데 가장 뛰어난 솜씨를 보이는 분야가 바로 철학이다.

이 비판자는 가능한 한 사사로움을 배제하고 감정의 지배에서 벗어날 때 비로소 뛰어난 업무 수완을 보일 수 있다. 우리가 어떤 믿음을 자신의 것으로 여기는 경향이 점점 심해질수록 그 믿음과 상충되는 증거를 객관적으로 보고자 하는 의지도 그만큼 약해진다. 이미 우리는 어떤 것이 참이냐 거짓이냐 하는 단순한 문제를 다루고 있지 않다. 바야흐로 자신의 소유라고 생각해온 어떤 것을 기꺼이 포기할 수 있느냐 없느냐 하는 문제로 옮겨온 것이다.

이와 비슷한 경우로, 자신이 좋은 사람인지 나쁜 사람인지에 대해 지나치게 골몰하다 보면, 특정한 행동을 하는 것이 바람직한지 그렇지 않은지 고민하는 것이 더 어려워진다. 그러다 자신이 나쁜 사람이라는 데 생각이 미치면 과거의 행동을 가혹하게 평가하는 데까지 이르게 된다. 그럼에도 자신이 줄곧 옳았다는 믿음의 근거를 만들어내는 자기 방어의 기제도 덩달아 작동하기 시작한다.

따라서 철학으로 무장한 가장 훌륭한 내부 비판자는 유쾌하게도 불쾌하게도 굴지 않으며, 친절하게도 가혹하게도 굴지 않는다. 당신의 내부 비판자는 사실 인격체로서의 당신과는 전혀 무관한 존재이다. 그것은 오로지 믿음의 문제와만 관련된다. 만약 비판자의 목소리가 냉정하리만치 객관적으로 들린다면, 그것은 내부 비판자가 낸 목소리이기 때문이다. 내부 비판자란 원래 그런 존재이며, 냉정하리만치 객관적일수록 더 좋은 내부 비판자라 보아도 무방하다.

철학은 종종 지나치게 합리적이라고 질책 받는다. 철학에서는 감정을 기껏해야 자신과 무관한 존재로 간주한다. 게다가 최악의 경우 자신에게 해로운 것으로 간주하기조차 한다. 그러나 자기비판이라는 영역에만 한정해서 보자면, 힐난 받던 철학의 악덕은 가장 훌륭한 미덕으로 뒤바뀐다.

자신에게 지나치게 관대할 필요는 없다

부정은 제거의 대상이 아니다. 판단력 있고 공정성을 가진 부정의 경우 가르치고 키워야할 대상이다. 부정성은 우리 자신이 형편없는 존재라는 느낌을 가질 것을 요구하지 않는다. 그것은 우리 자신을 그리고 우리가 가진 믿음에 무엇이 잘못되었는가를 생각해보도록 요구한다.

부정성은 자기애도 아니고 자기증오도 아니다. 그것은 자아를 합리적으로 판단하는 것이다. 그러므로 자기계발 분야의 그 많은 정신적 스승들이 권유했던 다양한 긍정적 확언 대신 매일 아침 거울 앞에 서서 다음과 같은 말을 되풀이해보라고 권유하고 싶다. "나는 약하고, 어리석고, 애처롭고, 착각에 빠진 털 없는 원숭이다. 그래도 괜찮다. 그런데, 전능한 신이 이 꼴로밖에 못 만들어낸 실패작을 나는 앞으로 어떻게 최상의 작품으로 만들어가야 하는 것일까?"

자신을 최상의 작품으로 만들기 위해 굳이 자신에 대해 지나치게 관대해질 필요는 없다. 있는 그대로의 자신을 받아들이는 것은 시작에 불과하며, 그 뒤로도 해야 할 일들이 있다. 나는 이 점을 몇 년 전 철학자 로저 스크루튼Roger Scruton을 인터뷰하면서 확실히 깨닫게 되었다. 그는 "우리가 서로에게 더 사랑받을 만한 존재가 되기 위해 노력해야 할" 필요성에 대해 이야기했는데, 이 말은 내게 꽤 신선한 충격으로 다가왔다. 왜냐하면 그의 말과 달리 어떤 행동을 하든 상관없이 모든 사람은 이미 사랑 받을 만한 자격이 충분하다는 것이 오늘날의 상식 아니던가. 그러므로 긍정을 꽉 붙들고, 있는 모습 그대로의 자신을 사랑하라고 강조하는 것이 우리가 처한 현실이다.

이것이 바로 우리가 일반적으로 자기애를 바라보는 방식이다. 먼저 자기 자신을 사랑하지 않으면 아무도 사랑할 수 없다는 말이 진리처럼 통용되고 있다. 그러나 설령 이 말이 진실이라 하더라도 자신을 사랑하기 위해 아무런 노력을 하지 않아도 된다는 결론이 뒤따르지는 않는다.

존중받고 싶다면 먼저 타인을 존중하라

스테이플스 싱어스Staples Singers의 1971년도 히트곡 〈당신을 존중하라 Respect Yourself〉가 전달하는 메시지는 스크루튼의 주장과 일맥상통하는 내용을 담고 있다. 제목만 놓고 보면 그저 사람들이 호응할 만한 자기애의 명령을 담고 있는 노래인 듯 보인다. 하지만 노래 가사를 들여다보면 자기 자신을 존중하기 위해서는 타인을 존중하는 행동이 선행되어야만 한다는 메시지가 명료하게 드러난다. 가사의 첫 문장은 다음과 같다.

당신이 길을 가다 부딪친 사람에게 무례하게 군다면

세상에나, 그 누가 당신을 존중해줄 거라 생각하나요?

당신이 스스로를 존중하기 위해서는 당신 자신을 존중받을 만한 가치가 있는 사람으로 만드는 것이 무엇보다 중요하다. 자기애의 경우도 이와 다르지 않다. 당신이 얼마나 사랑받을 만한 가치가 있는 존재인지는 생각도 해보지 않은 채 자신을 사랑하는 것은 결코 미덕이 아니다. 그것은 그저 공허한 짓거리에 지나지 않는다.

그러므로 자기애가 어떤 식으로든 가치를 지니려면 우리는 자기 자신 안에서 그 사랑을 소중하게 만들어주는 무언가를 찾아낼 수 있어야 한다. 스크루튼이 결국 옳았다. 우리 자신을 사랑하려고 노력하기보다는 우리 자신을 더 사랑받을 만한 존재로 만들어내기 위한 진심 어린 노력을 기울여야 한다. 우리가 그런 존재가 된다면 나머지 것들은 저절로 따라올 것이다.

사랑받는 존재가 되기 위해 알아야 할 세 가지

이제 빙의 마지막 명령인 '중간 군과는 말도 섞지 말라'가 남았다. 어쩌다가 중간 군이 이런 푸대접을 받게 되었을까? 알다시피 중간 군은 철학자들의 가장 좋은 친구이다. 철학자들은 중간 군에게 가르쳐줄 많은 지식을 가지고 있기 때문에 가능한 한 그들은 철학자들과 자주 어울릴 필요가 있다.

자기비판이 건설적인 방식으로 이루어지기 위해서는 부정적인 것과 긍정적인 것을 모두 면밀히 검토해야 한다. 대개 그 결과는 어떤 하나가 전적으로 옳다거나 전적으로 그르다거나 하는 경우는 결코 존재하지 않는다는 사실을 알게 되는 것으로 끝난다. 이와 마찬가지로, 만일 우리가 정말로 자기 자신을 본인과 타인 모두에게서 사랑받을 만한 소중한 존재로 만들고자 한다면 우리 자신이 가진 다음의 세 가지 측면 중 어느 하나도 간과해서는 안 된다. 사랑받을 만한 측면, 사랑스럽지는 않으나 용인할 수는 있는 측면, 그리고 반드시 바꿔야만 하는 측면이 그 세 가지이다. 이들 중 어느 것도 빠뜨리지 않고 제대로 평가해야만 하는 것이다.

결국 빙의 3중 정언 명령은 아래와 같이 완전히 다시 쓰여야 한다.

긍정은 그 힘을 빼고
부정은 받아들이며
단정은 바꿔버리고
중간 군과는 협력하라

아마 빙의 노래처럼 인기곡은 못 되겠지만 이 말에는 적어도 진실이 담겨 있다.

자기애는 자긍심이 아니라
자아수용이다

가족치료법의 선구자 중 한 사람인 버지니아 사티어Virginia Satir는 그녀의 기억 속에 있는 검은색 쇠솥에서 영감을 받는다고 한다. 어린 시절 그녀의 집에 있던 이 솥은 다양한 용도로 사용되었다. 그녀의 어머니는 비누를 만들 때 이 솥을 이용하기도 했고 농장 인부들을 위한 스튜를 끓일 때도 이 솥을 썼다. 그리고 이따금씩은 화단에 뿌릴 비료를 그 솥에 담아두기도 했다. 이 솥을 사용하려는 가족은 먼저 그 안에 뭐가 얼마나 담겨 있는지 확인해야 했다.

사티어는 자신의 내담자와 자존감에 대해 얘기할 때 이 솥에 비유해서 말하는 것이 유용하다는 사실을 알게 되었다. '가득 찬 솥'은 높은 자존감을 상징하며, '바닥난 솥'은 낮은 자존감을 상징하는 것으로 이해되었다. 사티어가 말한 '자존감'은 포괄적인 의미에서 우리가 '자기애'라고 부르는 것의 한 유형이다. 어떤 단어를 사용해야 하는가는 중요하지 않다. 중요한 것은 우리가 그것을 어떤 방식으로 생각하고 있는가이다. 또한 어떤 유형의 자기애로 자신의 솥을 채워야 하느냐이다.

자긍심이 높으면 높을수록 좋을까?

최근 들어 자긍심에 관한 논의는 점점 더 활발하게 전개되는 추세이다. 자긍심은 말 그대로 자신을 긍정적으로 평가하는 것을 의미한다. 자긍심이 '낮다'는 표현에는 어떤 식으로든 자긍심이 진단될 수 있는 것이라는 의미가 포함되어 있다.

최근 많은 나라들이 자가진단의 열풍에 휩싸여 있다. 낮은 자긍심을 모든 불행의 근원으로 몰아세우는 입장은 논쟁의 여지가 거의 없는 정설이 되다시피 했다. 고갈되고 부족한 자긍심을 다시 채우는 것이야말로 건강과 행복으로 가는 확실한 통로로 간주되고 있는 것이 요즈음 현실이다.

어쩌면 당신도 자긍심을 높여보려고 노력해 본 경험이 있을지 모르겠다. 거울 앞에 서서 자신이 얼마나 사랑스럽고 근사한 사람인지 여러 번 반복해 이야기하는 식으로 말이다. 그러나 당신이 되고 싶어 하는 모습과 실제의 모습 사이에 벌어져 있는 간극이 눈에 들어오면 오히려 감정이 악화될 수도 있다.

한편 다음과 같은 방법으로 자긍심을 높이려 노력해 본 경험도 있을 것이다. 더 많은 것을 성취할수록 자긍심이 높아진다고 믿고, 그를 위해 자신을 끊임없이 압박하는 방법이다. 이로써 당신은 더 많은 것을 얻게 된다. 하지만 이것을 '구멍 난 솥'에 비유할 수 있다. 바닥에 뚫린 구멍으로 쌀이나 물이 줄줄 새어나가는 솥을 가득 차게 하려면 어떻게 해야 할까? 한 가지 방법밖에 없다. 새로운 무언가를 끊임없이 채워 넣는 것이다. 그러나 그 뭔가를 채우는 행위를 멈추자마자 순식간에 자긍심은 고갈 상태에 이르게 된다.

자긍심이 지나친 사람 역시 훌륭한 삶을 살고 있다고 말하기 어렵다. 과도한 자긍심은 오만한 태도로 타인을 대하도록 부추길 위험성이 있기 때문이다. 『행복의 함정The happiness Traps』의 저자이자 '수용전념치료법'에 관한 글을 썼던 러스 해리스Russ Harris는 다음과 같은 날카로운 질문을 던졌다. "자신에 대한 긍정적 판단에 푹 빠진 사람들이 있죠. 예컨대, 나는 성공한 사람이다, 나는 승자다…… 이런 사람들과 좋은 관계를 만들기 위해 노력해본 적이 있나요? 열린 마음, 존중, 평등에 기반을 둔 그런 좋은 관계 말이죠."14 해리스는 과도한 자긍심은 자기도취, 편견, 진심 어린 지적에 대한 방어적 태도와 같은 바람직하지 못한 기질을 수반한다는 충고를 덧붙이는 것도 잊지 않았다.

『마음은 어떻게 작동하는가How the Mindworks』를 집필한 심리학자 스티븐 핑커Steven Pinker의 말도 새겨볼 만하다. "지난 4반세기 동안 일어난 폭력들에 대해 가장 널리 퍼져 있는 기이한 착각은 낮은 자긍심 때문에 그 사건들이 발생했다는 믿음일 것이다. 자긍심은 측정 가능하다. 놀랍게도, 어느 설문조사 결과에 따르면 사이코패스, 폭력배, 약자를 괴롭히는 자, 폭력 남편, 연쇄 강간범, 그리고 증오범죄자는 자긍심이 평균 수치를 넘어선 이들로 드러난다."15

자기검토는 칭찬뿐 아니라 비판도 포함한다

그렇다면 우리는 자긍심과 관련해 어떤 태도를 지향해야 하는가? 이 질문은 단순히 자신을 긍정적으로 판단하는 것이 좋은지 아닌지를 묻는 것이 아니다. 왜냐하면 우리가 어떤 행동을 하면서 살아가느냐에 대해서는 전혀 신경 쓰지 않으면서 그저 자기 자신을 긍정적으로 판단하느냐 마느냐에 골몰하는 것은 의미가 없기 때문이다. 자기 행동은 전혀 신경 쓰지 않으면서 자기 자신에 대한 견해만 장황하게 피력하려 애쓰는 것은 바람직하지 않다. 이기적이고 경솔한데다 자신이 해야 할 일에도 최선을 다하지 않는 사람이 남들 앞에서 스스로를 대단한 인물인 양 자랑하며 설득하려 한다면 누가 수긍하겠는가. 아침마다 거울 앞에 서서 자기 긍정을 강화하는 말을 끊임없이 반복하는 것보다 훨씬 더 중요한 일은 좀 더 나은 사람이 되기 위해 부단히 노력하는 것이다. 진정한 자기 검토는 자신에 대한 칭찬만이 아니라 비판도 포함한다.

어떤 사람은 이렇게 말할지도 모른다. "감사한 말이지만 나는 충분히 자기비판적인 사람이랍니다." 자기비판에 관심을 가진 이들을 위한 책이 넘쳐나는 현상을 미루어 보건대, 이 말도 일리가 있다. 예를 들면 이런 책들이다. 『당신 속의 비판자를 정복하라Master Your Inner Critic』, 『내면의 비판자를 다스리는 자가 치료법Self-Therapy for Your Inner Critic』, 『자기비판을 넘어서Beyond the Inner Critic』, 『내면의 비판자에 대처하기Coping with Your Inner Critic』, 『내면의 비판자 무력화시키기Disarming Your Inner Critic』.

한편 다른 측면에서 볼 때, 우리는 자기비판 능력이 결여된 존재이기도 하다. 사회심리학 분야의 연구 결과에 따르면, 우리는 다양한 측면에서 미혹된 대중으로서 살아간다. 즉 우리는 자기비판의 적정선을 지키지 못한 채 살아간다. 대표적인 예가 자신이 평균 이상의 능력을 가지고 있다는 믿음이다. 이것은 자신에게만 유리한 편견을 가지고 살아가는 것인데, 그 결과 남들에게는 지나치게 엄격한 반면, 자신에게는 관대해지기 쉽다. 이를테면 우리는 성공에 대해서는 그 공로를 자기 자신에게 돌리고, 실패에 대해서는 다른 사람이나 외부 요인에서 찾는 경향이 있다. 반면 타인에 대해서는 자신을 대할 때와는 정반대의 면모를 보인다. 그 사람이 실패한 것은 그에게 책임이 있다고 보며, 변명의 근거가 되는 환경적인 영향은 애써 무시하는 경향을 보이는 것이다. 이것은 심리학자들의 다양한 심리실험을 통해 증명된 사실이다.

자기 자신에 대해 비판적인 동시에 기만적 호의를 드러낼 수 있는 것은 도대체 어떻게 가능한가? 아마도 우리는 두 종류의 자기비판을 제대로 구분하지 못하고 있는 것인지도 모른다. 하나는 자기 자신을 향한 적대감인데, 자신에게 호의적인 것과 반대되는 개념으로 이해하면 될 것이다. 다른 하나는 자기 자신이 어떤 사람인가에 대해 대범하리만치 정직한 것을 말한다. 이 경우에 대한 반대 개념은 자기기만이 될 것이다. 그런 연유로 우리는 객관적이지 않으면서도 자신에게 가혹할 수 있으며, 그와 반대로 객관적이면서도 자신에게 가혹하지 않을 수 있다.

적대적인 의미에서 자기비판은 자신의 발전에 도움이 되지 못한다. 이 경우, 우리를 채찍질하는 내면의 비판자는 우리가 더 나은 사람이 되는 데 아무런 도움도 주지 못한다. 객관성과 자기 동정은 좋은 짝을 이룰 수 있다. 그 목소리가 호의적이고도 합리적이라면 내면의 비판자를 갖는 것은 나무랄 데 없이 좋은 일이 될 것이다.

자긍심을 건설적으로 이해하는 방법

그렇다면 가장 적절한 형태의 자기애는 자신을 좋은 쪽으로 본다는 의미의 자긍심이 아니라, 불교에서 말하는 '자신을 향한 자애慈愛', 혹은 우리가 '자아 수용'이라 부르는 바로 그것을 의미하는 것은 아닐까? 자아수용은 자신의 능력이나 처해 있는 상황을 잘 인식하여 자신의 요구나 결점 · 감정 충동 등을 받아들이는 것을 의미한다.

정신의학전문의이자 인지치료사인 데이비드 번스David Burns의 이야기도 이와 비슷한 울림을 준다. 자기계발서의 고전격인『필링 굿Feeling Good』에서 번스는 자긍심을 건설적으로 이해하는 방법으로 자기 자신을 소중한 친구처럼 여길 것을 제안한다.

이 말을 언제나 자기 자신을 봐주고 눈감아주어야 한다는 뜻으로 받아들여서는 안 된다. 이 입장과 관련해서는 심리학자인 폴 길버트Paul Gilbert가 제시한 방법을 살펴보는 것이 유용할 것이다. 그에 따르면, 애정 어린 자기 지적은 향상의 욕구인 반면, 수치심에 기반을 둔 자기 공격은 징벌의 욕구이다.[16] 또한 러스 해리스의 지적에 따르면, 우리의 행동을 평가하는 것과 우리 자신을 평가하는 것은 상당히 다른데, 전자는 건설적인 반면 후자는 그렇지 못하다.[17]

이처럼 자아 수용은 자신에 대해 총체적으로 판단하지 않고, 자신의 행동과 그 행동이 미칠 영향에 대해서 정확하게 판단하려고 노력하는 것을 의미한다. 그러므로 우리가 가진 솥을 명확함과 자아 수용으로 채울 수만 있다면 소중한 자기애를 향해 나아가는 첫걸음을 떼게 된 셈이다.

오직 인간만이
할 수 있는 거짓말,
자기기만

/

자기 자신마저 속이는 자신이 미운 당신에게

심리학자
고통스러운 현실에 대한 철저한 자기방어

철학자
진실 찾기에 대한 거부권

고통스러운 현실에 대한
철저한 자기방어

인간이 자기 자신도 속일 수 있는 존재라는 사실은 명명백백하다. 그런 사례들은 넘쳐난다. 사람들은 자신의 배우자가 결코 외도하지 않을 거라는 근거 없는 믿음을 가지고 있으며, 누군가에게 열렬한 애정을 보내면 상대방도 결국 자신을 좋아하게 될 것이라 믿는다. 또한 자신이 시험에 합격하거나 일에서 성공을 거둘 가능성이 높다고 믿고, 난처한 상황에서도 스스로 잘 처신했다고 자부한다.

이 모든 믿음들은 건전한 증거에 기반한 것이 아니다. 오히려 이러한 믿음에 상반되는 확실한 암시나 징후들을 (이런 것들을 결코 간과해서는 안 되는데도) 애써 무시한 결과로 나온 것이다. 우리는 고통스러운 현실로부터 자신을 철저히 방어하기 위해 행동 동기, 능력, 그리고 장래성에 대해 매번 스스로를 속이며 거짓된 믿음으로 위안을 주고 받곤 한다.

적당한 자기기만이 주는 위안

이러한 자기기만은 늘 수수께끼 같은 현상으로 간주해왔다. 그것이 좋은 현상인가 나쁜 현상인가에 관계없이 자기 자신을 속이는 것이 어떻게 가능하며, 어느 정도까지 그것을 피할 수 있는지와 관련된 여러 질문들이 제기될 수밖에 없었다. 이러한 질문들을 다룬 책은 이미 넘쳐난다. 그러나 다음의 질문들은 어떠한가? '만일 우리가 자기를 기만하고 있다면 그것은 말뜻 그대로 자신이 기만당하고 있다는 것 자체를 모르는 상황일 텐데, 그러한 상황이 주는 축복을 있는 그대로 누리면 안 되는 것일까?' 당신은 스스로를 속이고 있다는 사실을 과연 알고 싶은가?

자기기만의 상황을 기꺼이 받아들이고 싶어 하는 데에는 진심 어린 이유가 있다. 어느 정도의 자기기만은 우리에게 무해하고 어쩌면 유익할 수도 있기 때문이다. 자신을 과대평가하는 행동은 목표를 향해 나아가고 장애물을 극복하는 데 도움을 줄 수도 있다. 더 나아가 성공가능성을 높여줄 수도 있다. 설령 그렇게까지는 아니라 해도 적어도 불행의 늪에 빠져 허우적대지 않도록 해준다. 적지 않은 연구 결과들에 따르면, 적당히 자기 착각에 빠진 사람이 그렇지 않은 사람에 비해 성공 가능성이 크고 행복하게 살 확률도 높다고 한다. 반면 현실 직시는 우울함이나 부진함과 밀접한 상관관계를 맺는 것으로 드러났다.

이것은 대단히 훌륭한 이점 아니던가? 결국 이런 이점들로 인해 우리는 자기 자신을 덜 속이는 쪽보다는 더 속이는 쪽이 되기를 원하게 된 것이다. 물론 반대 측면에서 볼 때, 세상에 대해 그릇된 판단을 내리거나 과도한 기대감으로 인해 극단적으로 실망하거나 파국으로 이어지는 의사결정을 하게 될 위험이 도사리고 있기는 하지만 말이다.

더 중요한 사실은, 자기기만에서 벗어날 방법이 없어 보인다는 점이다. 우리 모두는 가벼운 형태의 자기기만 증세를 보인다. 대부분의 사람들은 운전 실력에서부터 지성적이고 도덕적인 자질에 이르기까지 인생의 여러 측면에서 자신의 능력을 과대평가한다. 그렇다면 자기기만을 그저 인간의 숙명으로 받아들일 수밖에 없는 것 아닐까?

자기기만은 은밀하게 진행되는 질병과도 같다

그러나 이제까지 우리가 적당한 자기기만에 대해서만 이야기해왔다는 사실에 주목해야 한다. 나는 많은 사람들이 유별나기 그지없는 자기기만, 예를 들어 자신이 재벌가의 숨겨진 상속자라고 믿거나 CIA가 자신을 추적하고 있다고 믿는 식의 자기기만은 달가워하지 않으리라 본다. 이런 종류의 기만은 온갖 부정적인 결과를 야기할 것이고, 정상적인 생활과 바람직한 삶을 꾸려 나가는 데 방해가 될 것이다.

이런 식의 극단적인 자기기만과 적당한 자기기만 사이에는 모종의 광대한 중간지대가 존재한다. 하지만 과도한 낙관주의에서 살짝 이탈하여 눈앞에 마주한 증거와 상반되는 믿음을 갖기 시작하는 순간부터 위험지역에 들어서기 시작한다. 아마도 그곳 어디쯤에서 경계선을 그을 수 있을 것이다. 그러나 자기기만은 은밀하게 진행되는 질병과도 같고, 그것을 억제하기도 어렵다. 그러므로 우리는 자기기만을 최소화하기 위한 노력을 게을리해서는 안 된다. 또한 불편한 진실을 마주하는 데 도움이 되는 명확하고도 합리적인 사고를 갖겠다는 목표를 세우고 그 목표를 실현하기 위해 노력해야 한다.

그런데 자기를 기만하는 것이 과연 가능한 걸까? 만일 가능하다면 어떻게 가능할까? 우선 사람들끼리 서로 속고 속이는 것과 정확히 대응하는 어떤 개념으로 자기기만을 이해해서는 안 된다. 내면의 어떤 짓궂은 존재가 자기 자신과 숨바꼭질을 하고 있는 것이 자기기만은 아니기 때문이다. 그보다는 어떤 강력한 동기 때문에 자신에게 주어진 증거들을 부적절하게 처리하는 조직적인 과정으로 이해하는 것이 더 나을 것이다. 예컨대, 상대가 실제로 나를 사랑한다고 믿고 싶은 마음, 혹은 대회에서 자신이 가장 유력한 우승 후보라고 믿고 싶은 마음 때문에 현실을 자신에게 유리한 쪽으로 해석하는 경향이 있다. 이는 자신의 바람에 확신을 주는 증거들에만 주목하고 그에 반하는 증거들은 무시하는 모습으로 나타난다.

이런 일이 가능한 이유는, 우리 자신이 서로 경쟁중인 수많은 욕망과 경향성의 집합체에 다름 아니기 때문이다. 그래서 우리 머릿속에서는 "너 정말로 확신할 수 있어?"라고 속삭이는 목소리도 있지만 근거 없는 믿음을 채택하고 싶어 하는 목소리도 존재한다. 그런데 후자의 목소리가 더 큰 소리를 내며 전자를 몰아내는 경우가 종종 있다. 이런 상황에서 누구나 진실을 외면하거나 왜곡하게 된다. 평범한 상황에서라면 눈앞의 사실들을 완벽하게 직시할 수 있을 것이다. 그러나 어떤 것을 믿고 싶어 하는 강력한 동기가 뒷받침될 때에는 증거를 판단하는 일에 안목이 초라해지고 만다.

만약 자기기만이 선택적 주목에 관한 문제라면, 좀더 객관적으로 상황을 파악하고자 노력하고 스스로에게 질문을 던지는 습관을 길러 어느 정도는 자기기만을 막아낼 수 있을 것이다. 신경과학자 데이비드 이글먼David Eagleman은 『인코그니토: 나라고 말하는 나는 누구인가

Incognito』에서 자기반성의 한계를 지적한다. 동시에 그는 "화가들이 하는 방식대로 자신이 보고자 하는 것에만 주목하는 법을 익힐 수도 있고, 요가수행자들처럼 내면에서 나오는 신호들에 좀 더 주의를 기울일 수도 있다"는 점도 인정한다.[18]

따라서 자신에게 좀 더 날카로운 질문을 던지기 위해 당신은 다양한 방법을 사용할 수 있다. 예컨대, 악마의 변호인(일부러 잘못을 들추는 역할을 하는 사람:옮긴이)의 입장에 서서 자신을 시험에 들게 하거나, 친구가 당신과 같은 상황에 놓여 있을 때 어떤 말을 해줄지, 또는 반대로 그런 상황에서 가장 친한 친구라면 당신에게 어떤 말을 해줄 것인지 생각해보는 방법이 있다. 물론 가장 친한 친구에게 실제로 물어볼 수도 있을 것이다. 우리 안의 무의식을 모조리 의식적이게 만드는 것은 결코 가능하지 않을 뿐 아니라 자기 자신을 완벽히 투명하게 대하는 것도 불가능할 것이다.

행동이 솟아나오는 샘물은 보통 안개에 가려져 있다. 그럼에도 우리 마음의 복잡 미묘함에 익숙해짐으로써 조금이라도 덜 불투명한 자세로 대하는 것은 나름 가치 있는 일이다.

진실 찾기에 대한
거부권

자기기만은 너무도 익숙하고 뚜렷한 현상이어서 그것이 과연 가능한 일인가에 대해 누구도 섣불리 의문을 제기하기 어려울 것이다. 그러나 자신이 어떤 방법으로 자신을 속고 속이는지 생각하다 보면 다음과 같은 의문이 들 것이다. '한 사람이 동시에 속이는 자와 속는 자가 될 수 있을까?'

이런 상황이 가능하려면 당신은 어떤 사실을 아는 동시에 몰라야만 한다. 다시 말해 누군가를 속이려 한다면 속이고 싶은 사실을 명확히 알고 있어야 한다. 그런데 속이는 당신은 그 사실을 알아야 하지만 속는 당신은 그 사실을 알아서는 안 되는 것이다. 이런 상황이 과연 가능할까?

이 문제는 다음과 같은 방식으로 해결할 수 있다. 즉, 자기기만에 특별히 실체가 있는 것은 아니라고 보는 관점에서 이 방식은 출발한다. 자기기만은 그저 특정한 상황을 표현하기 위해 사용되는 비유적인 단어에 불과한 것으로 보고, 그 상황을 다른 말로 표현해봄으로써 자기기만이 어떤 식으로 일어나는지 설명하는 것이다.

　재능이 없으면서도 리얼리티 TV 쇼의 가수 오디션에 참가한 사람을 예로 들어보자. 그는 자신의 능력을 스스로에게 속이고 있는 것이 아니다. 그저 다른 사람들이 그의 노래를 듣고 평가를 내리는 것과 같은 정도로 자신의 노래를 듣고 평가할 능력이 없으며, 그런 능력을 갖추기 위해 노력하는 일에도 관심이 없을 뿐이다.

　비슷한 예를 들어보자. 당신은 지금 심각한 병에 걸렸다고 의심하면서도 병원에 가는 것은 한사코 거부하고 있다. 이 경우, 당신은 병에 대한 진실을 자기 자신에게 속이고 있는 것이 아니다. 단지 진실과 대면하기를 두려워하며 거부하고 있는 것뿐이다.

자기기만이 가능한 이유

　그렇지만 무언가를 아는 동시에 그것을 모르고 있다는 이상한 결론을 피하기는 어려울 것 같다. 어떻게 그런 상황이 가능한가? 우리 모두는 다양한 부분들로 구성되어 있으며, 그 다양한 부분들은 한 목소리를 내지도 않고 세계를 한 가지 관점으로 보지도 않기 때문이다. 우리는 상식에 의거해 기억, 믿음, 경험을 담고 있는 단일한 마음을 각자가 가지고 있다고 여긴다. 그러나 이는 착각일 뿐이다.

　그것이 착각이라는 생각은 철학자들이 수세기 동안 해왔던 주장이며, 그 생각이 옳았다는 것을 최근 신경과학이 입증해내고 있다. 우리의 마음은 서로 다른 충동, 능력, 생각, 감각 등이 조금은 거칠게 연결된 상태에서 소용돌이치며 하나의 덩어리를 이루고 있다.

자기기만이 수수께끼처럼 여겨지는 것은 자기 자신을 단순히 솔로 연주자로만 생각하기 때문이다. 실제 개개인의 마음은 다양한 악기들이 각자의 선율을 연주하는 재즈 밴드에 더 가까운데도 말이다. 보통의 경우, 우리 안의 악기 연주자들은 충분한 조화를 이루며 연주하기 때문에 하나의 곡만 들린다. 그러나 때때로 한 멤버가 다른 선율을 일방적으로 연주하는 일이 일어나게 되고, 또 우리가 그 사실을 깨닫지 못할 때 완전히 다른 노래를 연주하고 만 꼴이 된다.

지금까지의 논의 결과, 적어도 두 가지 방식의 자기기만이 있다는 사실을 알게 되었다. 첫째로, 애초 아무런 기만도 없었던 경우이다. 다만 우리는 자신이 알고 있거나 의심하고 있는 것 중 불편한 진실이 될 가능성이 있는 것들에 대해 주목하기를 거부하거나 주목할 능력이 없었던 것뿐이다. 둘째로, 자아의 다양한 측면들이 각자 다른 것에 주목하고 있지만 그것들 사이에 아무런 정보 공유가 없음으로 인해 발생하는 자기기만이 있다. 첫째의 경우를 우리는 부주의로, 둘째 경우를 주의분열이라 이름 붙일 수 있을 것이다.

배우자의 외도를 목격하고도 인정하기를 거부하는 심리

'주의'라는 단어가 두 경우 모두에 등장하는 것을 보면 알 수 있듯이, 이 둘을 전혀 다른 두 종류의 현상이 아니라 동일한 현상의 두 가지 변형물로 보아야 하지 않을까?

이런 의문은 내가 영국의 희극 작가 앨런 애이크본Alan Ayckbourn의 연극 《연말 인사Season's Greetings》를 관람하던 과정에서 불현듯 떠올랐다.

이 연극에서 네빌Neville과 벨린다Belinda는 그다지 행복하지 않은 결혼 생활을 유지하고 있는 부부로 등장한다. 그럼에도 네빌은 아름다운 아내와 사랑스러운 자식을 둔 안정적인 가정생활을 유지하고 있는 것에 대해 꽤나 만족스러워 하는 듯하다. 네빌은 자신의 안정적인 상황을 위태롭게 만드는 것을 결코 원하지 않는다. 게다가 아내와의 관계가 적어도 무덤덤하게 지낼 정도는 된다고 믿고 있다. 그러던 어느 날 집에 손님이 찾아온다. 벨린다는 그 손님과 함께 있는 동안 적잖이 들뜨고 신이 나서(이 정도로만 표현해도 그림이 그려질 것이다) 어쩔 줄 모른다. 네빌은 자신의 아내가 불륜을 저지르고 있다는 결정적인 증거는 없지만 차츰 심증이 굳어진다.

이런 상황에서 네빌이 어떤 행동을 취했을 것 같은가? 네빌은 그들 두 사람 다 술에 취했으니 그럴 수도 있다고 생각하며 조용히 넘어가기로 한다. 그때 손님이 네빌에게 자신들은 전혀 취하지 않았다고 말하려고 한다. 그러자 네빌은 그에게 당신들은 취한 것이 맞으며, 그 사실을 인정하지 않으면 죽여버리겠다고 말한다.

이것은 어떤 종류의 자기기만일까? 얼핏 보기에 이것은 불편한 진실에 주목하기를 거부하는 것, 즉 명백한 부주의의 사례인 듯 보인다. 그러나 부주의는 이 경우에 적용될 수 없다. 술에 취하지 않았다는 것은 완전히 무시해버리기에는 너무나 명백한 사실이지만 그렇다고 그것을 사실로 인정하고 받아들이기에는 너무도 불쾌하다. 그래서 네빌은 실제로 무슨 일이 일어났는지 잘 알고 있는 자신을 침묵시키고, 다른 생각으로 주의를 돌려야만 했던 것이다. 이는 분노한 자신의 다른 부분이 갑작스럽게 튀어나와 두고두고 후회할 끔찍한 짓을 저지르는 일이 일어나지 않기를 그가 바라고 있기 때문이다. 이런 점에서 네빌의 이야기는 자아의 다양한 부분들이 서로 경쟁하는 것과 관련된 현상으로 자기기만을 설명하는 주의분열의 사례에 좀 더 적합해 보인다.

결과적으로 네빌의 사례는 두 가지로 분류되었던 자기기만이 한데 섞여 있는 중간자적 위치를 차지한다. 네빌은 분명하고도 불편한 진실을 완전히 무시하는 데 성공하지는 못했다. 그런 점에서 볼 때, 그는 자신을 완벽히 속이기에는 눈앞에서 무슨 일이 일어나고 있는지를 너무도 잘 의식하고 있었던 것이다. 그러나 네빌은 두 사람의 시시덕거리는 모습에 더 이상 주목하기를 거부함으로써 그 진실이 정상적인 작동 과정을 통해 자신의 의식으로부터 빠져나올 수 있게 한 것이며, 이 과정에서 의식은 다른 생각들로 바쁜 상태를 유지하고 있었던 것이다.

네빌은 자신을 언짢게 하는 진실의 목소리를 완벽하게 몰아낼 필요는 없었다. 단지 그 목소리가 무시해도 될 정도로 충분히 작은지만 확인하면 되었다. 그렇게 되면 마치 배경음악처럼 대부분의 시간 동안 그 목소리가 있는지조차 알아차리지 못할 수 있기 때문이다. 그런 점에서 볼 때 네빌은 자기기만이 아닌 자아분산을 하고 있었던 것이다. 자아분산은 자기기만의 완화된 형태 정도로 보면 된다. 자기기만이 흔한 현상이라면 자아분산은 훨씬 더 흔한 현상이다.

이러한 나의 해석이 옳든 그르든 자기기만이 분열된 자아의 주목 행위로 설명되어야 한다는 생각만은 확실히 옳다. 이 점은 자기기만을 피할 수 없다는 사실을 의미하는 것일까? 어느 정도는 그렇다. 우리는 결코 완벽하게 자기 자신을 투명하게 대할 수 없으며, 뇌가 우리에게 행하는 모든 속임수를 간파하는 것도 불가능하다. 하지만 자기기만이 어떤 과정을 통해 발생하는 것인가를 더 잘 이해함으로써, 또 과거의 경험을 통해 배움으로써, 그리고 자신의 행동 동기에 대해 의심의 눈

초리를 거두지 않음으로써 좀 더 신중해지는 법을 배울 수 있을 것이다. 자기기만을 불가항력적인 어떤 것으로 보는 숙명론이야말로 모든 자기 속임의 행위 중에서도 가장 유해한 것이리라.

07
life's question

사회적
지위를 향한
갈망

/

비싼 값을 주고 성공을 사려고 하는 당신에게

심리학자
인생이 반드시 경주일 필요는 없다

철학자
사회적 지위가 높을수록 오래 산다?

인생이 반드시
경주일 필요는 없다

우리들의 수많은 행위 이면에는 사회적 명성과 부를 추구하려는 욕구가 담겨 있다. 그렇지 않은 행동이라 하더라도, 서열 경쟁에서 조금이라도 더 높은 지위에 올라서려는 욕구 정도는 갖고 있다. 이런 욕구는 인간 진화의 역사에서 상당히 이른 시기에 나타났던 성향이다. 수컷 침팬지는 자신의 강함과 우월함을 드러내기 위해 손뼉을 치고, 발을 구르고, 시끄럽게 나뭇가지를 끌면서 '요란한 소리'를 낸다. 이런 면에서 우리 인간도 침팬지와 별 차이가 없다. 남들보다 우월한 지위를 차지하고 싶어 하고, '요란한 소리'를 내는 강한 인물이 되고 싶어 하는 것이다.

우리 안에 도사리고 있는 그 욕구는 타인에 대한 강박적인 비교 심리, 경쟁심, 자신의 분야에서 최고가 되고자 하는 의도, 부와 권력을 획득하거나 높은 사회적 위계로 올라가고자 하는 욕망, 존중받고 인정받고 싶어 하는 바람 같은 것으로 드러난다. 이것이 뭐가 잘못이냐고 당신은 물을지 모른다. 이러한 목표들은 자연스러운 것이며, 사회가 승인하는 가치이기도 하다. 우리가 사는 이 사회야말로 사회적 지위라는 외형적 징표를 제시하면서 끝없는 경쟁과 자기 평가를 장려하는 곳이지 않던가.

사회적 지위와 성취의 차이

사회적 지위와 관련해 제기되는 문제점 중 하나는 사람들이 종종 사회적 지위와 성취를 심각하게 혼동한다는 것이다. 성취는 정신건강을 위해 필요한 소중한 퍼즐 조각 중 하나로 볼 수 있다. 단기적으로 볼 때 무언가를 성취하는 것은 우리를 기분 좋게 만드는 경향이 있다. 성취는 마틴 셀리그만이 제안한 '삶의 번영에 필요한 다섯 가지 핵심 요소(긍정적인 정서, 몰입, 긍정적인 관계, 삶의 의미, 성취 : 옮긴이)'에 꼽힐 정도로 중요한 것이다. 셀리그만은 성취야말로 사람들이 그 자체를 목적으로서 시종일관 추구하는 것으로 보았던 것이다.[19] 목표를 이룰 수 있다는 자기 자신에 대한 믿음(심리학의 전문 용어로 '자기 효능감'이라 부르는 것)이 없다면 우리는 더 이상의 발전이 제한된, 성장을 멈춘 삶을 살게 될 가능성이 높다.

그러나 심지어 가장 성공적인 삶조차 본인에게는 시든 인생으로 여겨질 수 있다. 자신이 자격 미달일지도 모른다는 생각에 대한 끈질긴 집착, 언제 실패할지 모른다는 예감이나 아직 성과가 충분히 달성되지 못했다는 느낌, 자신은 아직 이루지 못했으나 동료는 이룬 업적에 대한 열패감 등으로 우리 삶은 황폐해질 수 있다. 세계가 승자와 패자로 이루어져 있다고 보고 자신을 패자로 간주하는 것은 우리가 말하는

'번영'에 그다지 도움이 되지 않는다.

일반적으로 사람들은 이 문제에 대한 해결책이 더 많이 성취함으로써 자기 자신의 지위를 올리는 것에 있다고 생각한다. 더 나은 직장, 더 좋은 집, 더 훌륭한 몸매는 불만족이라는 괴로움을 멈춰줄 것이고, 지속적인 만족의 감정으로 우리 자신을 채워줄 것이라고 생각한다.

하지만 일이 그렇게 진행되는 법이란 없다. 이 전략 속에는 결코 승자가 될 수 없는 경주에 뛰어들게 만드는 위험이 숨어 있다. 자신보다 더 큰 성취를 이룬 사람들은 도처에 있게 마련이고, 결국 그들을 따라잡기 위한 끊임없는 경쟁 상태에 놓이게 된다. 자신을 남과 비교하며 평가하는 '시시포스의 돌 굴리기 같은 지난한 과정'을 따라가다 보면 스트레스와 불안, 우울이 기다리고 있음을 발견하게 될 뿐이다.

더 높이 올라갈수록 엉덩이가 더 많이 드러난다

사회적 지위에 특권을 부여하는 사회에 살면서 그러한 지위에 대한 추구를 단호히 거부하기란 어려운 일이다. 사회적 서열에 비추어 자기 자신을 비판적으로 평가하는 습성은 부지불식간에 우리의 정신으로 스며들 수 있다. 이러한 상황은 심지어 우리가 의식적으로 그러한 가치를 거부할 때조차 일어날 수 있다. 그리고 자신이 오르려다 실패하고 만 지위에 대해 공공연히 그 가치를 부정하는 발언을 하는 사람은, 포도송이를 발견하고도 너무 높아서 따 먹지 못하자 '저 포도는 아직 익지 않아서 설령 딴다 해도 시어서 먹지 못할 거야'라며 자리를 뜨는 여우로 의심받기 십상이다.

물론 세계 도처의 종교 전통에서는 그러한 부박하고, 세속적이며, 물질적인 목표를 오랫동안 경계해왔으며, 그런 것들로부터 벗어나 자기 자신, 세상 그리고 타인에 대해 더 깊은 관계를 맺어야만 한다고 가르쳐왔다. 저명한 영장류학자 프란스 드 발Frans de Waal은 13세기의 성 보나벤투라Saint Bonaventura의 다음과 같은 전언을 되새겨준 바 있다. "원숭이는 더 높이 올라갈수록 엉덩이가 더 많이 드러난다."[20]

사회적 지위를 추구하는 삶에 경종을 울린 것은 종교만이 아니다. 스토아학파에 따르면, 사회적 지위란 우리 자신이 통제할 수 없는 어떤 것이며, 따라서 가치 있게 여길 만한 것이 아니다. 아리스토텔레스는 돈이나 명성이 가치가 있다는 사실은 인정했지만 그것들이 가치를 갖는 이유는 제한적이라 보았다. 결국 돈은 목적을 위한 수단일 뿐이다. 그리고 명성이 중요한 경우는, 우리가 그것을 누릴 만한 자격이 있고, 또 우리가 존중하는 사람이 우리를 높이 평가해주는 경우로만 한정된다. 이들 철학자에게 정말로 중요한 것은 이성을 따르고 도덕적 품성을 발전시키는 일이다.

성공은 행복의 재료일 뿐이다

우리 모두가 관조적인 삶을 선택하고 세속의 삶을 포기해야 할 필요는 없다(물론 우리들 중 몇몇은 그렇게 하길 원할지도 모르지만 말이다). 그러나 여전히 질문은 남는다. 사회적 지위를 향한 타고난 갈망을 어느 정도까지 허락해야만 할까?

심리학자 폴 길버트의 말이 이 질문의 답을 대신해 줄 수 있을 거라 생각한다.

"부, 명성, 섹스와 같은 쾌락에 대한 욕망은 수백만 년 동안 전해져 온 것이다. 이런 욕망들은 우리를 철저히 지배해왔다. 그러나 앞으로도 욕망에 홀린 듯 살아갈지 여부는 오로지 자신에게 달려 있다."[21]

이제라도 진정한 성공이 무엇인가에 대해 질문을 던지고, 성공에 대한 전통적 관점에 이의를 제기하며 성공이 갖는 의미를 명료화해야 한다. 성공을 향한 질주를 잠시 멈추고 무엇이 진정으로 가치 있는 행동인지 그리고 무엇이 실제로 우리 삶에 의미를 주는지에 대해 되돌아봐야 한다.

인생이 반드시 경주일 필요는 없다. 이에 대해 버트런드 러셀은 다음과 같은 말을 남겼다.

"성공은 단지 행복의 재료 중 하나일 뿐이다. 성공을 얻기 위해 다른 모든 재료들이 희생되었다면 너무 비싼 값을 주고 성공을 산 것이다."[22]

성공에 지나치게 초점을 맞추다보면 무엇을 얻을 것인지에만 관심을 기울이게 된다. 하지만 무엇을 잃게 될 것인지를 고려하는 것도 가치 있는 일이다.

우리는 자신이 이룩한 사회적 지위에 대한 불안감 때문이 아니라 자신의 가치를 추구하는 마음으로 끊임없이 무언가를 추구해야 한다. 러스 해리스의 표현을 빌리자면 "성공은 자신의 가치에 따라 사는 것이다."[23]

타인과 자신을 비교하며 사는 삶이 본능적이고 불가피한 것일지라도 자신이 만족하는 것에 주목하고, 소소한 것들을 음미하며, 그 자체로 즐거운 일을 찾아 실천하고, 경쟁적이지 않은 사회적 교류를 추구함으로써 더 많은 조화를 만들어 낼 수 있을 것이다. 건강한 삶을 위해 반드시 사회적 지위를 이 사회에서 추방할 필요는 없겠지만 적어도 그 것을 적절한 위치로 돌려놓기 위한 노력을 게을리해서는 안 된다.

사회적 지위가 높을수록
오래 산다?

최근 몇 십 년 동안 쌓인 증거에 따르면, 사회의 계층 구조 속에서 한 사람이 어떤 위치를 점유하고 있는가는 그 사람의 건강과 행복에 커다란 영향을 준다. 런던 대학의 역학 및 공중보건학부 마이클 마멋Michael Marmot 교수는 연구를 통해 한 사회에서 지위가 높은 사람일수록 더 건강하다는 사실을 밝혀냈다. 돈이 상대적으로 많을수록, 사회적 지위가 높을수록, 교육 수준이 우수할수록 더 건강하고 오래 산다는 것이다. 그는 이를 '지위 증상'이라고 부른다. 소득의 비교, 교육 정도의 비교, 부의 비교 등으로 서열이 정해지며, 그 서열에서 어느 위치에 속하는가에 따라 건강 또는 수명이 영향을 받는다는 이론이다.[24]

『평등이 답이다The Spirit Level』의 공동저자 리처드 윌킨슨Richard Wilkinson과 케이트 피킷Kate Pickett의 연구 역시 같은 맥락이다. 불평등이 사회문제에 어떤 영향을 끼치는지에 대한 이들의 연구는 한때 충격적인 사실로 받아들여졌던 사실을 지금은 널리 받아들여지는 상식 같은 것으로 바꾸어놓는 데 크게 일조한 바 있다.

사회적 지위를 결정하는 요소들

그러나 일반적이거나 전형적인 것이 늘 바람직하거나 불변의 가치
를 지니는 것은 아니다. 지위와 관련된 문제를 신중하게 분석해온 인
류학 이론에 따르면 지위를 결정해주는 요소는 장소와 시대에 따라 꾸
준히 변해왔다. 예를 들어, 수많은 정통 유대인 사회에서는 학문적 지
위가 경제적 지위보다 더 높은 가치를 차지하는 것으로 평가된다. 반
면 40년 전 영국에서 교사들이 차지하는 지위는 0~5점 등급에서 4.3점
을 받았지만 지난 10년 동안 그 수치는 3.0점 아래를 벗어나지 못하는
형편이다.[25]

사회적 지위가 중요하다는 생각 자체도 부침을 겪어왔다. 결국 사회
적 지위라는 것은 자연적 산물로 주어지는 것이 아니라 우리가 부여
하는 어떤 것이다. 그러므로 사회적 지위가 중요하다는 사실을 다룸에
있어서 단순히 경제적 순위표가 우리의 위치를 결정짓는다는 사실을
불가피하게 받아들이는 것은 잘못이다.

이보다 더 나은 접근법이 있다. 그것은 바로 무언가를 가치 있게 여
겨야 한다고 보는 근본 가정 자체에 도전해보는 방법이다. 그중 가장
급진적인 형태의 도전은 사회적 지위를 없애고자 노력하는 것이 바람
직한지 여부에 대해 진지하게 질문을 던지는 것이다. 아마도 우리 사
회에서 살인 사건을 완전히 없애지 못하는 것처럼 사회적 지위를 없애
는 것도 가능하지 않을 것이다. 그렇다고 해서 사회적 지위를 없애기
위해 최선의 노력을 다하는 행위가 제지될 수는 없다. 살인 사건에 대
해서도 그것을 막기 위한 최선의 노력을 하고 있듯이 말이다.

사회적 지위는 도덕적인 측면에서 볼 때 부당한 것이기에 그것을 없

애기 위해 필사적인 노력을 해야 한다는 합일된 목소리가 존재한다. 이러한 주장의 이면에는 다음과 같은 기본적인 가정이 자리 잡고 있다. 모든 인간의 삶은 동등한 가치를 지니는데, 사회적 지위는 어떤 이의 삶을 다른 이의 삶 위로 올려버림으로써 평등성을 해친다는 것이다. 지위의 높고 낮음이 존재하는 곳 어디에서나 지위가 높은 사람들의 이익과 권리가 지위가 낮은 사람들의 그것을 압도해버리는 불평등한 모습을 당신은 보지 않았던가.

베컴과 만델라의 높은 사회적 지위는 타당한가

이런 생각에 대한 반대 입장도 가능하다. 사회적 지위를 완전하게 없앤다는 생각은 말도 되지 않는다고 생각하는 이들도 있을 수 있다. 왜냐하면 그것에 대한 호불호 여부와 무관하게 우리는 모든 측면에서 그리고 그 누구도 평등하지 않기 때문이다. 데이비드 베컴David Beckham과 넬슨 만델라Nelson Mandela의 높은 사회적 지위는 그들 각자가 축구와 정치 분야에서 탁월한 능력을 보였다는 명백한 사실에서 비롯된 것이다.

축구와 정치라는 별로 어울릴 법하지 않은 두 분야를 한 쌍의 사례로 제시한 데에는 모종의 의도가 있다. 왜냐하면 이 둘을 짝지어 놓음으로써 뛰어난 전문성, 재능, 업적 등이 갖는 가치를 부당하게 폄하하지 않으면서도 평등주의자들이 추구하는 목표의 정당성을 지켜낼 수 있게 하는 조화로운 방법을 잘 드러낼 수 있기 때문이다.

이 말인 즉, 부분적으로 부여되는 지위와 전반적으로 부여되는 지위를 구분해야 한다는 것이다.

지위가 부분적으로 부여되는 경우를 보자. 한 사람이 특정한 분야에서 정말로 뛰어난 모습을 보이는지 여부는 쉽게 판단할 수 있는 문제이기에, 그 분야에 한정된 부분적인 영역에서 그에게 높은 지위를 부여하는 것은 공정하고도 무해하다. 반면 지위가 전반적으로 부여되는 경우는 이와 다르다.

사회 영역 전반에 걸쳐 한 사람에게 높은 지위를 부여한다는 것은 그 사람을 다른 사람보다 높은 위치에 올려놓는 것을 의미하는 동시에 삶의 모든 맥락에서 특별대우하는 것이 된다. 따라서 이런 식의 지위 부여는 불공정하며 유해하다. 지위 부여에 있어 부분성과 전반성을 잘못 짝짓는 실수는 귀족사회에서 가장 두드러지게 드러난다. 출생은 우연한 사건에 불과한 것으로 그것 때문에 특별한 지위가 부여되는 일이 있어서는 안 된다. 그럼에도 불구하고 일부 귀족 출신의 사람들은 다른 이들보다 높은 지위를 누리며 삶의 모든 영역에서 특권을 누린다.

실상 사람들은 별 생각 없이 부분적인 지위를 전반적인 지위로 확장시키는 경향을 자연스럽게 드러낸다. 사람들이 유명인의 의견을 경청하는 일은 흔한 경우가 되었는데, 문제는 그 특정 주제에 대한 유명인의 의견이 다른 이들보다 더 많은 지식에 근거한 것이 아닌 경우조차 이런 일이 벌어진다는 것이다. 식당 예약이나 항공권 예매에서 유명인은 다른 사람들보다 우선시된다. 이것은 결코 불가피한 일이 아니다.

유명인에게 과도한 지위를 부여하는 것이 세습 왕조를 숭배하는 것보다 더 보편적이거나 인간적인 현상이 될 수는 없다. 가장 바람직한 방향은 유명인이 자신의 영역에서는 높이 평가받되 다른 영역에서는 타인과 동등한 대접을 받도록 하는 환경을 만들어나가는 것이다. 그렇기 때문에, 예를 들어 데이비드 베컴이 축구선수로서 매우 높은 지위를 가져야 한다는 사실은 옳다. 그러나 이것은 그가 법원에서도 특별한 대우를 받아야 한다거나 그의 정치적 견해가 다른 누구의 견해보다 더 큰 영향력을 가져야 한다는 것을 의미하지는 않는다.

사회적 지위의 '지위'에 대하여

어쨌든 실력주의 유토피아 사회는 아직도 저 멀리에 아스라이 존재하는 듯 보인다. 하지만 그 길을 가는 동안, 우리는 어떤 것에 높은 지위를 부여해야 하는가에 대해 생각해볼 수 있다. 어떤 경우 이것은 꽤 간단히 답이 나올 수 있는 문제로 보인다. 당신이 매우 솜씨 있는 목수라면 목수로서 높은 지위를 누려야만 할 것이다. 그러나 각각의 부분적 지위는 다른 부분적 지위들과 관련하여 상대적으로 결정된다. 예컨대, 우리는 세계에서 가장 뛰어난 평화 교섭자를 세계에서 빙고 게임을 제일 잘하는 사람보다 더 가치 있게 여긴다.

문제는 이뿐만이 아니다. 앞서 언급된 지위에 있어서의 부분성과 전반성의 구별은 현실 세계에서 보다 복잡한 양상을 보인다. 특정한 종류의 뛰어난 능력은 부분성을 넘어서서 가치를 인정받기도 한다. 특정 분야에서 어떤 능력에 높은 지위를 부여했지만 그 능력이 해당 분야를 넘어서서 모든 사람들에게 존경을 받기도 하는 것이다.

넬슨 만델라가 정치지도자로서 높은 지위를 부여받을 수 있었던 것은 그가 가진 뛰어난 정치가적 자질 때문이었다. 이런 자질은 또한 우리가 그를 빼어난 사람으로 여기게 하는 데에도 긍정적으로 작용한다. 당신이 식당을 운영한다고 가정해보자. 당신은 평범한 손님의 예약을 취소하고 넬슨 만델라에게 대신 그 자리를 주는 것이 옳다고 생각할 수 있다. 그리고 대부분의 사람들이 이에 동의할 것이며, 심지어 예약을 취소당한 그 손님조차 이에 동의할 수 있을 것이다. 그러므로 우리는 사회적 지위 그 자체가 갖는 지위에 대해 생각해볼 필요가 있다. 즉, 어떤 사회적 지위가 가장 중요한 지위를 차지할 것인지, 그리고 그 지위는 애초 그것에 가치를 부여해주었던 해당 분야를 넘어서서 어느 정도까지 사람들에게 존경받을 수 있을지 진지하게 생각해보아야 한다.

사회적 지위에 관한 중요한 질문

이제 사회적 지위를 어떤 관점에서 보아야 하는가에 대해 어느 정도 명확해졌다고 생각한다. 이제부터 실천에 옮길 수 있는 가장 구체적인 행동은 사회적 지위에 대해 자기 자신과 비슷한 생각을 공유하고 있는 사람들 사이에서 자신이 살아가고 있고, 또 일하고 있다는 사실을 확인하는 일이다.

예를 들어, 만약에 어떤 사람이 단지 부자이기 때문에 다른 사람보다 더 나은 대접을 받아야 한다는 생각이 당신을 섬뜩하게 만든다면, 부가 지위의 표식인 클럽, 단체, 사교 모임 등에 참여하는 행동은 피해야 할 것이다. 또한 당신이 소속감을 갖고 참여할 동료 집단을 신중하게 골라야 한다. 왜냐하면 그 실체를 파악하기 힘든 추상적 개념인 '사회 그 자체'가 사회적 지위를 어떻게 판단하는가보다 당신의 동료들이 사회적 지위에 대해 어떻게 판단하는가가 당신에게 더 실질적이고 직접적인 영향을 미치기 때문이다. 그리고 만일 자격 없는 사람들에게 과도한 지위를 부여하는 어떤 이를 보면서 그를 업신여기고 있는 자신을 발견한다면, 그렇게 생각함으로써 당신 역시 등수 매기기 게임을 하고 있다는 사실을 명심하라. 사회적 지위와 관련해 제기할 수 있는 중요한 질문은 정말로 그것이 존재하는가가 아니라 그것을 어떻게 부여할 것인가이다.

08
life's question

당신은 얼마나
많은 짐을 짊어지고
인생을 살아가고 있는가?

책임감 있게 살아가고 싶은 당신에게

철학자
책임감을 느끼는 기준의 차이

심리학자
과도한 책임감도 책임회피만큼 심각한 문제다

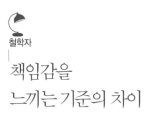

책임감을
느끼는 기준의 차이

'부유한 기업가'나 '날씬한 발레리나' 같은 말에 들어 있는 형용사처럼 '책임감 있는 어른'이란 말에서 '책임감 있는'은 지당한 표현으로 여겨진다. 어른이 된다는 것은 곧 자신의 행동에 책임을 지는 사람이 된다는 것을 의미한다. 일상생활에서도 '책임감'이란 말은 모호한 의미를 갖지 않는다.

당신이 어디까지 책임을 져야 하는지에 대해서는 그 범위가 확실한 것이다. 즉, 자신이 통제할 수 있었던 어떤 것을 통제하지 않음으로 인해 초래된 결과에 대해 당신은 책임이 있다. 또한 당신이 합리적으로 사고했을 때 발생할 것이라고 충분히 예측할 수 있었던 어떤 결과에 대해서도 책임이 있다. 그리고 당신이 한 행동 때문에 발생한 결과뿐 아니라 또한 당신이 소홀한 태도를 보임으로써 발생한 결과에 대해서도 마찬가지로 책임이 있다. 어린아이를 학대한 사람의 행동에 대해 책임을 물을 수 있는 것과 마찬가지로, 우리는 어린아이를 돌보는 데 소홀히 한 행동에 대해서도 책임을 물을 수 있다. 또 고장 난 브레이크를 자동차에 설치한 사람에게 책임을 물을 수 있는 것과 마찬가지로, 브레이크에 문제가 있는 자동차인 줄 알면서도 그것을 운전하도록 방치한 사람에게도 책임을 물을 수 있다.

살아가면서 부딪히는 책임의 복잡한 양상

그러나 책임에 자유의지의 문제를 끌어들이면 상황은 복잡해진다. 자유의지가 있느냐 없느냐 하는 철학적 논쟁은 마치 전혀 해결책이 없어 보이는 불치병 같은 문제를 다루는 것이다. 따라서 당신이 그 문제에 집착하거나 얽매이다 보면 상황은 점점 더 복잡해질 것이다. 게다가 이런 형이상학적 난제가 우리의 실제 삶에 미치는 영향은 놀라울 정도로 적다.

어떤 철학자가 자유의지란 그저 환상에 지나지 않는다고 굳게 믿고 있다고 해보자. 그럼에도 결국 그는 자신의 아이를 책임감 있는 아이로 키우고자 노력할 것이며, 실수로 고기를 정량보다 적게 판 사람과 고의로 음식에 독을 넣은 사람을 전혀 다른 태도로 대할 것이다.

그럼에도 불구하고 실제 세계에서 책임의 문제가 복잡한 양상을 보이는 것은 왜일까? 내 생각에 거기에는 심리적 요인이 더 크게 작용한다. 어떤 사람이 자신의 행동 결과에 대해 얼마만큼의 책임을 져야 하는가는 그가 그 행동 결과에 대해 얼마만큼의 통제력을 가지고 있었느냐에 비례한다는 원칙은 자명한 이치로 보인다.

그러나 실제 상황은 이와 같지 않다. 그 정도가 정확히 동일하며 행동의 결과도 거의 똑같은 두 상황을 놓고서도 우리는 칭찬과 비난에 매우 상이한 태도를 취할 수 있다.

예를 들어보자. 만약 70파운드짜리 신발이 망가지는 게 싫어서 물에 빠진 아이를 구하지 않았다면 도덕적 태만의 죄를 묻는 것이 가능할 것이다. 반면, 모금함에 50파운드의 돈을 기부하는 것을 거부한 경우를 보자. 이 돈을 기부함으로써 열 명의 목숨을 살릴 수 있다는 것이 거의 확실하다 하더라도 기부를 거부한 행위에 대해 책임감 문제를 들어 비난할 사람은 거의 없을 것이다. 후자가 전자보다 돈도 적게 들고 행동하기도 쉬운 경우임에도 말이다.

물론 결과의 확실성 여부를 제기하며 위의 주장을 반박할 수도 있다. 즉, 기부를 거부한 행위는 의도한 결과가 나올 확률이 높지 않은 반면 아이의 목숨을 구하는 행위는 의도한 대로 그 결과가 나올 확률이 높다는 것이다. 하지만 결과에 대한 높은 확률을 염두에 두고 한 명의 목숨을 구하는 것이 가치 있는 것처럼 절반밖에 안 되는 확률을 염두에 두고도 여러 명의 목숨을 살리기 위해 돈을 기부하는 것 또한 우리 시대가 요청하는 가치가 아니던가. 그렇지만 여전히 자선단체에 돈을 기부하지 않은 행위가 물에 빠진 어린 아이를 그냥 지나치는 행위만큼 비난받아 마땅하다고 생각하는 사람은 거의 없을 것 같다.

남의 일기장을 훔쳐보는 것이
이메일을 몰래 읽는 것보다 더 비열하게 느껴지는 이유

그렇다면 무엇이 이와 같은 차이를 만드는가? 단지 지리적인 근접성 정도가 그 대답인 것처럼 보인다. 행위와 결과 사이의 물리적 접촉

이 더 직접적일수록 그 행위를 한 사람이 느끼는 책임은 더 커진다고 우리는 느낀다. 사람들의 이러한 면모를 가장 생생하게 드러내는 것이 바로, 여러 명을 살리기 위해 한 명의 목숨을 희생시킬 의사가 있는지 물어보는 식으로 진행된 일련의 사고실험들이다. 사람들은 '트롤리 문제'와 관련해 그 문제를 다양하게 변형시킨 각각의 상황에서 자신이 어떤 선택을 할 것인지 질문 받는다.

이 가상 상황에서 피실험자인 당신은 한 무리의 사람들을 향해 질주하는 고장 난 전차를 다양한 방법으로 멈춰 세울 수 있다. 노선을 변경시켜 더 적은 수의 사람이 있는 곳으로 전차의 행로를 바꾸는 방법, 한 명의 뚱뚱한 사내를 선로 위로 밀어 떨어뜨려 전차를 멈추는 방법, 전차 바닥의 비상 문을 여는 손잡이를 당겨 그 뚱뚱한 사내가 선로 위로 밀어떨어지게 함으로써 전차를 막아 세우는 방법 등이 있다. 피실험자들은 위 방법들 중 어떤 일은 기꺼이 하겠다고 한 반면 다른 어떤 일은 하기를 몹시 꺼렸다. 기능자기공명영상fMRI을 촬영해 분석한 결과, 이러한 차이는 피실험자들이 가진 원칙의 차이보다는 감정의 차이에서 기인한다는 사실이 밝혀졌다. 예컨대, 자기 손으로 사람을 직접 밀어 떨어뜨려 죽게 만드는 것은 명백히 그릇된 행동으로 인식하는 반면 스위치를 당겨서 누군가를 죽게 만드는 행위에 대해서는(그로 인해 심지어 더 많은 사람이 죽게 된다 할지라도) 훨씬 관대했다. 더욱 놀라운 것은 그렇게 판단한 근거가 단지 그런 식의 느낌이 들었기 때문이라는 것이다.

이와 같은 감정은 고도로 발달된 무기와 기술을 사용하는 현대전에 대해 우리가 느끼는 것과 같은 문제점을 공유하고 있는 것처럼 보인다. 원격 조종을 통해 전투를 치르는 현대전은 군인들로 하여금 사람을 죽이는 행위를 한결 쉽게 받아들이고 수행하도록 만들기 때문이다.

이러한 문제는 우리 모두에게 확장시켜 적용될 수 있는 것이기에 난감할 수밖에 없다.

책임과 관련된 문제가 발생하는 인생의 모든 영역에서 우리는 어떤 사람의 실질적인 통제력 여하에 따라 그 사람의 행동을 칭찬하거나 비난하는 것 같지는 않다. 그보다는 물리적 접촉과 관련된 감정적 요인에 기반해 그 사람의 행동에 대해 칭찬하거나 비난하는 것 같다. 물리적 접촉 정도는 도덕성 여부와 무관한데도 말이다.

그렇기 때문에 우리는 시장에 가서 범죄자의 냄새를 물씬 풍기는 사람에게 해적판 DVD를 구입하는 행동보다는 불법으로 영화를 다운로드하는 행동이 덜 나쁜 행동인 듯 느낀다. 백혈병에 걸린 동네 아이를 위해 비치된 대폿집 모금함에 인색한 것보다는 앙골라의 병든 아이들의 비참한 상황을 무시하는 것이 양심의 가책을 덜 느낀다. 배우자가 손으로 쓴 일기를 몰래 읽는 것보다는 그가 쓴 이메일을 몰래 읽는 것이 덜 비열한 행위처럼 느낀다. 공장형으로 사육되는 닭들의 실태를 직접 눈으로 목격하지 않는 한 싼 값에 치킨 너겟을 먹을 수 있다는 사실은 괜찮은 일인 듯 느낀다. 이 외에도 사례는 많을 것이다.

책임의 문제에서 '감정'의 역할

이와 같이 명백히 모순된 모습을 아무렇지도 않은 듯 넘겨도 괜찮은 것일까? 도덕 철학자들은 합리성의 문제를 들어 이러한 모순성에 대해 우리가 염려해야 한다고 주장하지만 그들이 염려하는 것보다 좀 덜 걱정해도 되는 이유는 존재한다. 우리의 도덕 감정은 감정이입과 긴밀하게 연관되어 있는데, 이를 그저 그럴듯한 사실 정도로만 간주해서는 안 된다. 단언할 수 있을 정도는 아니지만 이러한 감정 이입 능력이야말로 최초로 도덕이 생겨날 수 있게끔 그 기반을 마련해주었을 것이다. 그리고 이 사실이 중요한데, 비록 (합리성이 아닌) 감정적인 요인에 자극받아 우리가 책임감을 느끼게 되었다는 것이 그럴듯한 사실이라 할지라도 감정이 우리를 잘못된 길로 인도하는 것마저 눈감아야 한다는 결론은 타당하지 않다.

한편 좀 더 분명한 사실은 우리가 감정을 가지고 할 수 있는 일은 제한적이라는 것이다. 개발도상국에서 만든 물건을 살 때의 경우를 예로 들어보자. 그 물건이 윤리적인 공정을 거쳐 제조된 것인지 여부를 확인할 의무가 있다는 사실을 우리 지성이 제아무리 확실히 납득시켜준다 해도 그러한 의무가 정말로 중요하다는 느낌을 오랫동안 유지하며 사는 것은 한마디로 불가능하다.

그러나 비합리성의 지배력에 대항해 압도적인 승리를 거두는 것이 불가능하다는 이유로 그것을 통제하려는 시도까지 전적으로 포기해서는 안 된다. 통제해야 하는 이유가 도덕적인 사안과 관련될 경우에는 더욱 그러하다. 게다가 이에 도움될 만한 실용적인 행동 수칙도 이 자리에서 소개할 수 있다.

어떤 행동에 대해 자신에게 얼마나 책임이 있는지 생각하는 중이라면 물리적 근접성 여하가 어느 정도까지 책임감의 차이를 만들어내는지 파악해야 한다. 그런 다음 그 점을 염두에 두고 자신이 할 수 있는 것이 무엇인지 판단해(설령 그것이 어림셈에 지나지 않는다 하더라도) 행동으로 옮기면 될 것이다. 그렇다면 결국 책임의 문제 또한 철학과 심리학으로부터 모종의 교훈을 얻어올 수 있는 인생의 여러 영역 중 하나가 될 것이다.

그 교훈은 다음과 같다. 당신의 느낌을 신뢰하지 말라. 자신의 통제권 내에 있는 것이라면 그 무엇이든 책임을 져야 한다. 우리가 실제로 책임의 부담을 느끼고 있는지 여부는 여기서 아무 상관이 없다.

과도한 책임감도
책임회피만큼 심각한 문제다

끊임없이 우리의 지혜를 시험하는 문제들 중에서 얼마나 많은 책임을 져야 하는가의 문제는 제대로 해결하기가 가장 어려운 부류에 속한다. 심지어 책임의 개념 자체를 명확히 하는 것도 어렵다. 책임을 너무 많이 지는 것도 책임을 너무 적게 지는 것도 흔히 있는 일이다. 또한 상담 치료에 있어서 이 문제는 단골 소재로 등장한다.

우리 모두는 책임을 너무 적게 진다는 것이 어떤 것인지 잘 안다. 세상에는 책임감이 없는 사람이 의외로 많은데, 이런 사람일수록 무슨 일이 생기면 두 번 곱씹어보지도 않고 즉각 상대방을 향해 비난의 화살을 날린다. 모든 것은 타인의 잘못, 과거 탓, 정부의 책임이며, 하늘 아래 모든 것이 비난의 대상이 된다.

실제로 일부 상담치료의 경우, 피상담자가 책임을 느끼는 기미를 조금이라도 보일 때를 치료의 중대한 전환점으로 간주한다. 만약 우리가 자기 자신을 단지 수동적인 수취인이라 여기지 않고 자기 삶에 대한 지휘 감독자의 역할을 맡고 있다는 사실을 받아들일 수 있다면 상황을 호전시키기 위한 행동을 취할 수 있을 것이다.

뭔가가 잘못되었을 때 자신 탓으로 돌리는 사람들

당신은 과도하게 책임을 지려는 모습에 대해서는 그 위험이 대수롭지 않다고 여길지 모르겠다. 혹은 위와 같은 상황에서라면 더 많이 책임지려 할수록 더 좋은 것 아니겠느냐고 생각할 수도 있다. 그러나 과도한 책임감 역시 문제의 경중에 있어서 책임감 결여와 같은 정도의 심각성을 지닌다.

과도한 책임감은 다음과 같은 증상으로 나타난다. 당신은 자신의 행복뿐 아니라 타인의 행복을 위한 열쇠 또한 자신이 쥐고 있다고 믿는다. 이런 경우, 뭔가가 잘못되었을 때 당신은 그것을 자신 탓으로 돌리게 된다. 당신에게 닥치는 일은 자신의 자유로운 선택의 결과물이라 믿는다. 그리고 선택의 결과가 불만족스러울 때 다른 선택을 하지 않은 자신을 비난하는 것이다. 이러한 당신은 얼마나 많은 짐을 짊어지고 인생을 살아가고 있는 것인가.

놀라울 것 없는 얘기겠지만 잘못된 모든 것이 당신 탓이라는 생각은 소모적인 죄책감을 수반한다. 또한 실제로 당신이 한 일이 잘못된 것인지 확실치 않은 사안들조차 잘못된 것으로 받아들이게 만든다. 물론 죄책감은 적절한 반응일 수도 있다. 당신이 나쁜 행동을 했고, 그 때문에 죄책감을 느낀다고 해보자. 이때 죄책감은 당신으로 하여금 더 좋은 행동을 할 수도 있었다는 점과 앞으로는 과오를 정정하여 행동해나가야 한다는 점을 일깨워준다. 물론 자기혐오에 빠지는 것은 아무 도움이 안 된다는 사실은 명심하고 있어야 할 것이다. 그러나 죄책감을 갖는 것이 습관이 되어버린다면 그로 인해 당신이 죄책감을 느끼는 그 일이 당신의 통제 하에 있었던 일인지 아닌지 판단하기가 어려워질 수 있다.

실제로 능력이 미치는 일에 대해서만 우리는 명확히 자신에게 책임을 물을 수 있다. 물론 지금 내가 말하는 것은 우리가 일상적으로 말하는 매우 흔한 책임에 대한 얘기이다. 결국 아무도 받아들이지 않는 특이한 형이상학적 주장에 근거한 책임에 관한 논의는 시도조차 하지 않을 것이다. 왜냐하면 이런 식의 논의는 일상의 문제를 다루는 데 있어 거의 아무런 도움도 되지 않기 때문이다.

'책임의 파이' 실행하기

과도한 책임감을 갖는다는 것이 무엇을 의미하는지 명확히 파악하기는 쉽지 않다. 예를 들어, 당신이 누군가를 때린 경우 당신은 그 행위에 대해 책임을 져야 한다. 물론 최면 상태에 있었거나 혹은 이와 비슷한 어떤 상황에서 벌어진 일이라면 사정이 달라질 수 있겠지만 정상적인 상황에서 그랬다면 자신의 행동에 대해 분명한 책임을 져야 할 것이다. 당신은 상대방이 당신을 화나게 만들었다는 이유를 들어 비난을 모면하려 할 수도 있다. 그러나 설령 그런 식으로 동기가 정당화될 수 있다 할지라도 여전히 책임을 피할 수는 없다. 다른 한편으로, 만약 당신이 배우자와 환상의 휴가를 보내길 희망하며 날짜를 골랐는데, 하필 휴가 내내 비가 왔다고 해보자. 이 경우에는 당신 잘못이 하나도 없다는 것이 명백한 사실이 된다. 그러나 이때조차 자기 탓을 하고자 갖은 애를 쓰기만 한다면 당신은 얼마든지 자신을 비난할 수 있을 것이다.

책임에 대한 생각이 이토록 어려운 문제를 제기하는 이유는 뭘까? 어떤 일이 벌어졌을 때 어떤 식으로든, 그리고 많든 적든 자신에게 원인이 있을 수밖에 없다고 가정하기 십상이기 때문이다.

내내 비가 오는 주를 골라 휴가 날짜를 정했던 사례로 돌아가보자. 당신이 해가 쨍쨍한 그 다음 주를 선택하지 않고 내내 비가 오는 그 주를 고른 데에는 사실 피치 못할 사정이 있었다. 일정상 당신에게 허락된 휴가 날짜가 마침 그 주밖에 없었던 것이다. 그렇지만 당신이 만일 자기 비난의 성향이 강한 사람이라면 그렇게밖에 날짜를 허락받지 못한 자기 자신을 또다시 비난할 것이다.

더 심각한 경우도 생각해볼 수 있다. 당신이 누군가에게 차를 운전하는 대신 기차를 탈 것을 권유했는데, 하필이면 그 기차에 충돌사고가 났다고 해보자. 이 경우 당신은 결코 사고를 예상할 수 없었음에도 불구하고 자신을 책망할 것이다. 그리고 내 생각에는 대부분의 사람이 같은 죄책감을 느낄 것이라 본다.

그러나 어떤 결과가 일어나는 데 일정 정도 원인을 제공한 것이 사실이라 할지라도 자신이 제공한 정도에 비례해서 책임을 져야 한다는 사실만은 명확히 해두어야 한다. 이와 같은 상황에 적용해 유용하게 사용할 수 있는 인지행동치료 도구로 '책임의 파이'라는 것이 있다.

만약 당신이 어떤 일에 대해 마음이 불편하고 또 그 일에 지나치게 집착하고 있는 것이 아닌지 의심된다면 그 일과 관련된 모든 사람들과 상황들을 나열해보라. 그런 다음, 파이 모양의 차트를 그리고 각 요인들이 전체 파이에서 얼마나 크고 작은 조각을 차지하는지 일일이 표시

해보라. 크리스틴 페데스키Christian Padesky는 자신의 책임 정도를 나타내는 부분은 가장 마지막에 그리라고 제안하는데, 이렇게 함으로써 자신에게 너무 많은 할당량을 성급하게 배분하려는 유혹을 막을 수 있기 때문이다.[26]

물론 이 과정에서 수학적인 정확성을 목표로 삼을 필요는 없다. 이 훈련의 일차 목표는 무슨 일이든 그것이 발생하는 데에 작용한 요인이 매우 많다는 것을 명확히 인식하는 것이며, 그중 어떤 요인이 가장 크게 작용했는지 알아내는 것이다.

책임을 묻는 여러 방법

책임을 과도하게 묻는 것과 너무 적게 묻는 것 사이의 갈등은 타인과의 관계에서도 발생한다. 사람은 누구나 어느 정도는 환경의 영향을 받는다. 그러므로 "그녀는 참 힘들게 살아왔어"라든가 "그는 그런 식으로 자랄 수밖에 없었지"라는 식으로 이야기하며 다른 이의 환경적 맥락을 고려하는 것은 칭찬받을 만한 일이다. 이 점을 염두에 둠으로써 우리는 타인에 대해 더 큰 연민을 가질 수도 있는 것이다.

그러나 인간관계는 하나의 시스템이며 우리의 행동은 그 시스템이 전개되는 방식에 영향을 주기 마련이다. 만약 우리가 너무 많이 용서를 하다 보면 타인들로 하여금 책임을 지고 싶은 마음이 들지 않게끔 하는 환경을 조장하게 된다. 그녀가 힘든 삶을 살아온 것은 아마도 사실일 테지만 이것이 그녀가 평생 아무 노력도 하지 않아도 된다는 주장을 정당화하지는 않는다. 불행하게 한 쌍이 맺어지는 경우 중 하나는 한 명은 너무 많이 책임을 지려 하는 반면 다른 한 명은 너무 적게 책임을 지려 하는 때이다.

우리는 그렇게 하지 말아야 할 그럴듯한 이유가 없는 한 사람들의 행동에 대해 책임을 물어야만 한다. 예컨대, 한 남자가 급작스런 소아 성애적인 충동을 보일 때 그 이유가 뇌종양 때문인 것으로 밝혀지지 않는 한 그 사람에게 책임을 물어야만 한다.[27] 그리고 우리는 자신이 결정한 인생의 중요한 판단들에 대해 스스로 책임지며 살아야 한다. 우리는 관점의 적절성을 갖춘 상태에서 행동을 실행해야 하며, 모든 면에서 공정하게 책임을 평가할 것을 목표로 삼아야 할 것이다.

어떤 일이 벌어지게 된 전후 맥락에 유념하는 것과 행동을 정당화하거나 용서하는 것 사이에 존재하는 경계선은 희미할지 모른다. 그러나 그 경계선은 너무도 중요하다. 우리는 책임의 경감이 책임의 방면으로 이어지지 않게끔 늘 주시해야 할 것이다.

죽기 전에
해야 할 일을 생각할 때
알아야 할 것들

/

늘 새로운 것을 추구하는 당신에게

심리학자
오늘 하루를 잘 사는 것만으로도 충분하다

철학자
기억하는 자아에 대한 예의

심리학자

오늘 하루를
잘 사는 것만으로도 충분하다

내가 자주 가는 휴양지 건물 벽에는 이런 표지판이 붙어 있다. "오늘 해야 할 일: 숨 들이쉬기, 숨 내쉬기." 이 말이 영감을 주는가, 아니면 혼동을 주는가? 확실히 참신하긴 하다. 무언가를 하고 있어야 하고, 성취해야만 하며, 또 모아야만 한다는 압박은 세상 어느 곳에나 있고 그것을 회피하기란 힘들다.

만약 당신에게 충분한 수입과 기회가 보장되는 행운이 주어진다면 인생이 약간은 휘황찬란한 장난감 가게 같다는 생각을 할지도 모르겠다. 가볼 만한 장소, 읽고 싶은 책, 듣고 싶은 음악이 넘치기에 결코 지루할 틈이 없을 것이다. 그러나 인터넷 웹사이트가 죽기 전에 꼭 등반해야 할 멋진 산과 매력적인 해돋이 풍경을 소개해주고, 사진으로 찍어 간직해야 할 야생동물 정보를 제공해주고, 심지어 그 일들을 완수해 체크하는 것까지 도와준다 하더라도 결국 선택이란 만만치 않은 문제일 수밖에 없다.

많은 경험을 하는 것이
시간을 유익하게 보내는 유일한 방법은 아니다

새로운 경험을 해보는 것은 의심할 바 없이 좋은 일이다. 평소 다니는 길에서 일상을 보내는 대신 새로운 길을 이용하면 경험도 넓어지고 도전정신이 생길 수도 있을 것이다. 그럼으로써 익숙하지 않은 것에 마음을 열 수 있으며 운 좋게 자기 자신과 마주할 수도 있다. 요컨대, 당신은 삶에서 더 많은 것을 얻게 된다.

더구나 뭔가 새로운 것을 배우기 위해 자신을 채찍질하는 동안 육체와 정신 모두 각성된 상태를 유지하게 되며, 건강하게 나이 들어갈 수 있고, 알츠하이머 같은 치명적인 병도 예방할 수 있다. 그리고 새로 물건을 장만할 때보다 새로운 경험을 할 때가 행복에 훨씬 큰 영향을 미친다는 연구 결과도 나와 있다.

그러나 더욱더 많은 경험을 하는 것이 시간을 유익하게 보내는 유일한 방법이라고 가정해서는 안 된다. 왜 그런가? 첫째, 만약 인생을 즐겁게 살기 위한 방편으로 늘 새로운 것만 추구한다면 항상 더 큰 스릴을 찾기 마련이고, 그러다 보면 결국 끊임없이 돌아가는 러닝머신 위에 올라가 있는 셈이 되기 때문이다. 만약 어떤 사정이 생겨 더 이상 새로움을 추구하는 생활을 지속할 수 없게 된다면 당신은 불만족에 사로잡힌 포로가 될 수 있다. 세상사가 다 그렇듯 다양한 경험을 추구하는 것이 '반드시 해야만 하는' 어떤 것이 되어버리는 그 순간, 아무리 그것을 삶의 낙으로 삼는 사람이라 할지라도 그 추구 자체는 압박으로 변하고 말 것이다.

새로운 경험만큼 소중한 가치들

일상의 틀에 얽매이지 않기 위해 새로움을 추구하는 것은 분명 가치 있는 일이다. 하지만 새로움을 추구하는 것만이 습관적인 삶에서 벗어나는 유일한 방법은 아니다. 『몰입』에서 미하이 칙센트미하이는 이탈리아 알프스의 작은 마을에 사는 농부 세라피나를 소개하는데, 그녀의 삶이 그 증거다.

세라피나의 매일은 소젖 짜기, 들판으로 소 몰고 나가기, 과수원 일하기, 건초 베기, 양모 손질하기 등으로 이루어져 있다. 고된 삶이지만 멋진 풍경, 좋은 사람들, 사랑스러운 동물들이 완벽하게 한데 어우러진 삶이기도 하다. 그런데 만약 자신이 원하는 것은 무엇이든 할 수 있었다면 그녀는 어떤 삶을 선택했을까? 지금과 똑같은 삶을 선택하지는 않았을까?

곰곰이 생각해 보면 새로운 경험이 주는 흥분만이 인생에서 유일하게 빛이 나는 것은 아니다. 그것만큼이나 가치 있는 것들이 존재한다. 소소한 즐거움을 음미하는 일처럼 일상을 잘 가꿔나가는 일도 얼마든지 가치가 있다. 마음 씀씀이에 좀 더 정성을 들이면 반복되는 일상에서도 활기를 되찾을 수 있다.

이러한 사실을 잘 보여주는 예로 계절의 흐름을 들 수 있다. 계절의 변화는 해마다 동일하게 반복되는 것처럼 보이지만 좀 더 관심을 기울여 지켜볼수록 우리에게 더욱 큰 보상을 해준다. 물론 한 계절이 끝나고 새로운 계절이 당도했음을 알리는 전령들은 매년 별다를 바 없어 보이기도 한다. 찌르레기가 지붕이나 나무에 앉아 지저귀기 시작하면 2월 말이 된 것이고, 양귀비와 인동초 꽃이 피면 여름에 접어든 것이며, 갖가지 종류의 야생딸기는 가을이 다가오고 있음을 알려준다. 그러나 우리가 계절의 징후를 보기 위해 더 많이 관심을 기울이다 보면 이보다 더 많은 것을 볼 수 있으며 매일매일이 새로운 날이 될 것이다.

소중한 시간이 낭비되고 있는지 여부를 항상 겉모습만 보고 판단할 수는 없다. 겉보기에 일상의 틀을 못 벗어나는 사람 같지만 그는 자신의 삶을 가치 있게 만드는 크고 작은 일들에 대한 고마움으로 넘쳐나는 삶을 영위하고 있을 수도 있다. 모험을 좋아하는 이에게는 이런 면이 결여돼 있을 수 있다. 몇 안 되는 경험들로만 이루어진 삶이라 할지라도 그 경험들이 깊이를 가지고 이루어진다면 그것이야말로 풍요로운 인생이 될 수 있는 것이다.

철학자 몽테뉴는 이렇게 말했다. 아무런 성과를 얻지 못한 채 지나가버린 하루를 게으름을 피웠거나 낭비해버린 날이라고 여기는 것은 바보들이나 하는 후회라고. 그리고 그는 이렇게 덧붙였다. "뭐라고? 당신은 오늘 하루를 살지 않았던가? 하루를 살았다는 것은 가장 근본적인 사건일 뿐만 아니라 가장 고귀한 업무이기도 하다. 당신은 삶을 성찰한 적이 있는가? 그렇다면 당신은 위대한 일을 해낸 것이다. 우리가 남길 수 있는 가장 위대하고 영광스러운 걸작은 하루하루를 제대로 사는 것이다. 그 외의 다른 모든 일들은 보조물이고 부가물일 뿐이다"라고.

얼마나 많은 새로운 경험을 하게 될지는, 그리고 어떤 종류의 것을 얼마나 자주 경험하게 될지는 개개인의 성격과 가치, 환경에 따라 달라질 수밖에 없다. 그러나 무엇을 하든지 배움의 자세를 유지하고 매일매일을 음미하며 사려 깊은 마음을 간직해야 한다는 충고는 필히 마음에 새겨야 할 것이다. 번지점프와 같은 버킷리스트는 부차적인 선택 사항일 뿐이다.

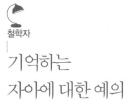

기억하는
자아에 대한 예의

살아 있는 동안 가능한 한 많은 것을 이루고자 벌이는 달리기 시합은 어찌 보면 정당한 욕망에 뿌리를 두고 있다. 그 욕망이란 인생의 매초마다 되도록 많은 것을 쥐어짜냄으로써 가장 농도 짙은 인생 경험을 하고 싶어 하는 욕망을 일컫는다. 하지만 덴마크 실존주의 철학자 쇠얀 키에르케고어Søren Kierkegaard가 날카로운 눈으로 관찰했듯이 그것의 최종적인 결과는 결국 꽉 찬 인생이 되지 못하고 오히려 텅 빈 인생이 되어버린 경우가 잦았다. 그 결과는 마치 흘러내리는 샴페인을 소쿠리에 받아내려고 노력한 결과나 다를 바 없다. 지금 이 순간은 언제나 우리를 피해 도망간다. 우리가 그것을 붙잡으려고 하는 순간, 그것은 이미 과거가 되어 있다.

문제는 키에르케고어가 존재의 '미적인 영역'(인생을 향락하는 단계)이라고 불렀던 것에 우리가 갇혀 있다는 것이 맞는 말 같다는 점이다. 삶은 현재진행형의 현상이다. 우리는 과거를 회상할 수 있고 미래를 예상할 수 있지만 지금 여기에서 우리가 할 수 있는 것이라고는 존재하는 일밖에 없다. 그러나 이런 사실은 그가 했던 전체 이야기의 절반에 지나지 않는다. 우리는 찰나의 시간 안에 존재하기도 하지만 어떤 의미에서는 누대累代의 시간 안에 존재하기도 한다. 이는 우리가 가진 기억, 의도 그리고 계획 덕분에 가능하다. 삶의 이러한 '윤리적 영역'(인간 사회가 요구하는 삶과 조화를 이루는 단계)에서 우리는 찰나의 순간에 느끼는 단순한 전율 이상의 것들에 주목해야 한다. 과음한 다음 날 겪게 되는 숙취에 비유해보면 알 수 있듯이 오늘만을 위해 사는 것은 내일의 두통을 일으킬 수 있다.

경험하는 자아, 기억하는 자아

키에르케고어는 삶의 미적인 영역과 윤리적 영역 둘 다 실재하며, 그 둘 모두를 받아들이지 않는 삶은 온전히 인간다운 삶이 아니라고 보았다. 그러나 그는 이 둘을 조화시킬 수 있는 합리적인 방법 같은 것은 없다고 믿었다. 유일한 방법은 둘 사이의 모순 관계를 인정하고 종교적 영역으로의 신앙적 도약을 시도하는 것이다. 그가 생각했던 모순은 기독교의 교리에 내재해 있는 중요한 역설로서 신이 인간을 창조했다는 사실, 즉 무한한 존재가 유한한 존재를 창조했다는 사실이었다. 미적 영역과 윤리적 영역을 화해시킬 수 있는 방법은 오직 이성의 희생을 통해서만 이루어질 수 있다.

나는 키에르케고어가 진단은 정확히 했지만 성급히 처방했다고 생각한다. 우리가 죽기 전에 우선적으로 해야 하는 것이 무엇인지 가르쳐주는 더 훌륭한 길을 찾아 나서기 위해서는 키에르케고어가 말했던

'영역'들에 보다 현대적이고 과학적인 생각을 가미해서 살펴보아야 할 것이다. 노벨상 수상자인 심리학자 대니얼 카너먼은 인간의 마음을 이해하는 방법을 제안했는데, 그 방법은 탁상공론식 심리학을 했던 이 덴마크의 철학자가 한 세기 전에 고안했던 방법과 희한하게도 유사한 면을 보인다.

카너먼은 많은 실험 증거에 기초해 우리 안에 있는 두 개의 '자아'를 구분한다. 그중 하나는 경험하는 자아로서 오직 찰나에만 존재한다. 이러한 자아는 대개 직관적이고 자동적이며 무의식적인 방식으로 작동한다. 또 다른 하나는 기억하는 자아로서, 경험하는 자아가 한 일과 할 일에 대해 곰곰이 생각한다. 그러면서 이 자아는 조각난 상태로 찰나적으로 이루어진 경험들을 일관성 있게 보이도록 자서전적 이야기로 묶어내는 숙고적이면서도 합리적인 부분을 담당한다.[28]

두 자아의 차이를 보여주는 놀라운 실험이 있다. 고통스런 대장 내시경을 해야만 하는 환자들을 통해 진행된 실험이 그것이다. 이 실험으로 밝혀낸 결과는 점점 더 큰 고통을 가할수록 환자들이 경험하는 충격과 통증에 대한 지각도 더 클 것이라는 우리의 직관을 거스른다.

실험은 다음과 같은 절차로 진행되었다. 내시경을 하는 동안 환자들은 일정 간격마다 자신들이 경험하는 고통의 정도를 0~10점 사이의 점수로 매긴다. 그리고 마지막에 환자는 내시경을 하는 동안 자신이 얼마나 고통스러웠는지에 대해서도 점수를 매긴다. 만약 '경험하는 자아'가 느꼈던 것과 동일한 정도의 고통을 '기억하는 자아'도 지각했다면 내시경이 끝난 후의 점수는 진행 과정에서 매겨진 점수를 똑같이 따라가야만 할 것이다. 즉 진행 순간에 느낀 고통이 컸다고 점수를 매긴 만큼 끝난 후에 매기는 점수도 그만큼 커야 할 것이다.

그러나 결과는 그렇지 않았다. 가장 중요한 것은 다음과 같은 사실이다. 기억하는 자아는 고통에 대한 경험이 어떻게 시작되었고 진행되었는지보다는 어떻게 끝났는지를 더 중요하게 여겼다는 것이다. 그래서 전체 과정 중 마지막 단계가 고통스럽게 진행된 환자인 경우 기억하는 자아는 고통에 대한 전체적인 평가에서 나쁜 점수를 주었고, 앞으로 다시는 내시경을 하고 싶어 하지 않는 경향을 보였다.

그러나 두 번째 환자의 경우, 앞의 환자와 다른 절차는 동일하게 진행되고 통증도 똑같은 강도로 주어졌지만 마지막 순간에는 통증의 강도를 다소 줄이도록 했다. 이 환자의 경우 기억하는 자아는 전체적인 통증 평가에 있어서는 앞의 환자보다 더 호의적으로 평가했으며, 다시 내시경을 하는 질문에 대해서도 긍정적인 반응을 보였다. 마지막에 추가된 과정, 즉 완화된 통증을 가하는 마지막 단계 때문에 환자는 그전 단계까지 경험했던 통증을 덜 고통스럽게 기억하게 된 것이다. 왜냐하면 결국 이야기의 마지막 부분이 상대적으로 행복하게 끝났기 때문이다.[29]

카너먼의 연구는 "어느 자아를 더 우선해야 하는가?"라는 질문을 제기한다. 단언하건대, 그 답은 기억하는 자아여야 할 것이다. 왜냐하면 기억하는 자아는 인생의 중요한 문제가 무엇인지 실제로 판단하는 부분을 담당하는 반면 경험하는 자아는 좋음, 나쁨, 아무렇지 않음 등을 단순히 느낄 뿐이기 때문이다.

'죽기 전에 무얼 해야만 하는가?'와 같은 질문을 애초에 제기하는 것도 결국 기억하는 자아이다. 오직 기억하는 자아만이 우리 인생의 이야기를 인식하고 있으며, 그 이야기 안에서 무엇이 중요한 사건이었는가를 판단하는 것도 기억하는 자아이다.

자신의 경험을 가치 있는 것으로 만들고자 하는 노력

키에르케고어가 던졌던 수수께끼 같은 문제를 푸는 과정에서 내가 얻어낸 열쇠는 바로 이런 식의 이야기였다. 기억하는 자아는 윤리적 영역에 거주한다. 그러나 기억하는 자아는 경험하는 자아가 전해주는 것 말고는 아무런 내용물도 갖고 있지 않다. 인생의 순간순간은 날것 상태의 재료를 제공하며 이 재료를 가지고 인생 이야기를 가공한다. 그런 연유로, 자신의 경험을 가치 있는 것으로 만들고자 노력하는 것이 무엇보다 중요하다.

그러나 반드시 깨달아야 할 점이 있다. 이 가공 과정이 경험을 단순히 누적해가기만 하는 과정과 동일시되어서는 안 된다는 것이다. 열 개의 즐거운 순간도 그저 스쳐 지나가버리거나 우리 기억에서 사라져버릴 수 있으며, 하나의 불쾌한 순간이라도 결국에는 인생 이야기에서 중추적인 에피소드로 자리매김할 수 있다. 심지어 가장 즐거운 순간도 인생 이야기의 어느 부분에 나오느냐에 따라 전혀 다른 가치를 지니게 된다. 예를 들어, 훌륭한 한 끼 식사를 즐기는 것을 그저 혀의 미각세포와 상호 반응하는 음식물 속 화학 성분의 작용으로만 보아서는 안 된다. 언제, 어디서, 누구와 식사를 즐겼는지, 그리고 심지어 어떻게 음식의 맛이 느껴졌는지조차 큰 차이를 만들 수 있다. 더 중요한 사실은, 즐겁지만 공허한 경험보다는 불쾌한 경험이라 할지라도 좀 더 의미 있는 인생 이야기의 한 챕터를 구성할 수 있다는 것이다.

따라서 죽기 전에 해야 할 일을 생각할 때 우리는 긍정적인 경험을 쌓는 일뿐 아니라 인생 이야기를 좀 더 만족스럽게 만드는 일들을 하는 것 또한 생각해볼 필요가 있다. 죽기 전에 가급적 많은 일을 하라는 불문율에만 귀를 기울인 결과 (키에르케고어 식으로 말하자면) 심미가로서만 사는 사람들은 이 점을 간과하기 십상이다. 이런 사람들은 매 순간이 중요한 가치를 지닌다는 사실은 알고 있을지 모르지만 그것의 가치를 평가하는 방법은 알지 못한다.

짧고 덧없는 인생에서 최대한 많은 것을 이끌어내야 한다는 주장은 확실히 맞는 말이다. 하지만 그렇게 하기 위해서는 시간의 흐름을 따라 이어지는 인생 여정을 신중하게 계획하며 진행할 필요가 있다. 그저 길을 따라가다 보면 나오는 극도로 피상적인 즐거움만을 제공하는 정류소마다 매번 멈춰 서려고 노력해서는 안 되는 것이다.

둘 다 선택할 수 없는,
실망스러운
현실

선택의 기로에 서 있는 당신에게

철학자
선택이 꼭 완벽할 필요는 없다

심리학자
우리는 대부분 일관되지 않은 모습으로 살아간다

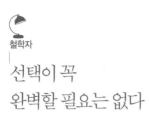

선택이 꼭
완벽할 필요는 없다

아이스크림과 케이크 중 하나만 고르는 것이 허락된 아이처럼 우리도 '둘 중 하나'만 선택해야 할 때 왜 '둘 다'는 안 되냐고 대꾸하곤 한다. 우리 안에 존재하는 양가적 감정도 바로 이처럼 '둘 다'를 제공받을 수 없다는 실망스러운 현실을 받아들이지 못하는 심리에 그 뿌리를 두고 있음을 알 수 있다. 왜냐하면 우리 인생에서 가장 근본적인 가치들 중 많은 것들은 서로 부합하지 못하기 때문이다.

독립성과 상호의존성을 예로 들어보자. 우리는 자신의 힘만으로 생각하고 생존하는 것을 당연하게 여긴다. 적어도 우리는 무리에 휩쓸려 이리저리 이끌려다니는 양과 같은 존재는 아니라는 것이다. 이와 동시에 우리는 가족이나 공동체가 존재하고 거기에 자신이 속하게 되었을 때 얻을 수 있는 이점이 존재한다는 사실도 인정한다. 물론 그곳에 몸담기 위해서는 어느 정도의 독립성은 포기해야만 할 것이다.

둘 다 선택할 수 없는, 실망스러운 현실

가치의 우열을 가릴 객관적 기준은 없다

하지만 완전한 독립성과 완전한 의존성을 동시에 가질 수는 없다. 하나를 더 많이 갖는다는 것은 다른 하나를 덜 갖는다는 것을 의미한다. 그리고 한쪽 사람에게는 좋은 거래일 수 있는 것이 다른 쪽 사람에게는 나쁜 거래처럼 여겨지기도 한다. 심지어 동일한 한 사람이 똑같은 거래를 한다손 치더라도 시간이 지나면 그 좋고 나쁨이 달라질 수 있다.

다른 수많은 중요 가치들도 이와 같은 다원적 측면을 드러낸다. 우리는 지식의 넓이를 가치 있게 여기지만 그와 동시에 지식의 깊이도 중요하게 생각한다. 당신이 더 폭넓은 지식을 추구하다 보면 한 가지에 골몰함으로써 얻을 수 있는 지식의 깊이는 얕아지기 마련이다. 다원성과 관련된 가장 흔한 사례 중 하나로 성공적인 직업이력과 충실한 가정생활 사이의 줄다리기 문제를 들 수 있다. 이 두 가지가 줄의 양쪽 끝에 위치해 있음에도 불구하고 양쪽 방향으로 줄을 잡아당길 때 문제가 발생하는 것이다.

가치들이 이런 식의 다원성을 띤다면, 그리고 경합하는 가치들 중 어떤 것이 진정으로 중요한지를 딱 잘라 결정하지 못한다면, 하나의 가치를 추구하는 과정에 다른 가치들이 눈에 밟혀 애초의 결심이 흔들리고 어긋나버리는 파국을 피할 수 없게 된다. 게다가 다원성이라는 말이 의미하는 바 그 핵심은 가치들 간의 우선순위를 깔끔하게 매기는 것이 가능하지 않다는 것이다.

전문용어를 빌려 말하자면 가치는 공약불가능incommensurability하다.(과학철학자 토머스 쿤이 창안한 개념이다. 그는 특정한 시대의 과학이 다른 시대의 과학보다 더 우월하다고 말할 수 없다고 주장했는데, 그 이유를 어느 시대의 과학이 더 뛰어난 것인지를 평가하는, 모든 시대가 공유하는 공통 기준이 없기 때문이라고 말한다. 즉, 각 시대마다 그 시대의 과학 이론이 옳다고 보는 과학자들의 가치가 따로 존재했는데, 한 시대의 가치와 다른 시대의 가치 중 어느 가치가 더 올바른 가치인가는 원칙적으로 비교할 수 없다고 본 것이다. 공약불가능성의 개념은 쿤이 창안한 또 다른 유명한 개념인 '패러다임'과도 밀접한 관련이 있다. :옮긴이) 즉 어떤 가치가 더 우월한지를 평가할 수 있는 단일한 기준 같은 것은 없다. 그것은 스틸턴 치즈가 수학자 페르마Fermat보다 더 훌륭한지 여부를 답하려 애쓰는 것만큼이나 무의미하다. 설령 다원성을 부정하는 것이 가능하고 모든 가치의 등급을 잴 수 있는 단일한 척도가 우리에게 주어진다 하더라도 사람들에게 가치들의 순위를 직접 매겨보라고 하는 것은 무리한 요구일 수밖에 없다. 철학자들 사이에서조차 가치의 순위를 어떻게 매길 것인지에 대해 이견이 분분한 상황에서는 더욱 그러하다.

양가적 행동에 관하여

나는 가치 다원성이라는 렌즈를 통해서 볼 때 인간의 양가적 행동이 잘 설명된다고 본다. 물론 표준 심리학에서도 의지박약이나 실패에 대한 두려움 등의 개념을 통해 양가적 행동을 설명하기도 한다. 하지만 내 생각에는 전자가 제공하는 설명이 후자의 것보다 더 낫다.

우리는 어떤 행동이 바람직하지 않다는 걸 어렴풋이 감지하면서도 그것을 해내기 위해 지나치게 공을 들이고 있는 자신을 때때로 발견하곤 한다. 이럴 때 우리들의 마음속에는 실패에 대한 두려움 같은 것이 남아 있는 게 사실이다. 하지만 한편으로 왜 불행한 결혼생활을 끝내지 않는지, 왜 기울어가는 사업을 부채가 더 커지기 전에 접지 않는지, 혹은 왜 지위는 높지만 정신건강에는 해로운 직장을 계속 다니려 하는지 등의 문제들을 실패에 대한 두려움으로만 설명할 수 없다.

위에 열거한 사례들에서는 실패에 대한 두려움이 문제의 핵심이 아니다. 그보다는 자신이 소중히 여기는 가치가 행동의 결과와 모순을 일으키는 것처럼 보인다는 것이 진짜 문제이다. 불행한 결혼생활을 고수하는 이유는 충실한 사람으로 인정받기를 원하기 때문이다. 즉, 상황이 어려워졌다 해도 배우자를 버리지 않는 사람으로 기억되고 싶은 것이다.

기울어가는 사업을 접지 않는 것은 한때 그것이 간절한 꿈이었기에 그 일을 계속하는 것을 무엇보다 좋아하기 때문이다. 정신건강에 해로운 그 직장에 계속 다니는 것은 그것을 하나의 도전으로 보고 도전을 가치 있게 보기 때문이다. 그게 아니라면 (솔직히 말해) 단지 사회적 지위와 돈의 가치를 높게 보기 때문일 수도 있다.

실패에 대한 두려움 외에 긍정적인 개념인 애착을 설명의 실마리로 삼을 수도 있다. 과도하다 싶을 정도로 고집을 피우는 것은 당신이 가치에 대한 애착의 결과라 할 수 있는데, 이러한 애착은 긍정적인 것이다. 이때 저지른 실수는 이 하나의 가치가 다른 모든 가치를 압도해버리도록 상황을 방치했다는 것뿐이다. 즉, 가치에 대한 양보를 가치의 포기와 동일시하는 실수를 범했던 것이다.

포기해야 할 가치도 있음을 받아들이자

그렇다고 해서 모든 가치가 다 붙잡아둘 만한 것이라는 의미로 다원성의 개념을 받아들여서는 안 된다. 가끔씩은, 양가적 감정에 휩싸여 경쟁하는 욕망이나 가치 중 어느 하나를 정말로 포기해야만 한다.

나는 양가성과 관련된 문제가 우리 앞에 산적해 있는 이유, 혹은 해결되지 않은 양가성의 문제가 여전히 남아 있는 이유가 어떤 가치는 포기할 수도 있다는 것을 인정하지 않기 때문이라고 생각한다. 가끔씩은 양가적 감정에 휩쓸려 경쟁하는 욕망이나 가치 중 어느 하나를 정말로 포기해야만 한다.

많은 사람들이 자신의 삶을 향상시켜주는 것이 무엇인지에 대해 진지하게 고민하지 않고 그저 주변에서 가치 있게 여기고 권장하는 것들을 수용하는 경향이 있다. 심지어 그 가치들 중 어떤 것들은 갈등 양상을 보이는 데도 모두를 수용한다. 그러다 보니 어느 순간 갈피를 못 잡고 우왕좌왕하는 자신과 대면하게 된다.

생각해 보라. 우리는 자신의 '영적인 면'을 고양시키고 싶은 마음도 갖지만, 또한 최신형 태블릿 PC를 장만하고 싶어 하기도 한다. 우리에게는 직업과 관련해 승승장구하고 싶은 마음이 있지만, 그런 한편 가족과 더 많은 시간을 보내고 싶어 한다. 이런 여러 바람들이 각각의 가치를 갖고 있으므로 어떤 바람이 자신에게 왜 중요한지 정확히 아는 것이 중요하다. 그래야만 우왕좌왕하지 않을 수 있다.

선택이 완벽할 필요는 없다

결정을 내리기 위해서는 두 가지 사실을 받아들여야 한다. 첫째, 우리가 모든 것을 다 하면서 살 수는 없다는 것이다. 둘째, 한쪽 길을 선택하게 되면 어쩔 수 없이 다른 쪽 길은 가지 못한 채 남겨질 수밖에 없다는 것이다. 달리 말해, 자신이 선택한 그 길이 더 나은 길이 아닐지도 모른다는 걱정을 떨쳐버리지 못하면 교차로에 서서 꼼짝달싹 못할 수도 있다. 그렇다고 자신의 선택이 완벽하다는 확신이 들 때까지 무한정 여정을 늦출 수도 없다.

선택이 항상 완벽할 필요는 없다. 그저 충분히 좋은 정도면 된다. 그리고 만약 충분이 좋은 것도 아님이 드러난다 하더라도 나중에 가서 방향을 바꾸기만 하면 될 것이다.

결국 양가성은 '둘 중 하나'를 선택하고 그 선택에 맞춰 행동해야 한다는 사실을 깨닫는다는 전제 하에 얼마든지 피할 수 있는 감정이다. 그런 반면 상이한 두 선택지가 제각각의 매력을 지니고 있으며, 어느 선택지가 더 좋은 것인가에 대한 생각이 수시로 바뀔 수도 있기 때문에 양가성은 피할 수 없는 감정이기도 하다. 양가성에 대한 경험을 비정상적인 감정의 발현으로 치부해서는 안 된다. 그보다 인간은 자신의 이익과 편리를 위해서라면 종종 어떤 것들은 무시하기를 잘한다는 인생의 영원한 진리의 차원에서 다루어져야 한다.

우리는 대부분
일관되지 않은 모습으로 살아간다

신경과학자 데이비드 이글먼이 그의 저서 『인코그니토』에서 우리 마음속의 '대의 민주주의'라고 불렸던 한 개념을 가지고 이야기를 시작해보자. "당신 뇌 속에서는 여러 당파들이 서로 논쟁을 벌이고 있다. 각 당파는 당신의 행동을 산출하는 유일한 통로에 대한 통제권을 두고 싸우고 있다. 그 결과 당신은 자기 자신과 논쟁하기, 스스로를 저주하기, 자기 자신을 꼬드겨 어떤 일을 하게 만들기 등의 기이한 공적들을 달성할 수 있다."[30]

갈등한다는 것은 정상적인 인간이라는 증거다

그렇다. 당신은 갈등 상황에 놓여 있다. 당신 내부의 군중들 가운데 한 당파는 당신의 오래된 배우자와 안정적인 관계를 지속하길 원하고 다른 당파는 외도에서 오는 흥분을 포기하고 싶지 않아 한다.

기본적으로 이것은 축하할 만한 일이다. 당신이 정상적인 인간이라는 걸 의미하기 때문이다. 우리가 이랬다저랬다 수시로 생각을 바꾸고 서로 모순되는 온갖 욕망들 속에서 파도타기를 하면서, 무언가에 대해 이런 식으로 느꼈다가 저런 식으로 느꼈다가 하는 것은 흔한 일이다. 우리가 무엇을 해야 할지 그리고 어떤 생각이나 가치는 추구하고 어떤 것들은 놓아버릴지 고민할 때 우리 안에 있는 많은 것들이 서로 경쟁하고 있다고 보면 된다. 결국 그 수많은 경쟁들은 '단기적 만족과 장기적 이익의 대결'이란 말로 집약된다

우리에게 모든 길이 항상 열려 있지는 않다. 따라서 하나의 길을 선택해 거기에 뛰어들어야 한다. 종종 어떤 일들은 주어진 인생 상황들을 반영하기도 하고 저항하기도 하다가 때가 되면 제 스스로 결정이 나버리기도 한다. 너무 늦기 전에 고민은 끝나고, 결심은 견고한 모습으로 등장한다.

우리는 자주 양가성의 함정에 빠진다. 그럼으로써 마치 이리 튕기고 저리 튕기는 공처럼 우왕좌왕하며 신속히 내려야 할 결정을 미루고 일관성 없는 삶을 살아간다. 어떤 때는 이런 식으로 행동했다가 또 어떤 때는 저런 식으로 행동한다. 그럴 때 우리는 이미 결정을 내린 것처럼 보이지만 사실은 아무것도 결정 내린 것이 없다. 마음이 오락가락하느라 이쪽에 마음이 끌리는가 싶으면 어느새 저쪽에 끌리고 있음을 느낀다. 그때마다 결정을 되돌리고 번복하기를 거듭한다. 이런 상황이 끝도 없이 반복된다.

그 결과 당신은 외도 때문에 마음이 편치 않고 당장 그만두어야만 한다고 생각은 하면서도 그 아슬아슬한 관계를 정리하지 못한다.

심사숙고하기 위해 애쓰는 당신

어떤 결정을 내리기 위해 모든 것을 고려한 판단이 가능하지는 않겠지만 생각할 수 있는 모든 요소들을 떠올려, 그것들을 비판적으로 검토해보고 중요성의 순위를 매기는 식으로 솔직하게 반성을 해보는 것은 가능하다.

모든 것을 고려한 판단에는 이익과 손해의 요소, 단기적 측면과 장기적 측면 등 많은 것들이 포함된다. 또한 여기에는 그 판단을 실행에 옮기는 것이 얼마나 힘든 일이며, 많은 노력이 요구되는지도 포함된다.

그래서 당신은 노트북 같은 것을 이용하여 장단점의 리스트를 만든다. 한편에서 보면 당신은 안정, 가족애, 그리고 가족관계가 가져다주는 든든함을 가치 있게 여긴다. 여기에 더해 주변 사람들에게 상처를 주는 위험은 무릅쓰지 않으려는 마음 씀씀이도 갖추고 있다. 그러나 다른 한편에서 보면 외도가 주는 흥분을 놓치고 마는 것을 참을 수 없다. 그것이야말로 당신을 젊게 만들고 살아 있다고 느끼게 해주는 원천이기 때문이다. 당신은 사실상 이런 것이야말로 인생의 전부라고 생각하기도 한다.

이런 식으로 꼼꼼하게 리스트를 만든다고 해서, 심사숙고 끝에 하나의 결정을 내리는 단계에 항상 도달할 수 있는 것은 아니다. 아무리 당신이 그것들의 장점과 단점을 열심히 검토해본다 하더라도 압도적인 승자는 드러나지 않는다. 아마도 가치들 간의 차이가 너무 미미하게 나타났기 때문일 수도 있고, 혹은 고려해야 할 변수가 지나치게 많아서일 수도 있다. 그렇기 때문에 당신이 내린 결정은 언제든 허물어질 수 있으며, 결국 양가적 감정이라는 딜레마에 빠져 순식간에 곤두박질

할 수도 있다.

결정을 내린 후에도 정반대의 행동을 하는 이유는 뭘까?

명백한 승자가 있다고 해보자. 이것은 좋은 소식이다. 하지만 그렇다고 해서 당신 안의 욕구 분열 상태가 해소된 것은 아니다. 여전히 당신은 승자가 되지 못했던 가치 쪽으로도 마음 한쪽이 쏠려 있기 때문이다. 불행하게도 당신의 욕구, 동기, 성향이 모든 요소들이 고려된 판단과 항상 일치하지는 않는다.

마침내 당신은 리스트의 세부 항목을 점검해본 결과 외도는 도리에 어긋난 행동이라는 생각이 좀 더 분명해졌다. 가족관계는 당신에게 진정 소중하다는 사실도 새삼 실감했다. 따라서 스릴을 즐기자고 그 소중한 관계를 저버리고 소중한 사람들에게 상처를 주는 위험을 무릅쓴다면 그보다 어리석은 일도 없다. 아마도 당신은 살아 있다고 느끼게 해줄 다른 무언가를 찾을 수 있을 것이다.

의지박약한 당신이 등장하는 것은 바로 이 순간이다. 모든 것을 고려해 최종 판단을 내렸음에도 불구하고, 결국 마지막 순간에 와서 정반대의 행동을 하게 되고 자신이 덜 중요하다고 판단했던 근거에 의거해 행동한다.

아리스토텔레스에 따르면, 자신이 내렸던 판단을 스스로 거스르는 행동을 할 때 의지가 약한 것이다(혹은 자제력이 없는 것이다). 자신이 내렸던 판단을 잠시 망각이라도 한 것처럼 마치 "잠들어 있거나 미쳤거나 술에 취한 것처럼" 행동하는 것이다.[31]

그런 이유에서 당신은 지금과 같이 행동하는 것이다. 여러 가지 측면을 고려해볼 때 당장 외도를 그만두어야 한다고 분명하게 느끼지만 차마 그렇게 하지 못하고 또다시 수화기를 집어 들어 그(또는 그녀)와 새로운 약속을 잡으려고 한다.

그러나 잠깐. 애초부터 그른 결정은 아니었을까? 혹은 장단점 리스트를 작성하는 과정에서 계산 실수가 있었던 것은 아닐까? 이것은 물을 만한 가치가 있는 질문이다. 하지만 그 물음의 가치가 클수록, 어쩌면 당신은 그만큼에 해당하는 크기로 자기기만의 목소리를 내고 있는 것인지도 모른다. 심사숙고 끝에 결정에 도달했음에도 불구하고 여전히 정반대에 위치한 결정에 이끌릴 수 있다는 사실을 기억하자. 결국 유혹의 순간이 닥치면 당신은 자연스럽게 자신이 내렸던 결론을 의심하게 될 것이다.

예를 들어, 쾌락을 추구하는 마음과 싱싱한 물고기처럼 펄떡펄떡 살아 있는 느낌을 원하는 당신 안의 한 측면은 외도를 통해 얻을 수 있었던 특별한 만족이 사라지는 것을 어떻게든 막아보려 노력할 것이다. 그래서 결국 당신은 자신이 애초에 내린 결정이 틀리지는 않았는지, 쾌락에 대한 요구가 어쩌면 더 중요하게 여길 만한 것은 아닌지 의심하게 되는 것이다.

결정을 재고해봐야 하는 상황인지, 아니면 그저 자기기만에서 벗어나야 하는 상황인지 어떻게 판단할 수 있을까? 유혹에서 벗어나 있을 때 당신이 작성한 장단점 리스트를 다시 살펴보라. 여전히 무엇을 해야 하는지에 대해 이전과 똑같은 결론에 도달하는가? 그리고 지난번과 마찬가지로 그 결론을 따르지 않는다면 후회할 것 같다는 생각이 드는가? 만약 이 질문에 대한 대답이 '그렇다'면 당신이 내린 결정에는 아무런 문제가 없다. 그저 다른 결정을 원했던 당신의 일부가 판결을 거부하고 자신이 가진 권한을 관철하고자 애쓰는 것에 다름 아니다.

유혹에 효과적으로 저항하는 방법

당신의 판단이 애초에 옳은 것이었다면 당신은 유혹에 저항하는 방법을 배울 필요가 있다. 그런데 이것은 무슨 말일까? 이것은 단지 다음 번에는 잘하겠다고 스스로에게 다짐하라는 것을 의미하지는 않는다. 유혹에 거의 넘어가다시피 한 상황에서 이런 다짐은 별로 소용이 없을 것이다.

그렇다면 이 말이 진정 의미하는 바는 무엇일까? 나중에 욕구가 변하는 상황이 닥치고, 그 변화에 따라 행동도 바뀌려 한다면 그런 자신을 적절히 제지하고 통제하기 위한 방침을 마련하라는 것이다. 즉 자신이 유혹에 빠지려 하는 상황을 확실히 규정해놓고, 미래를 내다보면서 그 상황에 지혜롭게 대처할 수 있는 전략을 마련하라는 것이다. 외도의 사례에서 당신이 유혹에 빠지는 상황은 아마도 외도 상대를 우연히 만날 가능성이 높은 장소에 방문하는 경우를 말할 것이다.

아리스토텔레스는 자제력이 생기지 않는 이유를 성급함이나 우유부단함에서 찾았다. 이를 현대적 용어로 표현한다면, 우리에게 두 개의 주요 메커니즘이 존재한다고 할 수 있다. 충동적인 행동의 메커니즘(생각해볼 시간도 갖지 않고 행동부터 옮기게 하는 메커니즘)이 있고 자기기만의 메커니즘('여차여차한 사정이 생겼으니까 지금은 괜찮아'라고 자신을 속이는 메

153

커니즘)이 있다.

예를 들어, 당신이 아무 고민도 하지 않은 채 외도 상대에게 이메일을 보내는 것은 충동적인 행동의 메커니즘이 작용한 결과이다. 혹은 이 관계를 끝내는 것은 불가능하다고 스스로를 설득하거나, 딱 한 번만 더 만나겠다고 다짐하거나, 혹은 그저 친구로만 지내겠다는 등의 생각을 하는 것은 자기기만의 메커니즘이 작용한 결과이다.

이런 메커니즘에 대항하기 위해 쓸 수 있는 전략은 많다. 우선 유혹에 빠지게 하는 장소를 적극적으로 피할 수 있다. 친한 친구에게 당신의 결심을 이따금 한 번씩 상기시켜달라고 부탁할 수도 있다. 장단점 리스트를 가지고 다니면서 틈틈이 읽어볼 수도 있다. 자신의 충동을 제삼자의 입장에서 관찰하는 법을 익혀나갈 수도 있다. 자신이 유난히 자주 하는 자기 합리화의 사례들을 꼼꼼히 체크한 뒤 그것이 왜 잘못된 행동인지에 대한 이유와 함께 목록을 작성하는 것도 유용한 방법이 될 수 있다.

처음 이야기, 즉 이글만의 대의 민주주의 이야기로 되돌아가자. "당신 뇌 속에서는 여러 당파들이 서로 논쟁을 벌이고 있다." 당신이 해야 할 일은 당파들 사이의 이견을 조율하고 합의된 결정에 권한을 부여하는 것이다. 능력이 닿는 한 당신이 할 수 있는 일을 해내야 한다. 즉, 당신은 소란스럽기 짝이 없고 무질서하기 그지없는 이 의회당에 질서를 세워야 하는 것이다.

11

life's question

올바른
감정
사용법

/

감정 표현의 시대, 감정 표현에 서툰 당신에게

철학자
머리와 가슴의 유익한 동맹 맺기

심리학자
"나는 화를 내지 않아요. 대신 암을 키우죠"

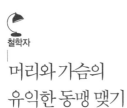

머리와 가슴의
유익한 동맹 맺기

머리와 가슴은 지속적인 대결을 벌이는 두 개의 기관으로 자주 묘사된다. 플라톤Plato의 대화편 『파이드로스Phaedrus』에 따르면, 지성은 마부와도 같아서 정념이라는 혈기왕성한 말에 이끌리면서도 그 날뛰는 동반자를 제어하려고 애쓴다.[32] 이 말은 우리의 머리는 시시때때로 바뀌는 가슴에 이끌리면서도 한편으로는 감정을 제어하려고 애쓴다는 의미이다. 마치 말에 이끌리면서도 말을 조정하는 마부처럼 말이다.

데이비드 흄David Hume이라면, 이 마부를 착각에 빠진 어리석은 자로 판단할 것이다. 왜냐하면 실제로 마부의 방향을 정하는 것은 그의 말이기 때문이다. 이성보다 감정이나 경험을 중시한 흄에게 마부의 방향을 정하는 것은 말이었을 것이기 때문이다. "이성은 정념의 노예이며, 그리고 오직 노예여야만 한다."[33] 흄의 저서 『정념에 관하여-인간 본성에 관한 논고 2 A treatise of Human Nature Book 2』에 나오는 이 문구는 머리와 가슴에 대한 흄의 생각을 잘 대변해준다.

머리나 가슴 하나만 가지고 알 수 있는 것은 없다

이 두 이론 모두 어느 정도 일리가 있지만 꼼꼼히 분석해보면 치명적인 약점이 있다. 즉, 두 이론은 머리와 가슴이 서로에 대립하며 작동한다고 파악한 점에서 공통적인 실수를 범하고 있다. 머리와 가슴은 서로 협력하여 작동하며, 이 둘의 협력 없이 머리나 가슴 어느 하나만 가지고 지각할 수 있는 것은 사실 아무것도 없다.

항상 그런 것은 아니겠지만 어떤 식으로든 우리는 행동에 생각이 병행되어야만 그 행동에 대한 느낌도 분명해지는 경우가 많다. 예를 들어, 우리는 자신에게 즐거움을 줄 것이라 기대되는 것을 욕망한다. 그러나 어떤 계기로 그것이 즐겁지 않다는 쪽으로 생각이 바뀌면 갈망의 느낌도 이내 사그라진다.

비슷한 경우의 예로, 만약 어떤 사람에게 몹시 화가 나 있는데, 확인 결과 오해에서 비롯된 것이라는 사실을 알게 되는 순간 그 사람에 대한 화는 가라앉는다. 어쩌면 플라톤은 마부보다는 말을 잘 다루고 돌보는 '승마치료사'의 이미지를 떠올리는 편이 나았을지 모르겠다. 승마치료사는 마부와 달리 채찍을 들지 않고 부드러운 말과 손짓만으로도 흥분해 날뛰는 종마를 진정시킬 수 있기 때문이다.

반면 흄의 이야기는 진실에 가장 가까이 다가간 생각으로 볼 수 있다. 인간의 행동에 동기를 부여하는 데 순수하게 합리성만 작동하는 경우는 결코 없다. 따라서 가슴이 머리를 필요로 하는 것보다는 머리가 가슴을 훨씬 더 필요로 한다. 흄은 이 점을 간과하고 있었던 것이다.

도덕적인 사고도 마찬가지다. 타인의 행복에 공감할 수 없다면 도덕적 사고를 시작할 수조차 없다. 감성이나 감정이 주는 입력정보가 없다면 이성은 그저 냉정하고 기계적인 계산 도구에 지나지 않게 된다. 계산 도구로서의 이성은 우리가 하는 행동이 야기하는 결과를 파악하는 데 도움을 줄지는 모르겠지만 그 행동이 바람직한 욕구에 근거한 것인지에 대해서는 아무런 답변도 제공하지 못한다.

혈기왕성한 감정을 감시하고 조절하는 이성

그런 한편 이성은 감시자 역할을 한다. 또한 우리의 감정은 자동적인 반응의 형태로 작동한다. 이러한 신뢰할 수 없는 증인의 진술을 감시하는 데 있어 이성의 작동은 필수적이다. 철학자들의 오래된 경고를 예로 들자면, 인간은 전혀 두려워할 만한 것이 아닌 것까지 포함해 온갖 것들을 두려워하는 경향이 있다. 키에르케고어가 하소연하기를, 거대한 실존적 선택 앞에 직면한 인간에게 "두려움과 떨림"이라는 반응은 아무쪼록 적절한 것이겠지만, 사람들은 "자아를 상실"하는 것보다 "팔 한쪽, 다리 한쪽, 5달러, 배우자 등"을 잃는 것을 더 걱정하며 산다.[34]

이보다 더 과감한 주장을 한 철학자들도 있다. 그들은 죽음조차 심각하게 걱정할 사안이 아니라고 보았다. 소크라테스에 따르면, 자신이 완전히 무지한 사안에 대해서까지 걱정할 때 비합리적이 될 수밖에 없다. 우리는 죽음에 대해 아는 것이 거의 없기에, 어쩌면 죽음은 우리에게 "일어날 수 있는 가장 큰 축복일지도 모른다."[35] 에피쿠로스Epicurus가 보기에, 사후세계가 존재하지 않을 수 있음을 두려워하는 것은 비논리적이다. 왜냐하면 자신이 태어나기 전의 상황이 끔찍했음을 걱정한다는 것은 앞뒤가 맞지 않는 일이며, 죽은 뒤를 걱정한다는 것은 태어나기 전을 걱정하는 것과 다를 바 없기 때문이다. 만약 죽은 뒤에 아무것도 존재하지 않는다면 나빠질 가능성이 있는 것들까지 사라지는 것이기에 아무것도 나빠지지 않는다(그러나 죽음을 피하고 싶어 하는 것은 비합리적이지 않다. 왜냐하면 어떤 것을 두려워하는 것과 그것이 일어나지 않기를 바라는 것은 다른 문제이기 때문이다). 이들 철학자의 공통된 생각은 인간의 본능적이고 감정적인 반응은 우리가 진실로 염려해야 할 것들을 알려주는 데 전혀 신뢰할 만한 안내자가 못된다는 것이다.

그렇다면 뭔가를 두려워하는 것 자체가 잘못인 걸까, 혹은 두려워할 만한 것이 아닌데도 두려워하는 것이 문제일까? 이런 의문과 무관하게, 진정 두려워할만한 대상이 무엇인지 묻는 것은 적절하다고 판단된다. 이러한 질문을 던져봄으로써 어쩌면 우리는 자신이 가진 근심의 정체를 파악할 수 있을지도 모른다. 즉, 우리 근심들 중 대부분은 극복해야 할 두려움이 아니라 최대한 무시해야 할 혼란스러움에 지나지 않을 수 있다. 예를 들어, 자신이 타고 있는 비행기가 안전하게 착륙할 것인지 걱정하기보다는 안전하게 착륙한다면 앞으로 어떤 삶을 살 것인가에 대해 좀 더 생각해봐야 할 것이다. 당장 죽는 것보다 더 두려워해야 하는 것은 지금까지 당신이 단 한 번도 진실하게 살아본 적이 없다는 사실이다.

이런 이야기에 대해 다음과 같은 반박도 가능할 듯하다. 참 좋은 이야기이긴 한데, 이성이 감정이나 느낌까지 바꾸는 것은 결코 가능하지 않을 것 같다고. 나는 그렇게나 많은 사람들이 이런 식의 반박 내용을 자명한 사실로 여기고 있다는 것이 놀라울 따름이다. 왜냐하면 어떤 사람이나 사물에 대해 알게 된 사실이나 생각하는 바에 따라 그들에 대한 느낌도 항상 바꾸며 살아가기 때문이다.

이는 너무도 명확한 사실 아니던가. 앞에서도 말한 것처럼 공장형의 밀집된 닭장에서 사육되는 닭들의 현실을 알게 됨으로써 치킨 너겟에 대한 당신의 반응은 혐오감으로 변할 수 있다.

이성과 감정의 바람직한 관계 설정

결국 우리는 주어진 상황에 걸맞은 적절한 감정을 가져야만 한다. 하지만 이 말을 감정의 노예가 되어야 한다는 의미로 받아들여서는 안 된다. 어떤 상황에 처했을 때 그에 부합하는 느낌이 닥치는 것을 피하기란 물론 불가능할 것이다. 하지만 그렇게 닥친 감정을 받아들인 뒤, 앞으로 어떻게 대처할 것인지를 결정하는 것은 가능하다. 우리에게는 이성 능력이 있기 때문이다. 그리고 만일 자신이 도덕적인 존재가 되기를 원한다면 더더욱 이성 능력을 지혜롭게 사용해야 한다.

이 세상 어떤 위대한 도덕철학도 감정이 표현되는 방식과 관련해서는 별다른 언급을 하지 않았는데, 이는 결코 우연이 아니다. 그 모든 도덕철학이 우리에게 요구하는 바대로 우리는 타인이 어떻게 느끼는지, 우리의 의무는 무엇인지, 그리고 가능한 많은 사람에게 좋은 결과를 주는 행동이 무엇인지에 집중해야 한다. 이를 위해서는 자신의 기분을 다스리고 통제할 줄 알아야 한다.

얼핏 들으면, 자신의 기분을 통제하라는 것은 요즘의 시대정신을 거스르는 말 같기도 하다. 그러나 감정이 표면 위로 떠오르게 하고 그런 상태로 자연스럽게 흘러가도록 내버려두어야 한다고 주장하는 것은, 우리가 해야 할 일보다는 우리가 느껴야 할 것들을 지나치게 우선시하는 것이다.

말하자면 이것은 나르시시즘이 도덕을 이겨버린 상황에 다름 아니다.

우리가 인내심을 가장 크게 칭찬하는 때는 언제인가? 이 물음에 답하다 보면 인내가 감정 표현의 실패가 아닌 도덕 덕목 중 하나임을 깨닫게 될 것이다. 자신이 겪는 고통은 감정 표현을 통해 타인들도 공유하게 만들 수 있다. 그런데 타인이 내 고통을 공유하는 정도를 최소화하기 위해 자신의 감정을 통제할 줄 아는 사람이 있다면, 우리는 그를 훌륭한 사람이라 여길 것이다. 그가 이런 식으로 자기희생을 한 이유는 고통을 공유하면 때로 원래의 고통이 두 배가 된다는 사실에 근거한 것이다. 또한 우리는 어려운 상황에 처한 사람이 정신적 고통 때문에 자신의 일을 중도 포기하는 경우보다는 노력을 통해 그 상황을 극복하는 경우를 칭찬하기 마련이다.

이성과 감정의 관계를 갈등 양상으로 보는 실수를 저지른 또 다른 철학자가 파스칼이다. 파스칼이 생각했던 둘 간의 갈등 양상은 전투라기보다는 첩보활동에 가깝다. 왜냐하면 "이성이 알지 못하는 이유를 가슴은 알고 있기" 때문이다.[36] 이 말의 옳고 그름을 따지기 전에 나는 이 말이 우리의 삶에서 예외 규정이 되도록 노력해야 한다고 생각한다.

가슴과 머리는 둘 다 자신만의 근거를 가지고 작동하지만 그 근거를 서로 공유할 때 이 둘은 가장 훌륭하게 제 기량을 발휘하기 때문이다. 가슴은 감정을 이입하거나 동기를 부여한다. 머리는 어떤 감정은 행동으로 옮겨야 하고, 또 어떤 감정은 통제해야 하는지 심사숙고한 뒤 적절한 판단을 내린다. 결과적으로 감정은 길들여질 필요도 없고 그렇다고 그것에 무제한의 자유를 줄 필요도 없다. 하지만 이성과 유익한 동맹을 맺게 할 필요는 있다.

"나는 화를 내지 않아요. 대신 암을 키우죠"

우리는 감정이라는 개념에 다양한 동사를 연결한다. 인정하다, 바꾸다, 포용하다, 극복하다, 통제하다 등⋯⋯. 하지만 '감정'은 그것이 포용할 수 있는 대상이 엄청나게 많고 다양한 포괄적 용어이며, 우리가 가진 감정과 그 감정에 따라 처신하는 바가 잘못 짝지어질 가능성도 얼마든지 있다. 예를 들어, 감정은 표현하는 것이 최선일 때도 있고 숨기는 것이 최선일 때도 있다.

감정을 표현하는 것이 곧 절제를 얼마간 포기하는 것과 같다는 단순한 이유를 들어 절제를 위해 사랑의 감정도 억눌러야 한다고 누가 말한다면 어떤 반응이 나올까? 대부분의 사람은 이 말이 옳지 않다는 데 동의할 것이다. 반면 끓어오르는 분노를 조절하지 못해 싸움에 휘말린 사람의 감정에 대해서는 대부분의 사람이 분노의 감정을 조절했어야 옳았다고 생각할 것이다.

감정 표현을 권장하는 시대

감정을 다루는 방식이 학문 분야마다 매우 큰 차이를 보이기 때문에 감정에 대한 우리의 입장도 뒤죽박죽일 수밖에 없다. 프로이트Freud가 남겨준 유산이 그 좋은 예가 된다. 감히 말하건대, 나는 프로이트가 제시했던 많은 가정들이 부지불식간에 우리의 사고방식에 스며들어 있다고 본다.

프로이트의 '수압' 이론(물의 압력이 증가하면 봇물이 터지듯이 인간의 공격적인 에너지 역시 분출되지 못하면 어떤 형태로든 폭발하게 된다는 이론:옮긴이) 에 따르면, 감정을 억누르는 것은 대단히 우리 건강에 해롭다. 영화 《맨해튼Manhattan》에서 우디 앨런Woody Allen은 이렇게 말한다. "나는 화를 내지 않아요, 대신 암을 키우죠."

프로이트의 영향 때문이든 니체의 영향 때문이든 혹은 1960년대의 영향 때문이든 상관없이, 오늘날에는 감정을 표현하는 것이 기분을 억제하는 능력보다 훨씬 더 큰 가치를 지닌다. "내가 그렇게 느낀다니까" 라는 흔한 표현이 말해주듯 우리는 감정을 평가나 이의제기가 거의 불가능한 어떤 것으로 여기며 찬양하기까지 한다.

그런 반면, 감정에 대한 과도한 찬양은 재앙을 초래할 수 있다는 사실을, 그리고 감정은 부적절하거나 과도하거나 조화롭지 못한 측면을 지니고 있다는 사실도 우리는 잘 알고 있다. 예를 들어 우리 중 많은 이들이 불합리한 분노의 희생자가 되어본 경험이 있거나 자기 자신조차 정당하지 않다고 여기는 질투의 느낌을 품어본 경험이 있을 것이다. 그럼에도 불구하고 감정 절제에 대해 얘기하면 사람들은 불굴의 정신을 갖추고 묵묵히 일을 해나가는 어떤 존재를 떠올리면서 두려움을 느끼는 것 같다. 왜냐하면 그러한 존재는 희로애락의 감정 능력을 희생함으로써 엄청난 시련을 견딜 수 있는 훌륭한 자질을 얻은 것으로 보기 때문이다. 위기의 순간에 침착할 수 있다는 것은 확실히 유용한 기질일 것이다. 하지만 대부분의 사람들은 감정 능력이 사그라진 인생보다는 어느 정도 감정의 롤러코스터에 얹혀가는 인생을 더 선호할 것이다.

감정에 충실하면서 동시에 잘 조절할 수는 없을까?

그런데 정말로 우리는 감정 억제와 감정에 좌우되기 중 하나만을 선택해야 하는 것일까? 아리스토텔레스에 따르면 다행히 우리에게는 어떤 감정에 깊숙이 몰입하는 동시에 그 감정을 조절하는 것이 가능한 때가 있다. 어떤 감정이 적절치 못하다거나 과도하다는 생각이 들 때 적절한 자기 절제의 상태를 되찾는 일이 얼마든지 가능하다는 것이다.

지나치게 감정을 절제하며 살아가다 보면 인생 경험을 풍부하게 할 수 있는 기회를 놓칠 수 있다. 하지만 그와 반대로 감정을 절제하지 않고 살다 보면 감정에 따라 행동하는 것이 전혀 도움이 되지 않는 순간에 맞닥뜨렸을 때 그야말로 속수무책이 될 수밖에 없다.

우리는 이런 문제들과 언제든 마주하게 된다. 두려움, 분노, 질투, 혹은 (심지어) 사랑에 중독된 상황 등 이런 고민거리들과 드잡이를 해야만 할 때 우리는 바로 그 문제와 조우하게 되는 것이다. 우리가 풀어야 할 숙제는 이러한 감정들이 우리에게 진실을 말하는 경우는 언제이고 거짓을 말하는 경우는 언제인지를 알아내는 것, 즉 감정을 믿어야 할 때는 언제이고 감정에 따른 행동을 피해야 할 때는 언제인지를 알아내는 것이다.

우리는 심장의 반응과 동요를 감시하거나 의심함으로써 상황에 대한 본능적이고 단편적인 판단에서 좀 더 완성되고 합리적인 판단으로 변화하고 발전해나갈 수 있다. 이 과정에 감정에 대한 부정이 반드시 수반될 필요는 없다. 우리는 특정한 감정에 충실하면서, 또 자신이 그러한 감정을 느끼고 있다는 사실을 받아들이면서도, 그것이 부적절한 감정인지 여부를 충분히 깨달을 수 있다. 이와 같은 단계에 도달함으로써 자신의 관점이나 행동을 바꾸기 위해 노력할 수 있다. 물론 관점과 행동 모두를 바꾸는 노력도 가능하다.

두려움과 불안감에 대처하는 현명한 자세

우리를 곤혹스럽게 만들 수 있는 대표적인 감정으로 '두려움'을 들 수 있다. 우리 앞에 아무것도 두려워할 것이 없다는 사실을 스스로에게 확신시키기 위해(그리고 실제로도 두려워할 만한 것이 없는 경우에), 우리는 자신에게 닥친 사건을 다른 관점에서 볼 수 있어야 한다. 그러나 막상 그 두려운 상황이 닥쳤을 때 사건을 다르게 볼 수도 있지만 그러지 못할 수도 있다. 하지만 다르게 보지 못한다 하더라도 모든 것을 잃는 것은 아니다.

지난 1990년대에 수잔 제퍼스Susan Jeffers는 『도전하라 한 번도 실패하지 않은 것처럼 Feel The Fear And Do It Anyway』이라는 제목의 자기계발서를 출간했는데, 그 제목은 아직까지도 대중의 기억에 선명하게 남아 있다. 그녀가 전달하는 메시지에 따르면, 두려움은 정상적인 삶의 한 부분에 지나지 않는다. 또한 불안의 감정을 우리의 걱정 대상에 대한 회피 신호로 받아들이는 것은 치명적인 우를 범하는 것이다. 그보다 우리는 불안을 포용하고, 그러한 불안을 일으키는 직장, 대인관계, 여정 등에 자신을 내맡겨야 한다.

그녀의 조언을 따라야 할 적절한 이유가 있다. 어떤 것을 하고 싶기는 한데 걱정도 동시에 드는 경우, 걱정 아닌 다른 감정이 들 때까지 그저 기다리기만 하는 것은 좋은 방법이 아닐 것이다. 걱정과 같은 것은 워낙 없애기가 어려운 감정이라 어쩌면 그 기다림이 끝도 없이 길게 느껴질 수도 있다. 그러니까 어쨌든 그냥 하라.

행동을 바꾸는 것이야말로 우리가 생각하고 느끼는 방식을 바꾸는 가장 효과적인 방법의 하나라는 생각은 알고 보면 '인지행동 치료법'의 근간이 되는 입장이다. 게다가 '익명의 알코올중독자 모임Alcoholics Anonymous'에서 제시하는 '12단계 치료법'에는 다음과 같은 경구도 있다. "술을 마시지 않음으로써 금주를 결심하는 것이 금주를 결심함으로써 술을 마시지 않겠다는 생각보다 더 낫다."

우리는 항상 두려움을 정복하기 위해 자신을 채찍질해야 하는 것일까? 단언하건대, 그렇지 않다. 어떤 경우는 두려움이 보내는 경고음에 귀 기울이고 피하는 것이 명백히 중요할 때가 있다. 심지어 제퍼스조차 자신의 조언을 심각하게 위협적이거나 도덕적으로 의심스러운 것들에까지 확장시켜 적용하지 말아야 한다고 지적한 바 있다. 항상 안락한 장소에만 머무르는 것이 바람직하지 않은 것처럼 자신을 안락으로부터 빠져나오도록 해야 한다는 강박적인 생각이 교리처럼 적용되어서도 안 된다.

그렇지만 모든 두려움이 명확한 실체를 드러내지는 않는다. 눈보라가 휘몰아치는 상황에서 산행을 시작한다면 누구나 두려움을 느낄 게 확실하지만 다른 많은 두려움들의 경우 이와는 달리 그다지 명확하지 않은 면모를 보인다. 우리가 느끼는 어떤 두려움이 근거가 있는 것인지 여부, 그리고 어떤 행동이 두려움을 무릅쓸 만한 충분한 가치가 있는지 여부를 판단하는 것이 언제나 쉽지는 않다.

있는 그대로 받아들이기

이와 관련된 유용한 진단법을 '수용전념치료법'에서 빌려올 수 있다. 이 진단법에 따르면, 문제가 되고 있는 그 행동이 과연 우리가 인생에서 가치 있게 여기는 어떤 것으로 자신을 이끌 수 있는가를 물어야 한다.

'수용전념치료법'은 부정적인 감정을 다루는 데 보기 드물게 잘 계발된 방법을 제공한다. 부정적인 감정을 제거하는 일에 전념하는 것은 비현실적이기도 하지만 잠재적 측면에서 볼 때 역효과를 내기도 한다. 우리에게 진정으로 필요한 것은 자신의 감정을 수용하고 신념에 행동하는 법을 익히는 것이다. 원치 않는 손님이 파티에 참석하는 것을 저지하는 데 온 힘을 쏟기보다는 기꺼이 그 손님과 함께하는 법을 익히는 것이 더 나은 법이다. 심지어 두려움의 감정이(혹은 그와 유사한 부정적인 감정들이) 전혀 완화될 기미가 보이지 않는 경우라 할지라도 자신이 가치 있게 여기는 어떤 일을 해낸 것이기에 그 당시 어떤 감정을 느꼈는지는 개의치 않아도 된다.

'모리타 치료법'을 보면 이와 관련된 용어가 나온다. '아루가마마'는 일본어로 '있는 그대로'라는 뜻인데, 감정이 밀물과 썰물처럼 들고 나는 바로 그대로를 받아들이는 상태에서 건설적인 행동을 취하는 것을 의미한다. 감정은 종종 롤러코스터에 비유되곤 한다. 롤러코스터는 통제를 벗어난 상태에서 우리를 태우고 달린다. 하지만 어쩌면 감정은 어느 정도 기량과 융통성을 발휘해 즐길 수 있는 밀물과 썰물에 비유하는 것이 좀 더 적절할 것 같다.

자부심과
자만심의
아슬아슬한 경계

/

뻔뻔하게 살고 싶지 않은 당신에게

철학자
자부심의 이중생활

심리학자
우연 그리고 행운이 삶에 미치는 영향

자부심의
이중생활

자부심은 영웅으로도 살아가고 악당으로도 살아가는 이중생활을 한다. 그것은 어느 한순간 심각한 죄악으로 규탄 받기도 하지만, 또 다음 순간에는 필수적인 덕목으로 추앙받는다. 그것은 사람을 오만하게 만든다고 비난받지만, 다른 한편 위축된 사람에게 자신감을 불어넣어준다고 칭찬받는다. 그러므로 당신이 자신의 업무에 자부심을 갖는 것은 좋은 일이지만 스스로 성취한 것을 과도하게 자랑스러워하는 것은 옳지 않다.

그렇다면 적어도 두 가지 질문이 제기될 수밖에 없다. 첫째, 만약 우리가 훌륭하게 해낸 일에 대해 그것에 딱 부합하는 정도의 기쁨을 누리는 것이 적합한 자부심이라면 겸손함은 무엇이고 또 그것은 왜 중요한가? 둘째, 우리는 타인이 이루어낸 업적에 자부심을 느끼는 일이 빈번한데, 어떻게 이런 식의 자부심이 가능한가? 심지어 우리가 그 사람의 업적에 기여한 바가 거의 없거나 전혀 없을 때조차 자랑스러워하는 경우가 있지 않던가?

타인이 이루어낸 업적에 대한 자부심에 대하여

타인에 대한 자부심을 느낀다는 사실은 인간이 사회적 동물로서의 성향을 갖는다는 것을 반영한다. 사회적 동물로서의 정체성은 원자화된 개인이 가진 저마다의 본성으로부터 성립되는 부분도 있지만 우리가 속한 집단으로부터 성립되는 부분도 있다. 이 사실에 예외가 될 수 있는 사람은 세상에 존재하지 않는다. 타인이나 어떤 단체가 이룩한 업적을 보고 기뻐하는 것은 그들이 우리와 어떤 식으로든 인연을 맺고 있다는 사실에서 비롯되는 것이지, 그들이 업적을 이루는 데 우리 자신이 뭔가 공헌한 부분이 있다고 여기기 때문은 아니다. 이런 점에서 볼 때 우리가 느끼는 기쁨은 정당성을 갖추고 있다. 그리고 이런 의미에서 볼 때 타인에 대한 자부심은 허영심보다는 진정성을 띤 겸손에 그 뿌리를 두고 있는 것이라 말할 수 있다.

이처럼 가치의 공유라는 측면에서 접근해보면, 우리가 타인에 대해 자부심을 갖는 것이 부당한 경우 또한 가려낼 수 있다. 그 자부심이 부당한 경우는 가치의 공유가 어떤 면에서 거짓되거나 정당화되지 않는 때이다. 예를 들어, 나는 축구 팬들이 자신이 응원하는 팀에 대해 자부심을 갖는 것에 모순이 존재한다고 생각하는 편이다. 축구팀과 서포터들의 관계는 완벽하게 일방적이어서, 서포터들이 느끼는 자부심은 팀을 향하겠지만 팀이 성취한 영광은 결코 그 반대 방향으로 되돌아 전해지지 않는다.

국가에 대한 자부심 역시 공허하기는 마찬가지이다. 당신은 국가가 특정한 가치를 추구하기를 바라지만 국가는 사실상 그와 관련된 어떠한 입장 표명도 하지 않는다고 해보자. 혹은 국가가 추구하는 가치가 있지만 당신은 그러한 가치에 따라 살지 않는다고 해보자. 두 경우 모두 국가에 대한 자부심은 공허해진다. 결과적으로 우리가 타인에 대해 자부심을 가지려면 타인들도 나와 같은 자부심을 느낄 수 있을 때, 그리고 그들이 우리와 동반자적 관계에 있을 때에만 가능하다.

자부심과 겸손은 충돌하는 감정일까?

그렇다면 이제 겸손에 대해 얘기해보자. 겸손이 단지 자부심의 반대말로만 여겨지는 한 자부심은 언제고 문제의 소지를 안고 있다고 나는 생각한다. 자부심은 우리가 긍정적으로 평가하는 어떤 대상이 가진 우수성이 자신을 반영하게 될 때 느끼는 모종의 기쁨과 관련되어 있다. 만약 겸손이 이와 상반되는 것으로 여겨진다면 그것은 다음 세 가지 중 하나를(아니면 이 세 가지 사이의 결합을) 의미할 것이다.

첫째, 겸손은 우리 자신을 반영하는 어떤 대상(예를 들어 특정한 업적을 성취했다거나 하는 것)의 우수함으로부터 얻을 수 있는 기쁨을 우리가 거부하는 것과 동일시된다. 이런 견지에서 보자면 겸손은 착오의 일종으로 보이는데, 자신이 해낸 일에 대한 합당한 칭찬을 스스로 받아들이는 데 실패한 것이기 때문이다.

어떤 이의 겸손한 태도를 보고서 사람들이 그것이 거짓된 겸손이 아닌지 종종 의심하는 이유도 아마 이 때문이 아닐까 싶다. 즉, 자신의 성공을 평가절하하는 사람은 스스로를 도덕적으로 보이게 할 의도로 그러는 것이지 자신의 성취가 진정 값어치 없는 것이라고 믿기 때문에 그러는 것은 아니라고 사람들은 의심하는 것이다.

둘째, 타인들이 자랑스럽게 생각하는 어떤 성취에 대해 우리 자신은 사실상 그리 훌륭한 것이 못 된다고 여길 수도 있다. 그러나 이것은 진정한 의미에서의 겸손이 아닐 뿐 아니라 그저 자부심을 느낄 만하지 않다고 판단 내리는 것 그 이상도 이하도 아니다. 성취라고 볼 수 없는 어떤 것에 대해 자부심을 느낀다는 것은 앞뒤가 맞지 않는다. 실패에 대해 겸허해질 수는 있어도 실패에 대해 겸손할 수는 없다.

셋째, 값어치 있는 결과가 어떤 식으로든 자신의 공헌도를 반영하고 있다는 생각 자체를 거부하는 것을 겸손으로 간주할 수 있다. 그러나 이러한 정의 역시 우리가 생각하는 겸손은 아닌 것 같다. 자신이 어떤 값어치 있는 공헌도 하지 못했다고 스스로 밝혔다고 해보자. 이러한 지적을 통해 자기 자신을 겸손한 사람으로 만들고 있는 것이 아니다. 그저 자랑스러워할 만한 것도 없고 겸손해할 만한 것도 없다는 사실을 인정할 줄 아는 솔직함을 보여주는 것뿐이다.

그런 연유로 진정한 의미의 겸손은 여전히 정체가 불분명한 혹은 그 의미가 다양한 채로 남아 있다. 어떤 때는 판단착오에 기인해 자부심을 거부한 것을 겸손이라 보기도 하고, 또 어떤 때는 솔직성을 결여한 위장된 자부심을 겸손이라 보기도 한다. 그리고 어떤 때 겸손은 그저 공허한 개념으로 흔적도 없이 사라져버릴 뿐이다.

겸손은 적당한 자부심을 의미한다

겸손을 단순히 자부심의 반대말로 인식하는 것이 아니라 그 본래 모습에 가장 충실한 방식으로 받아들일 때 비로소 겸손의 의미를 제대로 이해할 수 있게 된다. 본래의 모습 그대로 볼 때 겸손의 정체는 무엇인가? 사실상 겸손은 적당한 자부심을 포함한다.

겸손함의 전형이라 일컬어지는 폴 루세사바기나Paul Rusesabagina의 사례를 보자. 르완다 호텔의 지배인이었던 그는 1994년 국가가 저지른 대량학살로부터 1,268명의 사람들을 구해냈다. 그렇다면 그는 자신의 자서전 제목을 '보통 사람An Ordinary Man'이 아닌 '특별한 사람'으로 붙였어야 마땅하다. 이것이 겸손이 아니라면 그 무엇이 겸손이겠는가?

그러나 그의 겸손에는 어느 정도의 자부심도 포함되어 있다. 둘은 양립 불가능하지 않다. 어려운 상황에서 옳은 일을 했다는 사실에 대해 루세사바기나는 확실히 어떤 의미의 만족감을 얻었을 것이다. 그렇다면 무엇이 그를 겸손으로 이끌었던 것일까?

충분히 만족할 만한 일을 했음에도 루세사바기나는 스스로를 진솔하게 돌아보았을 때 자신이 한 일이 과도하게 기려져서는 안 된다고 인식했다. 이 점이 그를 겸손한 사람으로 만들었다. 왜 과도한 칭찬은 안 된다고 여겼던 것일까? 주된 이유는 자신에게 닥친 상황을 바람직한 방향으로 이끄는 과정에서 그는 '운이 기여한' 부분도 있었음을 통찰했던 것이다.

성공은 대개 노력보다 타고난 능력 혹은 타고난 환경에 더 큰 영향을 받는다. 타고난 능력이나 환경은 개인이 선택할 수 없는 것들이다. 루세사바기나의 경우, 그는 타고난 능력을 이용해 의용군 지도자를 압박할 수 있었고, 그 덕분에 자신의 과업을 실현시킬 수 있었던 것이다. 그는 이렇게 말한다. "나는 호텔에 찾아오는 손님들이라면 그 누구든 친절한 동료가 되어주었다. 그가 다정한 친구이든 사람의 신경을 거슬리게 하는 약삭빠른 장사치든 상관없었다. 그것이 내 타고난 천성이었다. …… 그래서 만약 악마가 술 한 잔 하러 들렀다 하더라도 나는 대화를 나눌 수 있었을 것이다."[37]

달리 말하자면, 루세사바기나는 다른 상황이었다면 비난받을 수도 있는 자질을 갖고 태어났기 때문에 시대의 영웅이 될 수 있었던 것이다. 오스카 쉰들러Oskar Schindler와 마찬가지로, 루세사바기나도 탐욕스러운 권력자들의 기분을 맞춰주면서 그들과의 친교를 기꺼이 유지해 나갈 수 있는 성격의 소유자였다. 이런 자질은 대개 씁쓸한 뒷맛을 남기는 것으로 끝나겠지만 그에게 닥친 상황에서는 정확히 필요한 자질이었다.

겸손하기 위해 필요한 것

그렇다면 간단히 말해, 겸손은 자부심의 일종으로서 가시적으로 드러날 수도 있는 것이다. 왜냐하면 어떤 사람이 기여한 실제 공헌과 관련해 그것에 상응하는 매우 정직한 평가를 내리는 것이 겸손 속에 포함되기 때문이다. 겸손하기 위해 우리에게 필요한 것은 자신의 성취를 과소평가하는 것이 아니라 그 성취에서 자신의 역할을 과대평가하지 않는 것뿐이다.

존경스러울 정도로 겸손한 사람에게는 두 가지 요소가 더 있는 듯 보인다. 첫째, 어떤 사람의 공헌에 대해 정확히 어느 정도의 칭송이 필요한지 알아내기 힘들다는 점을 고려할 때 겸손한 사람이 저지르는 실수는 자신에게 너무 적은 공을 돌리는 것이지 너무 많은 공을 돌리는 것이 아님은 확실하다. 둘째, 자신이 타인들보다 더 나은 사람으로 여겨지는 상황을 피하기 위해서는 대화 과정에서 자신의 공헌도를 대단치 않는 것인 양 말해야 한다는 주장은 전적으로 옳다. 이런 의미에서 볼 때 겸손은 당신이 어떻게 느끼는가의 문제와 결부된 것이 아니다. 그것은 오히려 당신이 어떻게 행동하는가의 문제와 결부되어 있다.

처칠Churchill은 자신의 라이벌이었던 클레멘트 애틀리Clement Attlee(노동당 당수로 제2차 대전 당시 처칠 거국내각의 부수상으로 입각했다가 1945년 7월 독일 항복 직후에 실시된 총선에서 노동당이 대승하여 수상에 취임했다. : 옮긴이)에 대해 "겸손할 것이 많은 겸손한 사람이다"라고 말한 것으로 전해진다(물론 처칠 자신은 그런 말을 한 사실을 부인했지만). 자부심에 찬 사람은 이런 말을 조롱으로 받아들이겠지만 진정으로 겸손한 사람은 이 말을 사실에 대한 공정한 묘사라고 받아들일 것이다.

우연 그리고 행운이
삶에 미치는 영향

세속적인 성공을 하고 싶은가? 그렇다면 자신이 얼마나 대단한 사람인지 기회만 되면 목청껏 외치는 습관을 들이는 편이 좋을 것이다.

겸손의 미덕은 이제 먼 옛날의 얘기가 되어버렸다. 이제 바야흐로 자기 홍보가 미덕으로 간주되는 시대가 왔다. 심지어 현대사회를 사는 사람들은 자기 홍보를 필수불가결한 것이라 여기기도 한다. 이력서 작성에서부터 인터넷 결혼 정보회사의 프로필 작성에 이르기까지 자신의 긍정적인 자질과 성과에 대해 기탄없이 말하는 것이 적극 권장된다.

정말이지 겸손은 더 이상 유효하지 않은 덕목처럼 되어버렸다. 자기 홍보를 꺼려한다면 도대체 무슨 수로 고객과 거래처를 확보하고 그들과 끈끈한 관계를 형성할 수 있겠는가? 남들 못지않게 당신도 잘 살고 싶지 않은가?

자부심이 허영이 되는 순간

어떤 면에서 보자면 자기 홍보는 좋은 방법이다. 많은 사람들이 자신의 자질과 업적을 파악하는 데 어려움을 느끼는 것이 사실이다. 이런 상황에서 이제까지 별 생각 없이 넘어갔던 자신만의 장점과 자랑거리를 적극 찾아보라고 권하고 싶다. 우리 모두는 자랑할 만한 어떤 것을 갖고 싶어 한다. 인생을 살아오면서 남들에게 공로를 인정받을 만한 점이 하나도 없는 것 같은 느낌은 우리를 불행과 불만족의 나락으로 떨어뜨리는 주요한 원인이 된다.

그러나 신중해질 필요가 있다. 왜냐하면 자기 홍보의 문화에는 항상 미심쩍은 면모도 존재하기 때문이다. 사람들은 자기 자신이나 자신이 한 일들 중 긍정적인 점을 파악함으로써 활기를 얻을 수도 있다. 그러나 지나친 자부심을 갖게 될 때에는 자칫 위험해질 수 있다.

이 말을 그저 도덕적인 차원에서 제기하는 기우 정도로 취급해서는 안 된다. 지나친 자부심은 부지불식간에 우리를 허영의 단계로 이끌 수 있고 허영이 발목을 붙잡게 되면 자기 자신에 대한 과대평가를 넘어 비현실적인 생각에 집착하는 단계로 나아가기 마련이다. 그러다 보면 결국 자신의 나약함, 의존성 그리고 결점 등을 제대로 인지하지 못하는 단계에 이르게 된다. 흔히 우리는 실수를 인정하지 않거나 도움을 요청할 줄 모르는 사람을 '잘난 사람'이라 부르지 않던가.

지나친 자부심에 의거한 사고나 행동은 궁극적으로 우리 인생의 번영에 해가 된다. 우리가 조심해야 할 자부심은 이런 부류의 자부심이다. 예를 들어, 자기계발 분야에서 활용되고 있는 긍정적 단언 훈련은 자신을 과대평가할 위험이 있다. 나는 아름답고, 성공했고, 카리스마 있으며,

좋은 것을 가질 자격이 있다고 스스로에게 말하는 것은 애초 의도했던 효과를 가져올 수도 있지만 역효과를 낼 수도 있다는 의미이다.

실제로 이러한 훈련이 정말로 효과가 있는지 여부와 관련해서는 심각한 의문이 제기된 바 있다. 그러나 효과가 없다는 것보다 더 심각한 문제는 그것이 의미 있는 대인관계를 해칠 수 있다는 사실이다. 우리가 자신에게 긍정의 갑옷을 만들어 입힘으로써 자아상을 한층 강화시킨다면, 다른 사람들에게 덜 개방적이며 그다지 어울리고 싶지 않는 사람이 될 수 있을 것이다. 예를 들어, '부정적인 사람들을 피하는' 데 지나친 열성을 보임으로써 친구들을 배려하는 일에 소홀해지거나 그들의 말에 귀 기울이는 일을 등한시할 수 있다.

우연이 우리 삶에서 하는 역할

지나친 자부심과 허영에 빠져드는 상황을 막기 위해 우리의 관점을 비트는 몇 가지 방법이 있다. 그중 한 방법은 우연이라는 존재가 우리의 삶에서 하는 역할을 이해하는 것이다. 자신을 운명의 개척자로 인식하는 탓에 우리는 종종 자신이 가진 훌륭한 자질과 스스로 이룩한 성과에 행운이 한 역할을 애써 무시하는 경향이 있다. 자신의 환경이 어떤 토대 위에서 성장할 수 있었는가를 자각함으로써 우리는 적절히 균형을 잡을 수 있다.

베트남 출신의 틱낫한Thich Nhat Hanh 스님은 선불교의 스승과 같은 존재이다. 틱낫한은 모든 것들이 상호의존적으로 존재한다는 깨달음을 확고히 해나가기 위한 훈련으로, 인생 최고의 성취와 최악의 실패 둘 다를 나열하고 검토해볼 것을 권한다. 우선 성취와 관련된 것부터 점검해보자. 당신을 성공으로 이끈 재주와 능력에 대해 곰곰이 생각해보라. 또 당신을 성공으로 이끈 주된 원인이 자기 자신이라는 믿음과 그 성공의 결과로 얻게 된 만족감 및 오만에 대해 곰곰이 생각해보라. 마지막으로 성공을 가능하게 해주었던 유리한 조건에 대해서도 곰곰이 생각해보라.

이와 비슷하게 실패에 대해서도 점검해보자. 당신을 실패로 이끈 재주와 능력에 대해 곰곰이 생각해보라. 자신이 성공할 가망성이 없다는 믿음과 그에 따라 초래된 곤경들에 대해 곰곰이 생각해보라. 그리고 어떤 조건이 결여돼 실패하게 되었는지에 대해서도 곰곰이 생각해보라.

틱낫한은 "당신이 성취한 것은 진정으로 당신의 것이 아니라 손닿을 수 없는 곳에 위치한 다양한 조건들이 하나로 모아진 것임을 알기 위해" 그리고 "당신의 실패는 당신이 무능해서가 아니라 성공에 유리한 조건을 갖추지 못했기 때문임을 알기 위해 모든 사안을 상호의존적 관점"에 비춰 이해할 것을 제안한다. 그가 말하고자 하는 바는 성공과 실패 모두 우리 안에서 시작해 우리 안에서 끝날 뿐이라는 그릇된 믿음에서 벗어나도록 돕는 말로 이해되어야 한다. 책임을 방기하고 게으름을 정당화하기 위한 말로 이해되어서는 물론 안 된다.

작은 일에도 자부심을 가져야 한다

언제 어느 때 자부심을 갖는 것이 바람직한지에 대해 생각해 보는 것도 필요하다. 이때 중요한 것은 엄청나게 대단한 일을 해냈을 때, 즉 사람들이 걸출한 업적이라 두루 인정하는 것들(예를 들어 MBA를 취득하는 것, 최고의 지위에 오르는 것, 에베레스트 정상을 정복하는 것 등)에만 한정하는 우를 범해서는 안 된다. 일상의 모든 일에서 자부심을 찾을 수 있어야 한다.

어떤 식으로든 자신을 넘어서는 그 무언가를 이루기 위해 노력했다면 노력 그 자체를 무엇보다 자랑스러워해야 할 것이다. 그 노력의 결과가 크고 작고는 아무 상관이 없다. 예를 들어, 어떤 사람이 직장에 다니는 한편 아이들도 키워야 하는 상황에서 끝내 학위를 마쳤다고 해보자. 그 사람은 대그룹을 일궈낸 사람이 느끼는 만큼 큰 자부심을 가져도 무방할 것이다.

또한 자신이 가진 능력을 최대한 발휘하여 신중하고도 주의 깊게 일을 완수해냈을 때도 자부심을 느낄 수 있다. 그 일이 얼마나 힘든지, 혹은 그 일을 통해 우리의 진가가 얼마나 인정받을 수 있는지는 중요하지 않다. 궁전이든 오두막이든 상관없이 우리는 자신이 사는 곳을 잘 돌볼 수 있는 것이다. 이 경우, 자부심은 재능의 평가와 관련된 문제가 아니라 주어진 업무에 대한 접근법과 관련된 문제가 된다. 일을 해내는 방식에 대한 자부심, 즉 자신의 노력과 태도에 대한 자부심이야말로 확실하게 자부심이라 할 만한 것이며, 어떠한 과장됨이나 뻔뻔스러운 자기 평가도 여기에 포함될 여지가 없다.

이성이 아닌,
직관에 의지해서
중요한 결정을 내려도 될까?

신속하게 더 나은 결정을 하고 싶은 당신에게

심리학자
섬광처럼 일어나는 순간적 판단의 힘

철학자
직관은 이성의 대체물이 아니라 협력자이다

섬광처럼 일어나는
순간적 판단의 힘

결정을 내려야 할 때 당신은 무엇을 하는가? 장점과 단점, 단기적 측면과 장기적 측면을 꼼꼼하게 정리한 뒤 각각의 항목을 비판적으로 검토하는가? 아니면 직관 혹은 직감을 따르는가? 표면적으로 보자면, 우리는 크게 두 가지 방식으로 정보를 처리한다. 한 가지는 의식적이고 분석적이며 추론을 거치는 방식이고, 다른 한 가지는 신속하고 자동적이며 직관적인 방식이다. 이보다 이질적인 방식을 찾기란 힘들 것이다.

생각하기도 전에 작동하는 뇌

최근 몇 년 동안 의식적이고 분석적이며 추론을 거치는 합리적인 시스템에 대한 믿음은 그 근거를 상당 부분 잃어버렸다. 반면 학계의 인정을 받는 수많은 학자들이 다양한 형태의 직감(사물이나 현상을 접하였을 때 설명하거나 증명하지 아니하고 진상을 곧바로 느껴 앎. 또는 그런 감각)이나 직관(판단·추론 등을 거치지 않고 대상을 직접적으로 인식하는 일) 예감(어떤 일이 일어나기 전에 암시적으로 또는 본능적으로 미리 느낌)을 더욱 옹호하고 나섰다.

이러한 흐름에 크게 기여한 사람 중 하나로 신경과학자 안토니오 다마지오Antonio Damasio를 꼽을 수 있다. 그의 연구 결과에 따르면, 감정을 처리하는 뇌의 부분에 손상이 일어나면 의사 결정 능력도 저하된다.[38] 감정이 합리적으로 심사숙고하는 데 방해 요소가 된다는 전통적인 관점은 명백히 틀린 것으로 드러났다. 실제로는 합리적 심사숙고의 과정에 감정은 필수적이다.

우리가 무언가에 끌리거나 꺼려질 때부터 뇌는 작동하기 시작한다. 그 상황에 대해 의식적으로 생각하는 단계에 들어서기도 전부터 말이다. 이는 널리 알려진 사실이다. 우리의 모든 본능과 경험은 직감을 산출하기 위해 모여들며, 그러한 직감은 어딘지 모를 곳에서 끓어 넘쳐 올라와 서서히 판단의 형태를 갖추게 된다. 이러한 무의식적 과정 덕분에 우리는 타인의 의도를 읽을 수 있으며, 단편적인 정보만 가지고도 결과를 예측할 수 있다.

사람을 처음 만났을 때나 집을 보러 갔을 때 2초 정도의 아주 짧은 시간 안에 결정을 내린다는 것은 잘 알려진 사실이다. 말콤 글래드웰Malcolm Gladwell은 자신의 저서 『블링크: 첫 2초의 힘Blink』에서 섬광처럼 일어나는 순간적 판단과 첫인상이 장황한 분석보다 종종 더 유용하다고 주장한다(비록 그가 '직관'이란 단어 대신 '신속한 인지'란 단어를 사용했지만 말이다).

때로 직관은 편협적이다

그런데 직관은 정말로 아낌없이 베푸는 여신인 걸까? 다수의 연구 결과에 따르면, 순간적인 판단이 어느 상황에서나 믿을 만한 것은 아니라고 한다. 글래드웰도 이 점을 간과하지는 않았다. 그가 자신의 웹사이트에서 주장하고 있는 내용을 보자. 글래드웰은 수백 개 미국 기업의 CEO에 대해 조사했고, 그 결과 그들 대부분은 키가 크다는 사실을 알아냈다. 사람들은 키와 지도력을 연관 지어 생각하는 경향이 있으며, 이러한 비합리성이 그들이 CEO가 되는 데 도움을 주었던 것이다.

이처럼 뇌는 엄청나게 다양한 편견과 결점에 노출되어 있으며, 우리는 언제든지 참된 지각보다는 점검되지 않은 충동과 선입견에 따라 행동할 수 있다. 사회 심리학자들이 연구한 결과를 예로 들자면, 우리의 의식 이면에는 성별과 인종에 대한 편견과 고정관념이 깊이 뿌리내려 있다. 이처럼 직관은 은연중에 편견을 갖게 하므로 직관의 지혜를 무비판적으로 수용해서는 안 된다.

더 나아가 직관을 비판적이고 추론적인 사고의 대체물로 사용해서는 안 된다. 직관이나 직감은 심사숙고와 진지한 대화를 나누는 과정이 뒷받침될 때에만 비로소 효과를 발휘하기 때문이다. 결국 합리적인 의사 결정을 위해서는 분석적인 시스템과 감정적인 시스템 모두가 필수적이므로 전자에 의거해야 할 때는 언제고 후자에 의거해야 할 때는 언제인지 아는 것이 중요하다.

그렇다면 직감에 의해 잘못된 길로 접어드는 상황을 피할 방법은 없을까? 불가능하지는 않다 하더라도 매우 어려운 것이 사실이다. 나는 그 답을 '전문가의 직관'에서 찾을 수 있다고 생각한다. 『블링크』에 등장하는 러시아 체스마스터를 떠올려 보자. 그는 41명과 동시에 대국을 하여 32승을 거뒀다. 그가 각각의 상대와 게임을 겨룬 시간은 불과 3초 내외였다고 한다. 체스판을 한 번 쳐다보기만 해도 판세를 읽어낼 수 있었다는 이야기다. 이것은 심사숙고의 과정을 거친 결과가 아니라 반사적인 판단이다. 하지만 실제로는 다년간 누적된 생각과 경험에 기반한 것이라고 할 수 있다. 이것이 바로 전문가의 직관이다.

마찬가지로 우리도 어느 정도 전문성을 획득한 분야가 있다면 그 분야에서 이루어지는 즉각적인 판단은 다른 경우보다 더 신뢰할 만하다. 자기 자신에게 그러한 분야가 어떤 쪽인지 생각해봐야 할 것이다.

지금까지 살아오면서 이룬 실적 또한 직관과 관련이 있다. 당신이 매번 경마에서 돈을 잃는다면 이번에야말로 말을 제대로 골랐다는 '직관' 따위는 믿지 않는 것이 나을 것이다.

살펴본 것처럼 직관을 비판적이고 추론적인 사고의 대체물로 사용해서는 안 된다. 직감은 심사숙고와 진지한 대화를 나누는 과정이 뒷받침될 때에만 비로소 큰 효과를 발휘한다. 결국 머리가 우선이냐 마음이 우선이냐 하는 것이 문제가 아니라 머리와 마음이 지속적으로 대화를 나누고 있느냐가 더 중요한 문제가 된다.

직관은 이성의 대체물이 아니라
협력자이다

상상해보라. 당신은 방금 침몰 중인 배를 버리고 구명보트로 옮겨 탔다. 그리고 고작 몇 미터 떨어진 곳에서 허우적대는 승객을 발견한다. 당신이 탄 보트에는 여유 공간도 있고 비상식량도 넉넉하다. 당신은 무엇을 해야 하는가?

만약 이런 상황에서 합리적 심사숙고의 과정을 거쳐 이 질문에 대한 답을 도출하려 한다면 당신은 이상한 사람임이 분명하다. 대다수의 사람은 분명한 도덕적 직관을 가지고 있다. 보트를 저어가서 그 승객을 구해야 한다. 더 나아가 우리는 하나의 구체적인 직관에서 일반적인 도덕 원리를 이끌어 낼 수 있다. 즉 위험에 처한 사람을 보고 즉각적으로 구조에 나서는 경우 재력을 가진 사람이 그렇지 못한 이들에 비해 상대적으로 적은 노력만 들이고서도 사람들을 구할 수 있다. 침몰 중인 배에서 구명보트로 옮겨 탄 이가 바다에 빠져 허우적대는 이를 구하는 것이 일반적이며, 풍요로운 삶을 누리는 국가의 사람들은 개발도상국 사람들을 도와야 한다. 더 많이 가진 이가 덜 가진 이를 돕는 것,

이것이 도덕 원리이다.

도덕철학이 작동하는 방식

이런 식의 추론 과정이 이상하게 느껴질 수도 있다. 결국 모든 중대한 철학적 작업을 도맡아 하는 것은 직관이란 말 아니던가. 우리가 한 것이라고는 직감에 따른 반응을 이끌어낸 뒤 그것으로부터 일반적인 원리를 추론해내는 일뿐이었다. 이상하긴 하지만 도덕철학이 작동하는 방식은 전형적으로 이러한 모습을 보인다. 어떤 경우를 보면, 일련의 사고실험thought experiment과 그 실험이 야기하는 직관으로부터 철학의 한 분야가 완성되어가기도 한다. 가장 잘 알려진 사고실험 사례인 트롤리 문제를 한 번 더 살펴보기로 하자.

트롤리 전차가 철길 위를 질주하고 있다. 철길 위에서 작업을 하던 5명의 인부들은 꼼짝없이 트롤리에 치어 죽게 될 상황에 놓여 있다. 그들의 죽음을 막을 수 있는 방법은 선로변경스위치를 눌러 트롤리의 진행 방향을 바꾸는 것뿐이다. 그러나 이 경우 다른 선로에서 일하는 인부가 희생당할 수밖에 없다. 차이점은 후자의 경우 희생자의 숫자가 상대적으로 적다는 것뿐이다. 당신이라면 어떤 선택을 하겠는가?

또 다른 질문도 있다. 트롤리가 철길 위에 일하고 있는 노동자 5명을 향해 빠른 속도로 달려간다. 이 트롤리를 세우기 위해서는 뭔가 큰 물건을 전차 앞에 던져야 한다. 선로 변경스위치는 없고 마침 당신 옆에 몸집이 큰 인부 한 명이 있다. 트롤리를 세우려면 그 사람을 떠밀어야 한다. 그러면 그 사람 몸이 바퀴에 끼어 트롤리가 멈추고, 비록 한 사람은 죽지만 철길에서 일하던 사람들의 목숨을 구할 수 있다. 당신이 몸을 던질 수도 있겠지만 당신은 전차를 정지시킬 만큼 몸집이 크지 않다. 어떻게 할 것인가?

'트롤리학trolleyology'이라는 조롱 섞인 이름으로 유명해진 이 사고실험은 설정된 상황에 조금씩 변화를 주면서 그때마다 어떤 상이한 직관들이 도출되는지 비교한다. 이 직관들이 도덕적으로 중대한 차이점을 드러내는지, 아니면 그저 우리의 가치가 일관되지 못하다는 사실만을 드러내는지 파악한다.

즉각적인 판단으로 이끄는 힘, 직관

대니얼 데닛Daniel Dennett은 이런 종류의 사고실험을 '직관 펌프'라 불렀다. 이 명명 작업을 통해 그는 위와 같은 이 사고실험들이 우리의 직감을 분명하고도 솔직한 형태로 끌어내는 수단으로 활용될 수 있다는 점을 명확히 한 것이다.[39]

그럼에도 불구하고 정말 문제가 되는 것은 다음과 같은 질문이다. '그렇다면 그런 직관들이 우리의 도덕적 추론과 관련해 어떤 역할을 해야 하는지 명확히 설명할 수 있는가?' 종종 직관은 결정적인 역할을 하는 것처럼 보인다. 예를 들어, 도덕 직관이 도덕 원리와 충돌할 때 직관을 무시해버리기보다는 오히려 원리를 의심하고 그 의심의 근거로서 직관을 드는 일이 더 빈번하게 일어난다.

직관에게 제자리를 찾아주고 싶다면 직관이 무엇인지 명확히 할 필요가 있다. 일반적으로 직관은 선천적으로 타고나는 것으로 가정된다.

그러나 사실상 우리가 직관을 타고난다고 가정해야 할 뚜렷한 이유는 존재하지 않는다. 어떤 직관들은 선천적으로 타고난 것인 반면 어떤 직관들은 인생 경험을 통해 얻어지는 것으로 보인다.

모든 직관은 우리 삶에 막강한 힘과 영향력을 행사한다. 이 점에서는 타고난 직관이든 습득한 직관이든 거의 차이가 없다. 의식적이고 합리적인 심사숙고가 불가능한 상황일 때 직관은 즉각적인 판단으로 우리를 이끌어준다. 더러는 그 판단이 확고할 때도 있다. 게다가 심사숙고 후 나온 결과와 직관이 명백히 상충될 때도 있지만 그때조차 직관은 즉각적인 판단으로 우리를 이끈다.

만일 누군가가 우리에게 직관을 합리적인 측면에서 정당화해보라고 요구한다고 가정하자. 아마도 그렇게 하기 어려울 것이다. 설령 그렇게 할 수 있다 하더라도 실제로는 (정직하게 말해) 일이 다 끝난 뒤 사후 합리화하는 정도에 지나지 않는다는 사실을 깨닫게 될 것이다. 합리적인 논증을 통해 정말로 직관을 정당화할 수 있을지도 모른다. 하지만 그 논증 덕분에 우리가 그러한 직관을 가지게 되는 것도 아니며 그 직관을 옳다고 느끼는 것도 아니다.

지식이란 무엇인지에 대한 사고실험

이런 식의 직관이 윤리학에서만 중요한 것은 아니다. 논쟁의 여지가 있을지 모르지만 거의 모든 형태의 합리적 탐구 영역에서 직관은 필수적이다. 철학 분야에서 가장 오래된 질문 중 하나를 예로 들어보자. '지식이란 무엇인가?' 이에 대한 가장 오래된 대답은 다음과 같다. 지식은 '정당화된 참된 믿음'이다. 그러나 직관을 이끌어내는 사고실험 하나를 만들어냄으로써 이 대답에 이의를 제기할 수 있다.

당신의 이웃 사람은 하얀색 미니 쿠퍼 차를 소유하고 있다. 당신은 네 시간 전에 창문을 열다가 길 건너에 있는 그 집을 보았다. 마당에는 차가 세워져 있었고, 집안에는 불이 켜져 있었으며, 커튼 뒤로는 실루엣이 움직였다. 당신은 직관적으로 '이웃이 집에 있구나'라고 생각했다. 그리고 방금 창문을 닫다가 다시 그 집을 보았을 때 아까와 같은 풍경을 목격하고 당신은 또 다시 '이웃이 지금 집에 있구나'라는 생각을 하게 되었다.

그러나 공교롭게도 당신의 이웃은 단지 5분 전에 집에 도착했을 뿐이다. 네 시간 전부터 집에 있었던 이들은 이웃의 손님이다. 그런데 하필이면 그 방문객도 하얀색 미니 쿠퍼를 타고와 마당에 주차했고, 당신은 이 차를 이웃의 것으로 생각했던 것이다.

어쨌든 당신은 네 시간 전과 지금 이 순간 하얀색 쿠퍼와 집안의 인기척 등을 근거로 이웃에 주인이 있다는 결론을 내렸는데, 우연히도 이웃 사람이 5분 전에 도착했으므로 네 시간 전에 내린 결론은 거짓이며, 방금 내린 결론은 참이다. 결국 동일한 근거와 믿음을 갖추었지만 이웃이 도착하기 전에 내린 결론은 거짓이 되고 도착한 후에 내린 결론은 참이 된다. 여기서 참과 거짓을 가른 것은 순전히 운의 작용이었다. 그렇다면 이 경우는 정당화된 참인 믿음이긴 하지만 지식이라고 말할 수 없는 것이 아니겠는가?

직감에 의존하는 것과 신뢰하는 것의 차이

이런 식의 질문들에 대해 곰곰이 생각해보면, 우리의 생각은 다시금 직관이 중요한 역할을 한다는 쪽으로 기운다. 위 사고실험에 등장했던 당신은 결국 제대로 된 지식을 갖추지 못했던 것 아니냐고 질문했을 때 많은 사람들은 그렇다고 충분히 공감했다. 그러나 왜 그런지 설명해 보라고 요구할 때 나오는 대답은 결국 사후 합리화의 양상을 띠게 된다. 또한 애초 판단을 내릴 때 들었던 바로 그 근거가 아닌 다른 근거가 제시될 것이다. 이성은 지식을 정당화하지만 직관은 그것이 옳다는 것을 검증한다.

이것은 결국 윤리학과 다른 모든 형태의 사고 과정이 실제로는 동물적인 감정에 불과한 것을 고상하고 합리적으로 겉치장해주는 과정에 지나지 않는다는 말을 의미하는가? 그런 것이 아니기를 바란다.

자신의 직감에 의존한다는 것을, 직관적으로 느끼는 모든 것을 신뢰한다는 말과 동일시해서는 안 된다. 일례로 이성은 어떤 하나의 직관이 정당화되지 않는 편견이거나 비합리적인 왜곡이라는 사실을 폭로할 수 있다. 우리가 직관에 의거해 즉각적인 반응을 할 수밖에 없는 동물이라 할지라도 우리는 그러한 사실에 근거해 자신이 계속 직관에 의존할 것인지 여부에 변경을 가할 수 있다.

그럼에도 불구하고 이성은 직관적인 판단이 전혀 없는 상태에서는 제대로 작동할 수 없다는 사실을 받아들이는 것이 중요하다. 좀 더 합리적으로 살겠다는 계획은 직관을 완전히 배제할 수는 없다는 것을 인지하면서도 그것에만 전적으로 의존하는 경향은 최소화하겠다는 것을 의미한다.

내가 다소 극단적인 상황을 예로 들어 과장되게 얘기하고 있다고 여길지 모른다. 그렇다 할지라도 다음의 사실만은 간과해서는 안 된다. 실천과 결부되는 심사숙고의 과정에서 언제나 직관이 영향을 끼치기 마련이라는 주장은, 이론적인 측면에서 보든 사실의 측면에서 보든 옳다. 가장 기본적인 수준에서 말하자면, 우리가 항상 순수한 이성이 요구하는 철두철미함만 가지고 사고하며 살아가지는 않기에 직관을 이성의 대체물이 아닌 필수불가결한 협력자로 보아야 한다.

14
life's question

외모에 대한 관심은
어느 정도가
적당할까?

외모에 지나치게 신경 쓰고 싶지 않은 당신에게

심리학자
자신을 가치 있게 여기는 이의 자기 관리

철학자
타인의 기대에 부응할 것인가,
인생의 기회를 잃을 것인가?

자신을 가치 있게 여기는 이의
자기 관리

이것은 닭이 먼저냐 달걀이 먼저냐 같은 문제이다. 만약 우리가 스스로를 가치 있게 여긴다면 자신의 몸을 최선을 다해 관리할 것이다. 또 만약 자신의 몸을 제대로 관리한다면 우리는 한결 가치 있는 삶을 살게 될 것이다. 몸에 관심을 갖는 것은 대개 긍정적인 자기애의 표현일 뿐만 아니라 그것을 향상시키는 방법으로도 간주된다. 일리가 있는 말이다.

인간은 몸과 마음으로 이루어져 있다. 따라서 만일 마음의 상태와 몸의 상태 사이에 아무런 상관관계가 없다고 말한다면 그것이야말로 놀랄 만한 주장이 될 것이다.

그러나 이 둘의 관계는 어쩌면 우리가 상식적으로 알고 있는 것보다 훨씬 덜 명확할 수 있지 않을까? 냉소적인 그리스 견유학파(그리스 철학의 한 학파로 자연과 일치된 자연스러운 삶을 추구했다. 정신적·육체적 단련을 중요시하였으며, 소박한 삶을 지향했다. : 옮긴이)는 오로지 중요하게 여겨야 할 것은 이성뿐이며, 그렇기에 우리는 자신의 몸이나 외모에 신경을 써서는 안 된다는 입장을 보였다. 이 말에 동의할 사람은 그리 많지 않을 것이다. 이보다는 덜 극단적인 것으로, 몸은 우리의 영혼이 담고 있는 껍데기이므로 그것에 지나치게 집중해서는 안 된다는 입장이 있다. 이런 입장은 아직까지 널리 퍼져 있음이 확실하다.

물론 몸을 건강하고 위생적으로 관리해야 한다는 주장에 이의를 제기할 사람은 극히 드물 것이다. 다만 몸에 대한 경시를 옹호하는 입장은 외모와 관련될 때 설득력을 얻을 것이다. 왜 우리는 머리 모양이 괜찮은지 엉망인지에 신경을 쓰고, 피부 주름을 염려하며, 옷과 액세서리가 자신에게 어울리는지에 대해 집착하는가? 이런 것들보다는 타인을 대할 때 드러나는 성격, 가치관, 관심사 같은 것들이 더 중요하다는 것은 너무도 지당한 이야기 아니던가?

틀에 박힌 의미의 아름다움과는 무관하게, 삶에 대한 열정이 있고 자신감에 차 있는 사람을 매력적으로 여기는 것은 확실히 옳다. 외모에 지나치게 신경 쓰는 사람은 천박할 뿐 아니라 가치관의 혼란을 겪고 있는 반면 진정한 아름다움은 내면에서 온다는 생각을 지우기란 어려운 법이다.

외모 가꾸는 일을 옹호할 수 있는 근거들

하지만 우리는 마음이기도 하면서 동시에 몸이기도 하다는 사실을 외면할 수는 없다. 그렇다면 외모를 가꾸는 일을 옹호할 근거도 존재하지 않겠는가? 다음과 같은 사실에서 출발해 근거를 마련해볼 수 있을 것이다. 외모를 더 나아 보이게 만듦으로써 기쁨을 얻는 것은 자연스러우며,

어느 문화에서나 찾아볼 수 있는 보편성을 띤다. 그러나 이 사실만 가지고서는 더 이상 이야기를 진척시키기 힘들다. 인간이 거짓말을 하는 것도 자연스럽고 보편적이기 때문이다. 자연스러운 것이 반드시 지지할 만한 것이거나 장려될 만한 것은 아니다.

차림새를 단정하게 할 실용적인 이유는 찾을 수 있다. 우리는 자신을 나타내는 방식을 통해 세상과 소통하므로 이 점을 근거로 생각해보면 답이 나올 수도 있을 법하다. 공식적인 면접 장소에 당신이 반바지에 화려한 무늬의 셔츠를 입고 슬리퍼를 신고 갔다고 해보자. 그런데도 합격했다면 당신조차 그 사실에 놀라는 것이 당연하다.

이 문제는 상황에 맞게 옷을 입어야 한다는 관습이나 예절을 따르는 것이 과연 중요한가 하는 문제와도 관련이 있을 것이다. 물론 따르고 안 따르고는 우리가 특정 관습을 지지하는지 여부에 상당 부분 의존할 것이다. 당신은 넥타이에 재킷을 착용하는 것이 지나치게 엘리트주의적이라 생각하기에 불이익을 감수하면서도 정장을 입지 않았을 수도 있다. 하지만 장례식에 갈 때에는 사회적 관습에 어울리는 옷을 기꺼이 입을지 모른다.

염두에 두어야 할 또 다른 사안이 있다. 외모에 어느 정도 신경을 쓰게 됨으로써 기분을 전환시킬 수 있다. 그렇기 때문에 외모에 신경 쓰는 것은 곧 자기조절을 위한 바람직한 방법이 된다. 예를 들어, 검은색에서 밝은 색으로 옷을 갈아입음으로써 기분이 좋아질 수도 있다. 더 나아가 외모와 관련해 잃어버렸던 자존감을 되찾음으로써 인생의 변화와 발전에 추진력을 얻을 수도 있는 것이다.

무엇이 적당한 관심이고 무엇이 과도한 걸까?

그렇다면 외모에 대한 적당한 관심은 우리 삶에 긍정적인 역할을 할수 있다는 사실과, 그렇다고 해서 공들여 한 짙은 화장 이면에 숨어 '프라다 친구'나 되라는 것은 결코 아니라는 것을 동시에 받아들일 수 있을 것이다. 하지만 어느 정도가 적당하고 어느 정도가 과도한지 파악할 수 있는 방법은 무엇인가?

몇 가지 신호는 경계의 대상으로 간주하고 주시해야 한다. 예컨대, 만약 자신에게 주어진 시간과 자원 대부분을 외모를 관리하는 데 쓰느라 가치 있는 일을 추구하는 데 소홀해졌다면 확실히 외모에 과도하게 신경 쓰고 있는 것이다. 혹은 타인의 시선에 너무 의존함으로써 '외모'라는 가면을 쓰지 않고서는 그들과 마주할 수 없다면 이 또한 과도한 단계에 다다랐다는 신호일 것이다. 〈미국심리학회American Psychological Association〉의 보고서에 발표된 한 연구 결과에 따르면, 여자가 자신의 몸을 타인의 욕망의 대상으로 생각하고 대하게 되는 순간 자기 몸에 대한 자신감이 손상될 수밖에 없다.[40]

또한 외모에 지나치게 신경 쓰다보면 비현실적인 아름다움의 노예가될 수도 있다. 이와 관련된 사례는 쉽게 찾아볼 수 있다. 몇 년 전《내 작은 가슴과 나My Small Breasts and I》라는 BBC 다큐멘터리에서는 정도의 차이만 있을 뿐 공통된 정신적 고통을 겪고 있는 세 명의 젊은 여성을 다룬 바 있다. 이들은 작은 가슴에 대한 콤플렉스에서 벗어나기 위해 가슴을 키우기 위해 온갖 방법을 시도했는데, 그 중에는 부항과 광선치료법같은 요법까지 포함되어 있었다. 그들이 투자한 시간과 정신적 에너지는 바람직하게 사용되었다고 볼 수 있을까?

외모와 관련하여 우리 사회에 퍼져 있는 또 다른 이상은 나이보다 젊게 보여야 한다는 생각이다. 예를 들어, 성형수술은 옹호자와 반대자 양 진영 모두에게 격한 감정을 불러일으킨다. 옹호자들은 "뭐가 어때서?"라고 말한다. 성형수술도 결국에는 일상적인 자기 관리의 연장선상에 있을 뿐이고, 특히 젊고 아름다운 외모를 요구하는 환경에서 일하는 이들에게는 필요한 자기 계발이라고 여긴다.

하지만 성형수술에 반대하는 이유가 훨씬 더 강력한 듯하다. 비용의 문제와 수술이 초래할 수 있는 예상 밖의 위험만으로도 충분히 반감을 가질 수밖에 없다. 젊음을 가장 중요한 가치로 두는 풍조에 동조해서는 안 된다는 반대파의 입장은 결코 가볍게 볼 주장이 아니다. 그러나 아마도 가장 중요한 반대 근거는 과도하게 노력하는 것은 궁극에 가서 역효과를 불러올 수 있다는 것이다. 얼마나 많은 주름을 펴고 기미를 제거하는가와 무관하게 마지막에 웃는 것은 언제나 '나이'이다. 따라서 젊음을 유지하려고 절망적인 투쟁을 벌이기보다는 만족을 찾을 수 있는 다른 일을 찾아 내일을 준비하는 것이 좋겠다.

자기 관리가 자신에게 어떤 의미를 띠는지 생각하자

외모에 적당히 신경 쓴다는 것이 실체가 없는 말은 아닐 것이다. 그렇다 해도 적당한 신경과 과도한 신경을 구분 지을 수 있는 명확한 경계선은 없다. 인생의 많은 경우들이 다 그런 면모를 보이지 않던가. 극단적인 것과는 다르게, 과도함은 오직 특정한 사람이 처한 특정한 상황에 비추어서만 판단 내릴 수 있다. 마음이 정리되지 않으면 때로 단

정치 못한 외관으로 나타난다. 반대로 슬픈 마음을 감추기 위해 일부러 화려하게 옷을 차려입을 수도 있다. 전자의 경우라면 외모에 더 신경을 쓰는 것이 회복의 첫걸음이 될 수 있을 것이다. 후자의 경우라면 외모보다 감정 표현에 더 신경을 쓰는 것이 회복의 첫걸음이 될 수 있을 것이다.

그렇기 때문에 립스틱을 발라야 할지 마놀로를 신어야 하는지와 같이 우리가 무엇을 해야만 하는지 혹은 하지 말아야 하는지는 사실 아무런 문제가 되지 않는다. 중요한 것은 그러한 자기 관리가 자신에게 어떤 의미를 띠는지, 인생에서 어떤 역할을 하는지를 곰곰이 생각해보는 것이다.

타인의 기대에 부응할 것인가,
인생의 기회를 잃을 것인가?

외모는 우리 모두를 위선자로 만든다. 사람을 외모로 판단하면 안 된다는 말에 누구나 동의하지만 그것을 인정하든 인정하지 않든 우리는 자주 외모를 보고 사람을 판단한다. 심리학자들에 따르면, 편견에 저항하며 일생을 살아온 사람들조차 사회적 계급을 결정 짓는 데 미묘한 지표가 될 수 있는 성별이나 인종, 심지어는 성姓에 대한 고정관념에 영향을 받는다.

만약 자신은 이러한 편견으로부터 자유롭다고 생각한다면 인터넷에 들어가 〈하버드 암묵 연합 검사Harvard Implicit Association Test〉를 한 번 받아볼 것을 권한다.[41] 그리 많은 정보를 입력하는 수고를 들이지 않고서도 자신이 특정한 자질이나 특성에 대해 (적어도 무의식적으로는) 고정관념에 따른 직관적 연상을 하고 있음을 발견하게 될 것이다. 예컨대, 당신은 여성도 남성 못지 않게 과학자가 될 수 있는 자질을 지녔다고 진심으로 믿을 수 있다(사실 당신은 그렇게 믿고 있는 여성일 수도 있다). 그럼에도 불구하고 당신이 '과학자'라는 단어를 들었을 때 여성보다는 남성이 떠올랐으리란 사실은 거의 확실하다. 게다가 얼굴이 매력적인 이에게 지성과 친절함 같은 긍정적인 자질을 부여할 가능성이 그렇지 않은 이에게 부여할 가능성보다 높다.

'자신을 어떻게 표현해야 할까?' 라는 딜레마

피상적인 판단이 우리 안에 얼마나 뿌리 깊이 박혀 있는지를 고려해 보면 자신을 어떻게 표현해야 하는가에 대한 문제가 개인적인 차원에서뿐만 아니라 정치적인 차원에서도 딜레마를 제공한다는 사실을 알 수 있다(특히 여성들에는 이 점이 더 명확하게 드러난다). 비단 외모 문제뿐 아니라 타인의 기대에 부응하면서 살아가다보면 우리는 고정관념을 유지시키는 공범이 될 수도 있다. 그러나 타인의 기대를 무시하며 살다 보면 인생의 기회라는 측면에서 값비싼 대가를 치를 수밖에 없다. 왜냐하면 모두가 그러지는 않겠지만 대부분의 사람들은 대우를 달리할 것이기 때문이다(그들이 겉으로는 어떻게 말하든 상관없이 말이다). 그런 연유에서 사회적 편견에 단호히 저항하라고 권하는 것은 쉽지 않은 요구이다.

그런 반면, 식자층은 외관과 관련된 것을 지나치게 사소한 문제로 간주하는 경향이 있다. 겉모습에 대한 경멸이 마치 지적인 우월성의 징표, 달리 말해 대중들보다 더 깊이 통찰할 수 있는 능력을 가졌다는 표시로 간주되곤 한다. 물론 대부분의 존재들에게는 눈에 보이는 것 이상의 어떤 것이 잠재해 있을 것이다. 하지만 이러한 사실로부터 가장 진실되고 소중한 것은 모조리 우리 눈에 안 보이는 곳에 숨어 있다는 주장이 도출되지는 않는다. 게다가 그런 식의 주장들 중 많은 것들이 알고 보면 제대로 검토되지 않은 가정일 뿐이며 철학사에서 되풀이해 등장하는 현상(본질이나 객체의 외면에 나타나는 상. 지금 이 순간 우리가 인식하는 세계의 모습)과 실재(사물의 본질적 존재)에 대한 구분법적 사고에 기반한 주장에 다름 아니다.

진실은 보이지 않는 곳에 숨어 있다?

이러한 대조시키기의 가장 극단적인 형태는 플라톤과 칸트의 저작에서 찾아볼 수 있다. 플라톤의 이론에 따르면, 이곳 물질세계에 존재하는 모든 것은 우리가 지각할 수 없는 이데아의 세계에서만 존재하는 이상적인 것들을 불완전하게 모사한 것에 지나지 않는다.[42] (플라톤은 우리가 감각을 통해 보거나 듣는 일상, 즉 현상의 세계는 허상에 지나지 않는다고 보았다. 탄생과 소멸, 변화가 존재하는 이 세상은 헛된 것이고 진정한 존재들의 세계가 아닌 것이다. 반면 우리가 감각을 통해서는 지각할 수 없는 세계가 존재하며 이러한 세계야말로 참되고 영원한 세계이자 본질의 세계이다. 이를 형상의 세계, 즉 이데아의 세계라 불렀으며, 현상의 세계는 이데아의 세계가 드리운 그림자에 지나지 않는다.:옮긴이) 그리고 칸트의 이야기는 다음과 같다. 우리는 오직 우리에게 드러나는 방식에 따른 사물의 '현상적 세계'에만 접근할 수 있을 뿐이다.[43] 있는 그대로의 사물들이 존재하는 참된 '물자체의' 세계는 인간 경험의 너머에 존재한다.(칸트는 현상의 세계에서 우리가 경험하는 사물들의 본 모습은 우리가 결코 알 수 없다고 보았다. 그에 따르면 우리가 지각하는 나무의 모습은 실제 나무의 모습이 아니라 우리의 감각기관을 통해 왜곡되어 생각에 전달된 '우리만의' 나무 모습일 뿐이다. 그런 한편 우리는 감각기관이 없으면 나무가 존재한다는 사실조차 인식할 수 없다. 결국 우리는 결코 사물의 본래 모습 즉, 물자체를 결코 알 수 없다.:옮긴이)

비록 플라톤이나 칸트가 옳다고 하더라도 일상적인 의미에서 현상과 실재의 구별은 전적으로 물질적 혹은 현상적 세계 내에만 적용되는 구별이다.

우리는 누군가가 그 자신을 어떤 식으로 드러내는지에 대해서도 이야기하고, 또 그 사람이 '진짜로는' 어떠한 사람인가에 대해서도 이야기한다. 여기서 말하는 '진짜'는 우리가 결코 알지 못하는 형상이나 물자체의 세계와는 아무 관련이 없다. 그러므로 플라톤과 칸트 식의 형이상학은 우리의 실제 삶에 적용되고 있는 현상과 실재의 구별 방식에 아무런 힘을 실어주지 못한다.

도넛의 겉모습에 대한 일상의 묘사와 과학의 묘사

현상과 실재라는 용어에 집착하기보다는 우리가 살고 있는 이 실제 세계에 존재하는 다양한 층위에 대해 생각해보는 편이 지금으로서는 더 도움이 될 것이다. 지각 방법이나 묘사 방법의 차이에 따라 같은 대상을 놓고서도 상이한 층위들이 우리 앞에 드러날 것이다.

도넛을 예로 들어 생각해보자. 일상적인 묘사 수준에서 볼 때 도넛은 부드럽고, 가볍고, 중간에 구멍이 있는 구조를 갖는다. 물리학적 묘사에 따르면, 도넛 전체가 하나의 텅 빈 구멍이 된다. 도넛의 대부분은 텅 비어 있고, 원자들이 그 공간에서 바쁘게 돌아다닌다. 그러나 이런 사실 때문에 일상적인 묘사가 그저 '겉모습'만 보고 착각한 것이라 여겨서는 안 된다.

앞에 언급한 두 층위 모두가 실재이다. 심지어 물리학자의 경우에도 도넛의 의미가 맥락에 따라 달라질 수 있다. 그가 말하는 도넛이 어떤 층위에서 본 도넛인지는 그가 도넛을 연구 대상으로 보고 있는지 아니면 그의 배고픔을 채워주는 먹을거리로 보고 있는지에 달려 있다.

겉모습에 나타나는 진실도 음미해야 한다

그럼에도 불구하고 종종 사람들은 대상이 자신의 실제 모습으로 우리 앞에 나타나지 않는다는 사실을 과학이 우리에게 보여준다고 말한다. 이렇게 말할 때, 그들 역시 플라톤과 칸트의 가르침으로 널리 알려진 다음과 같은 일반적 원리를 믿고 있는 것이다. '역설적이게도 숨겨져 있는 것이 겉으로 드러나 우리 눈에 보이는 것보다 더 진짜이다.'

하지만 잠깐만 생각해봐도 이 원리는 이치에 닿지 않음을 알 수 있다. 예를 들어, 당신이 지금 큰 인형이 더 작은 인형을 순차적으로 포개고 있는 러시아 인형(마트로슈카)을 계속 열고 있다고 상상해보자. 안에 들어 있는 새로운 인형을 꺼낼 때마다 당신이 지금 보고 있는 그 인형이 방금 전 보았던 좀 더 큰 인형보다 진짜에 가깝다고 말할 수는 없을 것이다. 그 인형들 모두가 똑같이 진짜이다. 이와 마찬가지로, 사물이나 사람은 거시적 차원에서 미시적 차원에 이르기까지 모종의 포개진 방식으로 존재한다. 이러한 단순한 사실로부터 우리는 어떤 층위가 더 많은 실재성을 지니고 있는지에 대해서는 어떠한 판단도 내릴 수 없음을 간파해야 한다.

이러한 사실은 우리가 물질적인 측면과 개인적인 측면 모두에서 어떤 식으로 자신의 겉모습을 드러내는가 하는 문제와 관련해 중요한 의미를 갖는다. 당신은 한 사람의 외관이 그의 사고방식보다는 그의 실제 모습을 덜 반영한다고 가정해서는 안 된다. 외관이 그 사람이 가진 사고방식의 직접적인 결과물일 수 있다는 점만 생각해봐도 이 사실은 명확하다. 가장 명백한 사실은, 사람들이 자신을 드러내는 방식이 자기 자신조차 간파하지 못한 자신의 진짜 가치에 대해 많은 얘기를 해줄 수 있다는 것이다.

외모는 중요하지 않은가? 다른 모든 것만큼이나 외모도 실재성을 띤다. 실재는 층을 이루고 있으며, 눈에 보이는 것이 보이지 않는 것보다 더 진짜일 수도 있고 아닐수도 있다. 그러므로 현명한 자라면 겉모습 이면에 있는 진실을 볼 수 있을 뿐만 아니라 겉모습에 나타나는 진실까지도 음미할 줄 알아야 한다.

결심한 일을 끝까지
실행하지 못하는
이유

중도 포기하는 자신에게 실망한 당신에게

철학자
언제 포기해야 할 지 모르는 것이 의지박약

심리학자
가장 먼저 목표로 세운 일의 가치를 단호하게 점검한다

언제 포기해야 할지
모르는 것이 의지박약

　　　　　　나는 주전자로 빵을 굽지 못한다는 것이 우주의
거대한 수수께끼라고 생각하지 않는다. 주전자에 식빵을 올려놓고 그
것을 갈색으로 만들려고 시도하는 사람을 우리는 마땅히 괴짜 취급할
것이다. 이와 마찬가지로 의지박약의 문제를 심오한 어떤 것으로 보는
철학자들에 대해서도 나는 비슷한 느낌을 받는다.

　철학자들은 가만히 앉아 머리를 긁적이며 이렇게 묻는다. "자신이 반
드시 해야만 한다고 생각하는 일을 정작 하고 있지 않는 것이 어떻게 가
능한 것일까?" 나는 구경거리라도 되는 양 그들을 쳐다보면서 이런 생
각을 한다. '당신들은 좀 더 자주 바깥 공기를 쐬야 할 것 같소이다.'

　순수하게 논리적으로 작동하며 정해진 규칙에 따라서만 움직이는
기계가 아무런 이유도 없이 자신이 해야 할 작업 절차를 포기한다면
수수께끼라고 할 수 있다. 그러나 인간의 행동을 관찰해본 사람이라면
의지박약은 더할 나위 없이 자연스러운 현상으로 받아들여야 한다. 그
것을 부자연스러운 어떤 것으로 보려 해서는 안 된다.

원하는 바를 알면서도 실행하지 못하는 이유

이런 쪽의 문제들은 철학이 이미 오래전에 그 임무를 심리학에 넘겨주어야 했던 주제이다. 인간의 마음속에 단일한 지휘소가 없다는 사실, 그리고 서로 충돌하고 모순을 이루는 욕망들이 뒤섞여 있다는 사실은 누구나 알고 있는 얘기 아니던가. 이는 마치 우리 머릿속의 다양한 목소리들이 저마다의 요구사항을 외치는 것과 같은 상황이다.

중요한 결정을 해야 하는 순간 끝끝내 자신의 요구를 관철시키고 마는 것은 대개 가장 비이성적인 목소리이거나 가장 오랫동안 떠들어댄 목소리이다. 요컨대, 가장 큰 목소리가 결국 승리자가 되는 것이다. 그러므로 진정으로 원하는 것이 있는데도 그것을 실천하지 못하는 의지박약의 상태를 마치 수수께끼라도 되는 양 취급하며 역설로 간주하는 철학자들의 생각은 온당하지 못하다.

금연이 어려운 이유는 의지가 약해서일까?
끊어야 할 이유를 찾지 못해서일까?

심리학자들은 철학을 위해 약간의 문젯거리를 남겨두었다. 스티븐 슈왈츠Stephen P. Schwartz는 다음과 같은 흥미로운 주장을 제기한 바 있다. 오로지 논리적 관점에서만 볼 때 많은 경우 정당하게 제기될 수 있는 수수께끼는 의지의 부족 문제라기보다는 의지의 완고함의 문제일 수 있다.[44]

금연을 예로 들어보자. 당신은 수십 년 동안 하루에 한 갑씩 담배를 피워왔고 이제는 금연을 원한다. 당신은 지금 금연을 시작할 날짜와 시간을 고르고 있다. 그런데 마른 이파리들을 종이로 똘똘 감고 있는 길쭉한 그 녀석이 자신에게 불을 붙여달라고 애원의 눈길을 보낸다. 당신이 그 녀석의 애원을 끝내 무시한다고 해서 무엇이 달라졌을까?

삶이라는 거대한 구도에서 볼 때 한 개비의 끽연이 추가되었다고 해서 특별히 해될 것은 없다. 이 상황에 비논리성이 내재해 있는가? 아니다. 그저 사실이 그러할 뿐이다. 물론 이러한 상황이 거듭되어 등장할 것이다. 다음 한 개비, 그 다음 한 개비, 또 그다음 한 개비……

물론 담배를 끊기 원하는 경우, 당신이 피우는 마지막 한 개비의 담배라는 것은 존재할 수밖에 없다. 그런데 어떤 담배가 하필 당신의 마지막 한 개비가 되어야 하는지에 대해서는 결코 합당한 이유를 찾을 수 없다는 것이 문제이다. 그래서 한 개비 정도 더 피운다고 해서 그 행위가 비합리적인 것으로 보이지는 않으며, 왜 하필 바로 이 담배가 마지막 개비가 되어야 하는지에 대해서도 합리적인 이유를 찾을 수 없다. 이와 같은 사실은 우리 삶의 다른 상황들에 있어서도 똑같이 적용된다. 와인 한 잔만 더 하지 뭐, 이게 내가 먹는 마지막 케이크야, 오늘만 운동을 쉬지 뭐……

의지박약한 사람에 대한 올바른 정의

의지박약과 관련해 나는 다음과 같은 해결책을 제시하는 바이다. 특정한 목표를 달성하기 위해 우리는 때로 자의적일 필요가 있다. 목표 달성에 이르기 위해 우리에게는 발판이 필요한데, 어떤 특정한 것을 그 발판으로 삼을지를 결정하기 위해서는 자의적 선택을 해야만 한다. 마지막 담배를 이것으로 할지 저것으로 할지는 중요하지 않다. 그중 하나가 마지막 담배이기만 하면 된다.

그러므로 우리는 의지박약한 사람에 대한 올바른 정의를 되새겨볼 수 있다. 자신에게 무엇이 가장 중요한 사안인지를 냉철한 이성이 말해주고 있는데도 욕망이 그 이성을 지배하도록 그저 내버려둘 때 그러한 당신을 의지박약한 사람이라고 말하는 것일까? 그렇지 않다. 그보다는 그 어떤 문제보다도 논리적 한계에 봉착한 것이 자신에게 가장 큰 문제로 다가오는 이들이 바로 의지박약한 사람인 것이다.

의지박약을 잘못 이해하고 있는 곳은 철학 분야만이 아니다. 우리의 상식도 의지박약을 오해하고 있다. 결심을 하는 사람들은 앞으로 자신에게 닥칠 가장 어려운 문제로 그 결심을 저버리지 않고 끝까지 해내는 것을 꼽는다. 하지만 내 생각은 다르다. 진짜 문제는 우리가 언제 포기해야 하는지에 대해 충분하고도 명확한 입장을 가지고 있지 못하다는 사실에 있다. 《심슨 가족》에 나오는 호머 심슨의 호소력 있는 충고를 들어보자. "자넨 최선을 다해 노력했지만 가련하게도 실패했군. 교훈은 이거야. 다시는 노력하지 마." 물론 이 충고가 최선의 지혜를 갖춘 조언이라 볼 수는 없다. 그러나 끝없는 노력이란 말에 집착하지 말아야 한다는 교훈은 담고 있다.

언제 질러야 할지 언제 접어야 할지 어떻게 알 수 있을까?

진정한 지혜는 언제 포기해야 하는지를 아는 것이다. 이와 관련해 반드시 알아두어야 할 꽤 중요한 사실을 케니 로저스Kenny Rogers와 아리스토텔레스가 이구동성으로 전해주고 있다(비록 이 두 사람이 2인조 그룹으로 나가 성공할 것 같지는 않겠지만 말이다).

아리스토텔레스의 유구하고도 유용한 통찰을 살펴보자. 그에 따르면, 덕목이라는 것이 단순히 좋은 무언가를 의미하지는 않는다. 즉 덕목을 더 많이 갖춘다고 해서 우리가 더 즐거워지는 것은 아니다. 사실, 덕목이란 우리가 더 가질 수도 있고 덜 가질 수도 있는 것들을 적절한 양만큼 갖는다는 것을 의미한다.

이러한 주장을 가장 잘 설명해주는 예로 결단력을 들 수 있다. 결단력을 너무 적게 가지고 있으면 나약하고 우유부단한 사람이 된다. 반면 너무 많이 가지고 있으면 융통성 없거나 편협한, 혹은 광신적인 사람이 된다.

팝의 전설 케니 로저스의 노래 〈겜블러 The Gambler〉에 등장하는 그 도박사야말로 이 경우에 딱 맞는 사람이다. 그는 자신이 쥔 카드 패를 보고 언제 질러야 할지 접어야 할지 잘 알기 때문이다. 도박사는 어떻게 그런 지혜를 얻었을까? 그가 늘 해야 하는 일은 자신이 손에 쥐고 있는 카드 패의 값을 상대방이 가지고 있을 법한 카드 패의 값에 비교해 헤아려보고 다시 테이블에 걸린 판돈과 비교해보는 것이다. 그러기 위해서는 새로운 정보가 들어올 때마다 상황이 어떻게 변할 것인지를 줄곧 의식해야 한다. 판돈이 너무 올라갔을 때라면 위험을 감수하는 것은 무모한 행동이 된다. 얼핏 보니 좋은 패를 자신이 가지고 있다는 생각이 들더라도 좋고 나쁨이 그런 식으로 결정되지는 않음을 알아야 한다.

더 좋은 패가 되고 더 나쁜 패가 되는 것은 상대방이 가지고 있을 법한 패가 무엇인지를 제대로 파악하는 순간에 결정되어야 한다. 도박하는 사람들이 저지르는 가장 기본적인 실수는 아무 생각 없이 패를 뒤집어 그것이 좋은 패인지 나쁜 패인지를 간단히 판단하고서는, 당장 접을 것인지 아니면 쓰라린 결말에 이를 때까지 계속 지를 것인지를 결정하는 것이다.

우리에게 필요한 것은 용기가 아니라 확신이다

우리 삶에서도 이와 동일한 원리가 적용된다. 즉 우리는 판이 시작될 때 받았던 패를 지금도 쥐고 살아가는지, 아니면 자신이 스스로의 힘으로 자유롭게 선택한 카드를 가지고 살아가는지는 도박판의 원리를 따른다. 어떤 것을 성취하고자 행동을 막 시작했을 때 우리는 이미 자신이 쥐고 있는 패가 게임에서 승리를 가져올 만한 값어치가 있다고 (적어도 암묵적으로는) 이미 결정을 내린 것이다.

그러나 행동을 시작하자마자 현실은 늘 우리에게 이렇게 말하곤 한다. 당신이 처음 했던 계산은 틀렸다고. 우리는 처음에 추구했던 목표의 가치를 이런 상황에 봉착해서도 여전히 고수할 수는 있겠지만 목표 성취를 위해 치러야 할 대가가 너무 크다는 사실을 깨닫는 상황도 피할 수 없을 것이다.

우리가 치러야 할 대가 중 아마도 가장 중요한 것은 기회비용일 것이다. 결심했던 그 목표에 전념하는 동안 우리는 다른 일들은 전혀 손대지 못하고 있었다. 예를 들어, 당신은 성냥개비로 영국형 범선 커티 삭 모형을 만드는 데 매 주말을 모조리 헌납했다. 그러나 그 시간 동안 당신이 요트를 즐기며 보낼 수도 있었다는 점을 생각해보라.

플라톤에 따르면, 어떤 한 행동을 수행해나가는 것이 옳다는 것을 진심으로 확신하는 사람은 그 외의 다른 어떤 것도 선택할 수 없다. 플라톤의 말을 액면 그대로 받아들인다면 의지박약은 곧 확신 결여의 명확한 신호로 간주될 수 있다. 이 말을 뒤집어 말하면, 사실 관계가 변했거나 사실 관계에 대한 우리의 판단이 변했음에도 불구하고 여전히 애초의 신념을 그대로 고수하고 있다면 그때의 신념은 과도한 것일 수 있다. 결국 우리에게 가장 필요한 것은 자기의 확신에 대해 명료성을 갖는 것이지 용기를 갖는 것이 아니다.

가장 먼저 목표로 세운 일의 가치를
단호하게 점검한다

달성하기 다소 어려운 어떤 목표에 전념하기로 결심할 때 종종 첫 번째 장애물 앞에서부터 뒷걸음질하기 시작한다. 물론 이와 반대되는 경우도 있다. 애초 설정했던 목표가 지금에 와서 더 이상 유효하지 않게 되었음에도 불구하고 단지 포기하는 사람이 되는 것이 두렵다는 이유만으로 사실상 가치를 상실한 목표를 고집스럽게 추구하기도 한다.

많은 사람들이 자신의 결심을 계속 밀고 나갈지 아니면 중도 포기할지 결정하려고 애쓰다가 오히려 수렁에 빠지곤 한다. 조금 더 노력을 쏟으면서 애초의 결심을 끝끝내 완수하는 것이 옳은지, 전선을 최후방으로 후퇴시키고 흘러가는 상황에 자신을 내맡기는 것이 좋은지 곰곰이 생각한다. 어쨌든 인생은 짧고 우리에게는 고민할 시간이 그리 많지 않다.

목표를 포기할지 말지를 놓고 고민한다면

결심을 끝까지 지켜나가는 방법과 관련한 조언들은 넘쳐난다. 그러한 조언들은 몇 가지 상식적인 지침들로 간추려진다. 예를 들어, 목표를 통제하기 쉽도록 몇 개의 부분들로 나누어보기, 구체적이고 현실적인 목표 세우기, 다른 사람들에게 자신의 목표에 대해 말하기, 자기 자신에게 작은 선물로 보상해주기와 같은 조언들이다. 그러나 이러한 조언들은 의사 결정 과정에서 봉착하는 딜레마에서 빠져나오는 데에는 도움을 주지 못한다.

만약 당신이 목표 중 하나를 포기할지 말지를 놓고 고민한다면 나는 일종의 조사 같은 것을 해보라고 권유하고 싶다. 이 조사는 그 목표가 당신에게 맞는 목표인지 스스로에게 질문을 던지는 것으로부터 시작한다. 만약에 적합한 목표라는 답이 나온다면 그 목표를 이루겠다고 마음먹어야 한다. 그러나 그렇지 않다면 그 목표는 포기해야 한다.

첫 번째 단계는 이 시점에 그 결심이 자신에게 어울리는 것인지를 되돌아보는 것이다. 놀랍게도 목표를 세울 때 그것이 자신에게 얼마나 가치 있는지, 혹은 노력을 쏟을 만한 것인지에 대해 충분히 생각하지 않고 목표를 설정하는 경우가 너무도 많다.

그렇기 때문에 가치를 단호하게 점검하는 일이 무엇보다 선행되어야 한다. 당신이 실제로 원하는 것과 당신이 해야만 한다고 생각하는 것 사이에 행여 간극이 존재하지는 않는가? 다른 누군가의 가치 체계를 아무 의심도 없이 받아들였던 것은 아닌가? 당신의 가치들은 서로 충돌하고 있지 않은가? 당신이 세운 목표는 그 자체로 가치 있는 것인가, 아니면 다른 무언가를 위한 수단이기에 가치 있는 것인가? 0~10의

척도로 목표의 중요성 정도를 평가해본다면 그 목표에 몇 점이나 줄 것 같은가? 이런 질문 하나하나가 얼마간의 유용한 정보를 제공해줄 것이다. 예를 들어, 당신은 라틴어를 배우는 것에 가치를 부여할 수 있다. 하지만 다른 해야할 일도 많다면 그만큼의 노력을 경주해야 할 정도로 라틴어 공부가 가치 있는 것은 아니라고 결정할 수 있다.

욕망의 충돌

그러나 당신의 결심에 아무런 문제가 없는 경우도 물론 많다. 금연에 대해 당신이 어떤 식으로 생각하는가와 상관없이 담배를 끊어야 한다는 결심을 자연스럽게 받아들일 수도 있는 것이다. 이럴 때 당신은 의욕이 충만한 상태에서 결심을 이행하기 시작한다. 그러고는 이내 달콤한 옛 습관으로 되돌아와 '정말로 나는 의지력이 없구나'라고 결론내린다.

이것은 잘못된 결론이다. 이것은 정확히 말해 의지의 문제가 아니라 욕망이 충돌하는 것이다. 속내는 다음과 같다. 당신은 지금 예를 들어 창의성 넘치는 작품을 만들고 싶어 하거나 더 건강해지고 싶은 욕구를 가지고 있다. 그러나 그와 동시에 즐기고 싶고, 아무런 노력을 하지 않으며 편하고 살고 싶기도 하다.

이처럼 욕망과 성향들끼리 서로 대립하는 것은 얼마든지 가능하다. 예컨대, 어떤 욕망이나 성향은 지금 당장 원하는 것에 도달하려고 하지만, 다른 욕망이나 성향은 우리의 장기적인 안녕을 확보하는데 더 관심을 가진다. 이 경우 전자에 속하는 욕망이나 성향이 승리를 거두기가 훨씬 쉽다.

이럴 때 우리는 두 종류의 악마를 경계해야 한다. 첫째, 즉각적으로 행동을 부추기는 악마가 있다. 예컨대, 당신이 컵케이크가 진열대 옆을 지나가는데 충동적인 식욕이 몰려온 경우, 당신에게 즉시 하나를 사게 해서는 그 자리에서 먹어치우도록 부추기는 악마이다. 경계해야 할 또 다른 악마는 자기합리화를 부추기는 역할을 한다. 예를 들어, 오늘은 예외적인 날이니까(오늘은 생일이니까, 오늘은 특별히 스트레스를 많은 받은 날이니까) 하루쯤은 상관없어 하고 스스로를 기만하게끔 만드는 악마가 있는 것이다.

이들을 물리치기 위해서는 이를 악무는 행동만으로는 부족하다. 『오디세이Odyssey』의 주인공 오디세우스가 사이렌의 유혹을 물리치기 위해 부하들에게 자신을 돛대에 묶어 달라고 명령했던 것처럼 적극적인 해결책을 모색해야 한다.

우리가 피해야 할 함정

물론 담배를 다시 피울 것인가 말 것인가의 문제와 박사 과정을 그만 둘 것인가 말 것인가의 문제는 같은 종류의 고민이 아니다. 전자의 경우, 금연의 결심이 확실히 옳은 결정이란 사실을 쉽게 파악할 수 있을 것이다. 즉 흡연자로 살았던 과거는 내 안의 악마가 자기 합리화를 부추겼던 그릇된 시절에 지나지 않음을 어렵지 않게 파악할 수 있다. 반면 후자의 경우는 사정이 좀 더 복잡하다. 각각의 결정이 가진 장단점을 불편부당한 시선으로 검토해야만 하기 때문이다.

수년 동안 박사 학위를 받기 위해 노력해온 당신을 상상해보라. 당신은 매정한 지도교수와 자신의 빈약한 성취동기 때문에, 그리고 교우 관계가 좋지 않고 변변한 취미 하나 없다는 사실 때문에 고민하고 있다. 여태껏 당신은 박사과정을 그만둔다는 생각을 한 번도 해본 적이 없었는데, 이번 학기 등록을 하려는 바로 그 순간 이 정도 했으면 충분하지 않은가 하는 의심이 든 것이다. 그렇지만 당신은 이미 박사학위를 받기 위해 너무 많은 투자를 했다. 게다가 쉽게 포기하는 사람이 되고 싶지 않다. 결국 당신은 다시 학기를 시작하게 될 것이다.

물론 끈기는 인생에서 중요한 덕목이다. 그러나 끈기의 가치에 대한 이런저런 얘기가 넘쳐나다 보니 그 가치가 과장되는 지경에까지 이른 것이 문제이다. 엄밀히 말해 추구해야 할 적절한 이유를 더 이상 찾을 수 없게 된 목표를 향해 고집스럽게 매진하는 것은 목표를 지나치게 빨리 포기하는 것보다 나을 바 없다.

이러한 측면에서 볼 때 우리가 반드시 피해야 하는 함정은, 우리가 그 목표를 위해 얼마나 많은 금전적 투자, 여타 다른 방식의 투자를 해왔는가에 근거해 결정을 내리는 것이다. 박사 과정의 경우, 수년간의 노고와 여태껏 지불한 등록금은 결정을 할 때 고려사항이 되어서는 안 된다. 당신이 고려해야 할 것이라고는, 학위를 받는 것이 바로 지금의 당신(박사 과정을 처음 시작하던 무렵의 당신이 아니다)에게 얼마만큼의 우선성을 갖느냐 하는 점이다.

물론 어떤 목표가 극히 달성하기 어려운 것이라면 그것을 포기하겠다는 결정은 되도록 쉽게 내리는 편이 좋다. 눈앞에 분명한 장애물이 있는데도 알아차리지 못하는 것이 그리 드물게 일어나는 현상은 아닐 것이다. 하지만 그것이 내뿜는 빛을 우리 앞의 장애물에 비춰보면 그 실체가 결국 드러나게 될 것이다.

진정으로 어려운 결정은 건강, 대인관계 그리고 인생의 즐거움 등을 볼모로 해서만 달성할 수 있는 계획들을 언제, 어떻게 중단하느냐이다. 늘 그러하듯이 이 상황으로부터 빠져나올 수 있는 계산법은 존재하지 않는다.

당신은 그 목표가 어느 정도의 우선성을 갖는지 생각해보고 그것이 계속 수행해나갈 만한 가치가 있는지 여부를 결정해야 할 것이다. 그러나 그 목표를 추구하는 과정에서 소중한 어떤 것들, 즉 건강이나 대인관계를 망치고 있다면 포기만이 유일한 선택이 되어야 할 것이다.

16

life's question

낙관주의자인가요?
비관주의자인가요?

매사에 긍정적이어야 한다는
강박관념에 빠진 당신에게

심리학자
비극 속에서도 삶을 긍정하는 것이 가능하다

철학자
비관론자로만 살아서도 안 되고
낙관론자로만 살아서도 안 된다

비극 속에서도
삶을 긍정하는 것이 가능하다

스토아 철학의 대가 세네카Seneca는 최악은 가능할 뿐만 아니라 목전에 그것이 닥쳤다고 상상하는 습관을 들이라고 조언했다. "이 찰나의 시간조차 제국을 무너뜨리기에 충분하다. …… 그렇기에 우리는 모든 가능성을 예상할 필요가 있고, 또 일어날 수 있다고 상상되는 것에 대처하는 정신을 벼려야 할 필요가 있다."[45] 더 나아가 "죽음이 어디서 우리를 기다리고 있는지 아는 것은 결단코 가능하지 않다. 그러므로 어디에서든지 죽음을 예상해야 한다"고 주장했다.[46]

이에 대해 『시크릿The Secret』의 저자인 론다 번Rhonda Byrne이 어떻게 생각할지 무척 궁금하다. '끌어당김의 법칙the law of attraction'이라고 알려진 개념에 기초하고 있는 번의 조언은 이와 너무나 달라서, 그녀의 조언은 마치 평행우주에서 온 듯한 느낌을 주기 때문이다.

그녀의 기본적인 생각은, 비슷한 것은 비슷한 것을 끌어당긴다는 주장으로 요약된다. 만약 당신이 부나 성공 같은 것이 자신에게 올 것이라 믿으면 그것들은 결국 당신에게 오게 된다는 것이다. 이것은 가장 극단적인 형태의 긍정적 사고방식이다. 이 말의 의미가 긍정적으로 생각하다 보면 자연스럽게 긍정적인 결과를 얻을 수 있는 방식으로 행동하게 될 가능성이 높아진다는 것이라면, 우리는 이 말을 현명한 조언 정도로 취급하면 될 것이다. 하지만 그렇지 않다. 번은 긍정적인 생각 자체가 긍정적인 결과를 끌어당기는 마법을 부린다고 주장한다.

세네카와 번, 누구의 말을 따라야 할까?

만약 번의 주장을 믿는다면 그로 인해 당신은 크나큰 위안을 얻을 수 있을지 모른다. 하지만 세네카의 조언 역시 기이한 안도감을 주는 효과가 있다. 두 주장은 자기계발 서적에서 반복적으로 등장한다. 그러나 둘 다 옳을 수는 없는 법이다. 그렇다면 인생의 지침이 되는 원리로 이 둘 중 어느 것을 선택할 것인가? 그 선택에 따라, 정신적 삶을 관리하는 방식에 명백한 차이를 불러올 수 있다.

긍정심리학에서는 보다 그럴듯한 이유를 들어 낙관주의를 옹호한다. 긍정심리학이 내놓은 결과에 따르면, 낙관주의자들이 비관주의자들보다 더 건강하고, 예상수명 또한 길며, 일을 해내는 능력에 있어서도 한결 나은 면모를 보인다. 하지만 이것이 논쟁의 여지가 없는 완벽한 결론인 것은 아니다.[47]

적당하게 우울한 사람이 현실을 더 정확하게 파악하고 있다는 사실을 뒷받침하는 연구 결과도 있다. 이처럼 부정적인 평가는 명확한 사고를 흐리게 하는 안개가 결코 아니다. 오히려 우울함이 제거된 사고방식이야말로 우리가 보고 싶어 하지 않은 것들로부터 우리 자신을 차단하는, 자기기만의 안개와도 같은 것이다. 무언가를 명확하게 지각한다는 것은 적절한 행동을 취하는 데 도움을 준다는 점에서 가치를 지닌다. 장밋빛 낙관주의는 피상적이고 비현실적이며, 궁극적으로는 우리에게 해를 끼칠 수 있다.

현실에 눈 감은 채 그저 소원을 빌기만 하는 대신 무엇이 잘못될 수 있는지 예측하고 그에 대한 대책을 마련하는 것이 오히려 유익한 것은 아닌지 생각해봐야할 충분한 이유가 있는 것 같다. 『방어적 비관주의 Defensive Pessimism』의 저자 줄리 노럼Julie Norem은 이것이 자신의 미래를 불안해하는 사람들에게는 유용한 전략이 될 수 있다고 전망한다.

스토아학파로부터 인생은 덧없다는 경고를,
긍정심리학에서는 감사와 복원력의 중요성을

"내가 얼마나 저항하고 애쓰든, 나는 이 세상을 살아서는 벗어나는 못하지"라고 노래 부른 행크 윌리엄스Hank Williams뿐만 아니라 인생은 고통이라는 진리를 사성제의 바로 첫 번째 항목으로 들었던 부처 또한 우울의 편에 서 있다. 염병할 일이란 일어나게 마련이고, 언젠가는 자신이 사랑하는 것을 잃게 되며, 고통스러운 일에 직면하게 되는 것은 불가피하다. 이것들로부터 도망칠 길이란 없다. 가장 매력적인 인생조차 노년과 죽음을 피할 수 없으며, 그와 함께 인생의 즐거움이 소멸되는 것 또한 피할 수 없다.

그렇다면 우리는 낙관주의에 매달려야 하는 것일까? 이에 대한 대답은 낙관주의를 어떤 의미로 받아들이는가에 일정 부분 의존한다. 긍정심리학 서적에서조차 낙관주의의 의미를 여기서는 이런 식으로 저기서는 저런 식으로 제각기 다른 방식으로 이해하고 있다. 예를 들어, 때때로 낙관주의는 미래에 대해 긍정적인 믿음을 가지는 것과 동일시되지 않고, 복원력 즉 좌절을 겪은 후에도 조정하고 재도약할 줄 아는 능력과 동일시된다. 그렇다면 낙관주의란 정말로 간직할 만한 품성이 된다.

나쁜 일은 언제든 일어날 수 있다는 인식과 복원력 사이에서 균형을 잡은 것이야말로 이상적이라 할 수 있다. 이는 우리가 처한 상황을 최대한 활용하는 데, 그리고 일이 잘못된 경우 이를 회복하는 데 도움이 되는 자질들이다. 그러나 약간의 비관주의를 더하면 우리의 이해는 한층 깊어질 것이다. 그래서 우리는 스토아학파로부터 인생은 덧없다는 경고를, 긍정심리학으로부터는 감사와 복원력의 중요성을 취할 수 있다.

비극 속에서 낙관 찾기

『죽음의 수용소에서Man's Search for Meaning』의 저자 빅터 프랭클이 '비극적 낙관주의'라고 불렀던 것이야말로 좋은 접근법이 될 것이다. 비극적 낙관주의는 '비극의 3요소'인 고통, 죄책감, 죽음에 직면함으로써 닥치는 모든 상황을 최대한 이용할 줄 아는 능력을 말한다. 프랭클은 "비극적인 요소가 존재함에도 불구하고 삶을 긍정하는 것이 가능하다"고 여겼다. 그는 "첫째, 고통을 성취와 업적으로 바꾸어냄으로써, 둘째, 죄책감 속에서 자기 자신을 더 나은 사람으로 만들 기회를 이끌어 냄으로써, 그리고 마지막으로 인생의 덧없음으로부터는 책임 있는 행동을

할 동기를 얻어 냄으로써" 가능하다고 믿었다.[48]

미래에 대한 우리의 믿음을 누그러뜨리는 것 또한 도움이 된다. 긍정적인 결과와 부정적인 결과는 불안정하여 서로 뒤바뀌기도 하며, 최종적으로는 일이 어떻게 될지 알기 어렵다. 미래에 대해서는 아무것도 확신할 수 없기 때문에 일이 잘될 거라는 강한 믿음도 일이 끔찍하게 돌아갈 거라는 우려도 정당화될 수 없다.

우리가 미래에 대한 판단을 멈추고, 삶의 덧없음을 온전히 받아들이면서도 그것이 제공하는 모든 것을 소중히 여기며 사는 행복한 염세주의자가 되지 못할 이유란 없다. 요컨대, 우리는 경솔하게 김칫국을 마시지 않으면서도 삶이 주는 축복의 떡을 기대하며 살아야 한다.

비관론자로만 살아서도 안 되고 낙관론자로만 살아서도 안 된다

예술과 철학의 세계에서 시대의 예언자로 찬양 받는 이들은 대개 영혼의 타락, 그것에 닥친 참담한 실패와 고난의 시간에 대해 이야기한다. 키에르케고어의 『공포와 전율Fear and Trembling』, 사르트르의 『구토Nausea』, 콘래드Conrad의 『어둠의 심연Heart of Darkness』 등이 그 대표적인 예이다. 이런 작품이 인정을 받는 예술과 철학의 영역에서 세상 모든 것이 그렇게 나쁘기만 한 것은 아니라는 메시지로는 대중적 공감을 얻기 어려울 것이다.

그러나 정치의 영역으로 넘어오면 달라진다. 목전에 닥친 황혼이 아닌 다음 날 새벽에 초점을 두고 희망을 이야기 하는 사람들이 우리 시대의 영웅이 된다. 버락 오바마Barack Obama는 희망의 무용함이 아니라 그것의 담대함(버락 오바마의 자서전 제목인 '담대한 희망The Audacity of Hope - Thoughts on Reclaiming the American Dream'에서 따온 말이다.:옮긴이)에 대해 말했다. 마틴 루터 킹Martin Luther King은 자신에게는 악몽이 아닌 꿈(마틴 루터 킹의 1963년 연설 '나에게는 꿈이 있습니다I have a dream'에서 따온 말이다.:옮긴이)이 있다고 말했다.

희망에 대한 지적인 분업

아마도 이런 차이점은 지적인 분업에 따른 자연스러운 결과로 볼 수 있을 것이다. 통찰력 있는 관찰자로서의 지성인은 세상의 부패한 모습도 볼 수 있어야 한다. 이와 대조적으로 훌륭한 지도자는 부패한 세계에서 우리가 무엇을 할 수 있는가에 대한 긍정적인 전망을 가질 필요가 있다.

이 두 가지 통찰력이 하나의 마음속에서 공존할 때가 가장 이상적일 것이다. 현실에 대한 냉혹한 진단은 효과적인 처방이 함께 제시되지 않을 경우 무익하다. 또한 우리를 고무시키는 지도력이라 해도 그것이 불편한 진실을 눈감고 있다면 공허할 따름이다.

그러나 재앙 예언가를 자처했던 지성인들이 가진 문제점은 그들의 비관주의가 무차별적이라는 것이다. 세계적인 과학 저술가 매트 리들리Matt Ridley가 『이성적 낙관주의자Rational Optimist』에서 주장하듯이, 과거 음산한 비관론자들의 예측은 정확도 면에서 신통치 않은 실적을 냈다.[49] 그래서 아마도 암울함의 정도를 식견의 깊이와 동일시하는 경향성은 팡글로스 선생(볼테르의 소설 『캉디드』에서 캉디드에게 '세상은 최선으로 되어 있다'라며 낙관주의를 가르치는 인물)의 낙관주의만큼이나 비합리적일 것이다.

합리적이고 객관적인 관점은 낙관주의도 비관주의도 아닌 현실주의일 뿐이라고 말하는 이들도 찾아볼 수 있다. 이들에게는 유리컵에 물이

반이나 찼는지 겨우 반밖에 안 찼는지는 중요하지 않다. 그 유리컵에 어떤 종류의 액체가 정확히 얼마만큼 들어있는지가 중요할 뿐이다. 그러나 이는 옳지 않은 주장이다. 가치를 전혀 고려하지 않는 관점은 애당초 관점이라 할 수도 없다. 세계를 이해하기 위해서는 객관적인 사실을 모으고 그 사실에 어떤 문제가 있는지 판단하는 단계에 머물러서는 안 된다. 그 단계를 넘어서야만 한다. 장밋빛 관점이든 암담한 관점이든 관점을 밝혀야 한다.

한 가지 사실에 다른 관점을 보이는 사례로 프랑스의 실존주의와 파이튼주의를 살펴보면 좋을 것 같다. 사르트르나 알베르 카뮈Albert Camus처럼 영국 코미디 그룹 몬티 파이튼Monty Python도 인생을 부조리하고 무의미하게 본다는 측면에서 본질적으로 같은 관점을 취한다.

차이점은 그러한 관점에 대한 응답 방식에서 드러난다. 사르트르는 번민, 포기 그리고 절망을 수반한 응답을 내놓지만 파이튼은 그저 웃어넘긴다. 종종 지적되듯이 희극과 비극의 차이는 단지 관점의 차이에 지나지 않는 경우가 많다. 충분한 시간과 거리를 두고 보면 끔찍해 보이는 어떤 것도 우스꽝스러운 부조리로 여겨질 수 있다. 이 둘의 차이를 가장 잘 표현한 것이 파이튼의 코미디 영화《라이프 오브 브라이언 Life of Brian》에서 십자가에 못 박힌 이들이 죽어가며 부르는 노래인 〈언제나 인생의 밝은 면을 보라Always Look on the Bright Side of Life〉의 가사 일부이다.

인생은 후진 것이지
네가 볼 때 그런 것이지

의미만 놓고 본다면, 이 간단한 문구는 우리가 떠올릴 수 있는 가장 냉혹한 관점에서 인생을 바라보고 있다. 그러나 각운과 경쾌한 멜로디로 인해 장중한 어조는 어느 순간 익살스러운 어조로 바뀌어버린다.

　당신이 죽어가는 동안 휘파람을 부는 것이 적절한지 아닌지는 각자의 의견에 따라 달라질 수 있다. 하지만 자신이 실제로 죽어가고 있는데도 절대 죽어가고 있지 않다고 믿고 흥겹게 노래를 부르고 있다면, 거기에는 무언가 지독하게 잘못된 것이 도사리고 있을 것이다. 당신이 장밋빛 색깔의 안경을 낄 것인지, 아니면 어두운 색깔의 안경을 낄지는 자연광의 상태에 의존해야 한다.

　그렇지만 논의가 여기까지 이루어진 시점에조차 나는 낙관주의와 비관주의의 구별이 그렇게나 중요한 문제인지 확신할 수 없다. 다만 지금 상황이 얼마나 좋고 나쁜지를 평가하는 데 우리에게 현실주의의 도움이 필요하다는 것은 확실하다. 더 나아가 앞으로의 상황이 어떻게 될 것인지를 평가하는 데에도 이 사실은 똑같이 적용된다. 따라서 내가 규정지었던 사르트르와 파이튼 사이의 차이점은 결국 판단이 아닌 태도의 차이점이 된다. 그렇기 때문에 유리컵이 절반이나 찼는지 아니면 절반이나 비어 있는지를 따지는 그 흔해빠진 비유에는 오해의 소지가 도사리고 있는 것이다.

　우리가 대상을 어떤 틀을 가지고 보느냐가 중요하다는 것은 틀림없는 사실이다. 그래서 긍정적인 단어를 쓰느냐 부정적인 단어를 쓰느냐에 따라 우리가 그 대상을 지각하는 방식도 달라지며, 심지어 단어의 사용 방식으로 인해 왜곡이 발생하기도 한다. 그러나 정말로 중요한 문제는, 우리가 어떤 단어로 대상을 묘사하느냐가 아니라 그 어떤 것이든 자신에게 주어진 대상을 우리가 잘 활용하느냐 못 하느냐이다.

예컨대, 절반이 비어 있는 유리컵이지만 갈증을 해소하기에 충분한 물이 담긴 것으로 보는 것이 절반쯤 차 있는 유리컵이지만 마실 가치가 없는 것으로 여기는 것보다 나을 것이다. 정말이지, 우리가 공들이는 어떤 일의 추이와 관련해 실제 상황보다 완벽하게 진행되고 있다고 여기면서 자신을 속이려 하기보다는 완벽하지는 않더라도 가능한 최선의 결과를 얻기 위해 현 상황을 잘 활용해야겠다고 생각하는 것이 더 도움이 된다. 바람직한 선택을 위해 우리는 기회의 포착뿐만 아니라 위협 요소의 탐지 및 자기 자신의 한계에 대한 자각도 할 수 있어야 한다.

관점만큼 태도도 중요하다

이런 면에서 볼 때 중요한 것은 낙관주의도 비관주의도 아닌 것 같다. 사태의 추이를 판단하는 문제에 맞닥뜨렸을 때 우리에게 필요한 것은 현실주의이다. 그와 관련해 앞으로 무엇을 할 것인가를 결정하는 문제를 만났을 때 우리에게 도움이 되는 것은 긍정적인 태도이다. 하지만 이 태도는 모든 일이 앞으로 잘 될 거라 믿는 입장, 즉 미래에 대한 낙관주의와는 구분되어야 한다.

그러나 우리가 가진 전망을 낙관주의나 비관주의에 결부시켜 성취해나갈 때 직면하게 되는 가장 큰 난점은 둘 중 어느 것이 더 나은가에 대한 전반적인 방침 같은 것이 존재하지 않는다는 사실이다. 만약 누군가 내게 낙관주의자인지 비관주인자인지를 묻는다면 그에 대해 나는 정말 모르겠다고 답할 수밖에 없다.

한편에서 볼 때, 나는 이 세상에는 이유없이 가해지는 고통과 끝내 구원의 손길을 만나지 못하는 비참한 생명들이 수없이 많다고 믿는다. 또한 내가 지금 누리는 만족스러운 평온과 행운도 언젠가는 지나가버릴 것이며, 내가 가장 아끼는 수많은 것들과 수많은 사람들이 고통받거나 소멸하는 시간이 살아생전 당도할 것임을 믿는다. 그러나 다른 한편에서 볼 때 나는 매우 명랑한 성격이며, 세상에는 멋진 일들도 많다고 여긴다. 그리고 나이가 들어가면서, 주변 사람들과 소소한 일상의 사물들(집에서 구운 빵이나 울새가 새끼에게 모이를 주고 있는 정원 속 풍경 같은 것들) 속에서도 멋진 모습들을 포착해낼 줄 알게 되었다.

　　어떤 관점을 취하는가에 따라 세상은 멋지게 보일 수도 있고 무시무시해 보일 수도 있다. 우리는 시종일관 똑같은 관점을 유지한 채 살아가지도 않는다. 그렇다면 현실주의를 중립적인 관점으로 간주해서는 안 될 것이다. 그보다는 결점을 폭로하는 일과 아름다움을 드러내는 일 어느 쪽에도 소홀하지 않음으로써 다양한 관점을 취하고 또 그 다양성 모두를 헤아릴 줄 아는 능력으로 이해되어야 한다. 비관론자로만 살아서도 안 되며 낙관론자로만 살아서도 안 된다. 둘 다로 살아야만 한다.

후회
하지
말자고?

후회하지 말자고 다짐하고 매번 후회하는 당신에게

철학자
후회를 통해 우리가 이루어낼 수 있는 변화들

심리학자
후회는 어느 한 지점을 찍은 스냅사진일 뿐

철학자

후회를 통해
우리가 이루어낼 수 있는 변화들

후회에 대해서라면 대부분의 사람들은 〈마이웨이〉를 부른 가수 프랭크 시나트라Frank Sinatra가 옳았다고 생각할 것이다.

Regrets, I've had a few

후회할 일이 있기는 하지

But then again, too few to mention

그러나 달리 생각하면 돌이켜 얘기할 만한 후회는 없어

I did what I had to do

난 내가 해야 할 일을 했다네

And saw it through without exemption

도망가지 않고 그것을 끝까지 해냈지

〈마이웨이〉가사에도 나오는 것처럼 굳이 언급할 필요조차 없을 정
도로 후회할 게 적다면 약간의 후회할 거리를 갖는 것도 괜찮다. 너무

조금 후회하는 것보다는 너무 많이 후회하는 것이 훨씬 위험하다.

타인에게는 후회를 요구하고 자신에게는 그렇지 않은 심리

그러나 여기에는 이중적인 잣대가 적용되는 것 같다. 왜냐하면 공적인 영역에서 활동하는 사람들의 경우, 그들이 후회하지 않는 모습을 보일 때만큼 대중의 울화를 치밀게 하는 경우도 별로 없어 보이기 때문이다.

영국의 전 재무장관 노먼 러몬트Norman Lamont가 정치 경력에서 저질렀던 가장 뼈아픈 실수는 1991년 영국의 경제위기 당시 "나는 아무것도 후회할 게 없습니다Je ne regrette rien"라고 말했던 것이다. 3주 후 그는 자리에서 물러나야 했다. 그리고 토니 블레어Tony Blair 전 영국 총리 역시 퇴임 후 많은 사람들이 그가 영국군을 이라크에 파병했던 결정에 대해 조금이라도 후회를 내비치기를 기대했다. 그러나 기회가 주어질 때마다 그는 번번이 기회를 놓쳤고, 그에 따라 사람들의 비난도 점차 거세어졌다.

타인에게는 후회를 요구하면서 자기 자신에 대해서는 그러기를 꺼려하는 태도를 어떻게 설명할 수 있을까? 실수에는 두 종류가 있다는 말로 답변을 제시할 수 있을 것 같다. 신중성과 관련된 실수와 도덕적 실수가 그것이다. 믹서기를 잘못 구입하는 사소한 일에서부터 일생일대의 기회를 놓치는 중대한 일에 이르기까지 신중하지 못함으로써 저지르는 실수는 판단력 부족을 드러내는 것이다. 하지만 그로 인해 우리의 성품까지 의심받지는 않는다.

이와 대조적으로 약속을 지키지 않거나 신뢰를 저버리는 행위는 도덕적 결함으로 간주된다. 그리고 이러한 행위들은 자신이 올바르게 행동하지 않았음을 기록하는 참회록의 한 페이지를 차지하게 될 것이다. 이런 유형의 실수에 대해 후회한다는 것은 자신이 한 행위를 뒤돌아보면서 만약 자신이 좀 더 훌륭한 사람이었다면 그런 어리석은 행동을 하지는 않았을 것이라고 고백하는 것에 다름 아니다. 이 과정에서 요구되는 것은 도덕적인 정직함이다.

그러나 사람들은 정직성보다는 실용성과 편리함을 따른다. 우리는 타인의 실수에 대해서는 '도덕성'을 잣대로, 자신의 실수에 대해서는 '실용성'과 '융통성'이라는 기준에 따라 판단하는 경향이 있다. 이를테면 이런 식이다. '당신은 약속을 지키지 않았으므로 천박한 도덕성의 소유자이다.' '나는 약속을 지키지 못했는데, 그 이유는 깜빡 잊었기 때문이거나 더 중요한 다른 일이 생겨서이다.' '당신은 불륜을 저질렀으며 타락한 놈이다. 나는 비록 외도하긴 했지만 배우자와의 갈등에서 비롯된 절망감과 통제 불능의 격정에 따른 자연스러운 반응이었다.'

우리는 타인들이 자신의 도덕적 결함에 대해 인정할 줄 알아야 한다고 여기는 경향이 있는데, 이는 지당한 생각이다. 자기 자신에게 동일한 잣대를 적용한다는 전제 하에 말이다. 하지만 우리 자신에 대해서는 그만큼의 도덕적 엄격성을 요구하지 않는다.

도덕적인 피조물이기에 치러야 하는 대가

그런데 우리는 왜 그토록 과거에 얽매이려 하는 것일까? 누구 말처럼, 끝난 일은 끝난 것이고 엎질러진 물일뿐이다. 돌이킬 수 없는 일을 두고 애태우는 것은 결국 쓸데없는 일이다. 하지만 이는 지나치게 단순한 생각이다. 무엇보다도 후회를 통해 많은 것들을 바꿀 수 있으며 또 바꿔야만 하기 때문이다.

가장 분명하고도 명백한 사실은, 진정한 후회와 반성을 통해 많은 잘못들이 바로잡힐 수 있다는 점이다. 혹은 적어도 더 큰 혼란으로 이어지기 전에 상황을 정리하거나 연착륙시킬 수 있다. 이를 위해서는 겉으로 드러내는 행동이 선행되어야 할 때도 있다. 예를 들어 당신이 친구와 사이가 틀어졌다고 해보자. 이런 경우 관계 회복을 위해 당신의 행동에 대해 후회의 기색을 내비치는 것이 필요하다.

후회를 통해 이루어낼 수 있는 변화가 잘못을 교정하는 정도에 국한되지는 않는다. 더 나아가 후회는 앞으로의 행동에 대해 생각해보게 만듦으로써 같은 실수를 다시 저지르지 않도록 해준다. "과거를 기억하지 못하는 자는 그것을 반복하기 마련이다"는 명언처럼 말이다.

어차피 과거는 바꿀 수 없으니 후회는 해서 뭣하겠는가 하는 생각이 바람직하지 못한 이유가 더 있다. 바로 이미 일어난 일을 바꾸지 못한다는 사실 자체가 그 일에 대한 책임이 없다는 것을 의미하지 않는다는 명백한 사실이 그것이다. 예술작품, 중요한 문화재, 혹은 한 사람의 일생 등은 망가뜨린 뒤 다시는 복구할 수 없는 것들이다. 그리고 현실에서는 복구할 수 없는 것들을 망가뜨린 행위에 대해 오히려 가장 가혹하게 책임을 묻는다. 책임감을 갖는 것은 도덕 감정에 있어 필수적이다. 책임감이 없다면 자신의 행동이 야기한 나쁜 결과에 대해 전혀 개의치 않게 된다. 즉 책임감의 결여는 우리를 경솔하고 냉담하며 이기적이고 무감각한 사람이 되게 만든다. 당신이 행동에 책임지는 사람이 되고

자 한다면 그 행동이 피치 못한 것이든 아니든 상관없이 책임을 지려고 해야 한다.

이런 점에서 볼 때 돌이킬 수 없는 과거에 대해 언짢은 감정을 가지고 사는 것은 우리가 온전하게 도덕적인 피조물이기에 치러야 하는 대가에 다름 아니다. 자신이 바꿀 수 있는 것에 대해서만 책임을 느끼고 사는 것은 현실적으로 가능하지도 않을 뿐더러 책임이 의미하는 바를 축소시킨다. 그러므로 우리는 아무 것도 후회하지 않는다고 말하는 사람도 의심스럽게 지켜봐야 할 것이다. 그 사람이 설령 당신 자신일 경우에도 말이다. 어쩌면 자신조차 인정하지 않으려는 실수들이 존재할 수 있기 때문이다.

삶은 사소해 보이는 사건들로 인해 달라질 수 있다

살아가면서 과거를 돌아봐야 할 확실한 이유가 하나 더 있다. 레이 브래드버리Ray Bradbury의 단편 소설 「천둥소리A Sound of Thunder」에서는 시간 여행자 한 사람이 무심코 나비 한 마리를 밟게 됨으로써 인간의 역사가 송두리째 뒤바뀐다.[50] 우리의 삶 또한 사소해 보이는 사건들로 달라질 수 있다. 예를 들어 버스를 놓친 결과가 우연한 만남으로 이어질 수 있다. 또 채용 담당자가 즐거운 마음으로 모닝커피를 마시고 있을 때가 아니라 그로부터 한 시간 후 하필이면 담당자가 예민해져 있을 때 입사지원서가 제출돼 서류 심사에서 탈락할 수도 있다. 이처럼 아주 작은 차이가 삶이 흘러가는 방향을 바꾸어 버렸을 수도 있음을 받아들여야 한다.

후회는 어느 한 지점을 찍은
스냅사진일 뿐

최근 나는 우연한 기회에 "당신이 현실과 다투기 시작하면 백전백패하기 마련이다"라는 격언을 알게 되었다. 아주 그럴 듯한 말이다. 이 말은 실제로 우리를 갉아먹는 뼈저린 후회 같은 것들에 지혜롭게 대처하는 데 큰 도움이 된다.

다시 말하지만 후회는 우리를 갉아먹는다. 우리의 생각은 지칠 줄도 모르고 매력적인 어떤 이야기를 지어낸다. 그 이야기는 과거에 우리 자신이 저질렀던 끔찍한 실수와 끝내 우리 손아귀에서 빠져나가도록 방치했던 명백히 더 나은 선택과 관련된 것이다.

마치 어느 중요한 순간에 우리의 행동이 평행우주로 옮겨가 다른 결과를 만들어내는 것이 가능하기라도 한 것처럼 우리는 지나간 사건들을 머릿속에서 끊임없이 되풀이한다. 우리 머릿속에서 벌어지는 이러한 정신적 모략 행위는 수개월, 아니 수년간 지속될 수도 있다. 그리고 이 과정 내내 우리를 둘러싼 현실 세계를 제대로 인식하는 데 심각한 방해를 받으며 자신에게 '조금 다르게 행동하기만 했더라도……' 하며 끊임없이 속삭인다.

완벽한 것보다 만족할 만한 것에 마음을 두는 노력

후회는 지극히 인간적인 감정으로 여러 시나리오들을 떠올린 다음 각각을 평가하는 식으로 진행된다. 또한 잘못된 선택을 한 것에 대한 책임의 감정도 동반한다. '이럴 수도 있었을 텐데'라는 상념을 머릿속에서 떠나보내기란 참으로 어려운 일이다.

우리는 다음과 같은 사실을 너무도 잘 알고 있다. 후회와 비탄에 빠지는 것이 전혀 도움되지 않는다는 것을, 지나간 일에 아무리 집착한다 한들 과거는 결코 바뀌지 않는다는 것을, 그리고 우리의 머릿속을 '만약에 그랬다면'으로 채우는 대신 자신이 지금 가진 것을 넉넉히 즐기며 지낼 수도 있다는 것을……. 하지만 친구들이 건네주는 위로의 말들, 즉 "과거는 과거일 뿐이야", "이제 끝난 일이야", "그렇게 될 수밖에 없었던 거야" 같은 말이 항상 효과가 있는 것은 아니다.

후회는 다양한 층위로 일어난다. 헤어드라이어를 잘못 샀거나 휴가 날짜를 잘못 선택한 것은 단기적인 후회이다. 심리학자 배리 슈워츠 Barry Schwartz가 『선택의 패러독스 The Paradox of Choice』에서 설명하고 있듯이 이러한 종류의 후회는 우리 앞에 수많은 선택권이 주어지는 현실에서 자주 나타난다.

그렇기 때문에 그렇게 큰 잘못이 없는 선택을 하고 나서도 만족을 느끼지 못하고 다른 선택이 더 나았을 것이라고 후회하는 일이 일어날 수밖에 없다. 선택권이 많을수록 후회할 가능성도 높아지기 마련인 것이다. 슈워츠가 제시하는 해결책에 따르면 완벽한 것보다는 만족할만한 것에 더 마음을 두어야 한다. 그리고 자신이 갖고 있는 것에 감사할 줄 아는 마음을 길러야 한다.

자신의 선택이 최선이 아니었다고 누군가가 말한다면 그것은 아마 맞는 말일 것이다. 그러나 언제나 완벽한 선택을 해야 한다고 누가 그러던가?

모든 후회는 지나간다

우리는 자신에게 이렇게 질문할 수 있다. '지금 하고 있는 후회가 무덤까지 안고 가야 할 정도로 중대한 후회인가?' 이 질문에 대해 '아니다'라고 답한다고 해서 후회의 감정을 단번에 지울 수는 없겠지만 어쩌면 시간이 해결해줄지도 모른다는 사실에 좀 더 주목하게 만들 수는 있을 것이다. 그렇다. 모든 후회는 지나간다.

그렇다면 우리가 무덤까지 안고 갈 아주 심각한 후회도 있을 것이다. 어떤 것들은 우리가 한 일에 대한 후회이고 또 어떤 것들은 우리가 하지 않은 일에 대한 후회이다. 예컨대, 엉뚱한 사람과 결혼을 한 것이나 직업을 잘못 고른 것, 친구에게 심술 맞게 대한 것, 가족과 충분한 시간을 보내지 못한 것이나 위험을 더 무릅쓰고 도전하지 않은 것, 자식을 낳지 않은 것, 세계여행을 하지 않은 것, 재능을 계발하지 않은 것 등이 있다.

이런 후회들은 가볍게 떨쳐버릴 수 있는 것이 아니다. 그리고 사실, 그것들을 가볍게 떨쳐버린다면 오히려 문제가 있는 것이다. 사람들에게 상처를 준 일이나 그릇된 행동을 한 것에 대해 후회하는 것은 바람직하고 적절하다. 과도하다 싶으리만치 후회하지 않은 태도를 취하다 보면 자신의 행동에 대해 책임을 지거나 실수로부터 무언가를 배우기를 꺼려하는 어긋난 길로 미끄러져버릴 수도 있다.

오늘의 후회가 미래의 후회는 아니다

후회와의 전투 속에서 드러나는 더욱 심오한 문제가 있다. 다른 길을 선택했을 때 선택이 정말 잘못된 것인지 확신하기 어렵다는 것이다. 밀란 쿤데라Milan Kundera가 『참을 수 없는 존재의 가벼움The Unbearable Lightness of Being』에서 상기시켜 주듯이 "우리에게는 오직 한 번의 인생만 주어진다. 우리는 이것을 지난 인생들과 비교할 수도 없거니와 이후의 인생에서 완벽하게 만들 수도 없다."[51]

후회는 어느 한 시점을 찍은 스냅사진일 뿐이다. 현재 관점에서 볼 때는 자신이 잘못된 선택을 했다는 것이 명백해 보일 수 있겠지만 미래 관점은 전혀 다를 수도 있다. 말하자면 좌절은 새로운 기회로 성공은 미래의 비탄으로 이어질 수 있다.

이 사실을 완벽하게 보여주는 중국의 옛이야기가 있다.

가난한 시골 마을에 늙은 농부 한 명이 살고 있었는데, 그는 자신은 꽤 형편이 좋다고 여겼다. 왜냐하면 그는 말을 가지고 있었기 때문이다. 그러던 어느 날 그 말이 도망가버렸다. 이웃들은 얼마나 끔찍한 일이냐며 농부를 동정했다. 그러나 그는 "글쎄요"라고 간단히 답할 뿐이었다.

며칠이 지나 도망갔던 말이 야생마 몇 마리와 함께 돌아왔다. 이웃들은 축하해주었지만 그 농부는 그저 "글쎄요"라고만 말했다. 이튿날, 농부의 아들이 야생마를 타려고 하다가 떨어져 다리가 부러졌다. 이웃들이 위로를 해주기 위해 왔을 때 농부는 또다시 말했다. "글쎄요."

그다음 주에 병사들이 젊은 남자들을 징병하러 마을을 찾았는데, 농부의 아들은 다리가 부러져 징집대상에서 제외되었다. 이웃들은 농부를 축하했지만 이번에도 농부의 대답은 "글쎄요"였다…….

우리는 결코 후회를 완전히 떨쳐버릴 수는 없을 것이다. 그것은 인간의 조건에 포함된 하나의 본성이다. 그러나 '만약 그랬더라면 어떻게 되었을까'라고 생각할 때마다 중국 옛이야기 속 농부의 말인 "글쎄요"를 떠올릴 수 있을 것이다.

18
life's question

삶의
의미를
찾아가는 여정

/

삶이 공허한 당신에게

심리학자
왜 살아야 하는지 알면 어떻게 살아야 하는지 알게 된다

철학자
영적인 삶이란 어떤 것일까?

왜 살아야 하는지 알면
어떻게 살아야 하는지 알게 된다

의미를 찾아가는 여정은 구불구불하고 험난하다. 인생을 살면서 우리는 중요한 뭔가가 빠져 있다는 알 수 없는 공허함과 결핍감을 경험하는 순간에 맞닥뜨린다. 인생이 의미 없다고 스스로 생각하거나 다른 사람이 그런 말을 하는 것을 들을 때 당신은 그 말의 의미를 대충은 알고 있다. 하지만 막상 인생의 의미를 포착하려고 하면 그 모든 것이 한 줄기 연기처럼 흩어져버리고, 그것을 어떻게 도로 모을까 난감해지고 만다. 의미를 구체적으로 정의 내리기 힘든 것처럼 의미를 찾는 길 또한 형체 없이 쉬이 사라질 수 있다.

때때로 우리는 이런 종류의 경험을 영적인 갈망으로 해석하기도 한다. 즉 '내가 지금 인생의 의미를 찾고 싶어 하는 것은 종교적 신앙을 갖고 싶어서 동요하는 것일 수도 있다. 그러므로 나는 교회나 명상센터를 찾아가는 것이 좋을 것이다.' 이런 생각을 실천에 옮겨 인생의 의미와 목적을 새롭게 되찾을 수 있으며, 이로 말미암아 실제로 자신이 갈구하던 그 무언가를 얻어낼 수 있다.

종교적 감수성과 신앙은 별개의 것

영적인 갈망이 인간이기 때문에 어쩔 수 없이 거느리게 되는 부수물이라 할지라도 종교적 감수성과 신앙은 별개의 것으로 구분되어야 한다. 우리 중 많은 사람들이 신앙을 잃어버린 지 오래되었다. 하지만 어떤 형태로든 영성을 갈구하며 살아간다. 이러한 상황에서 우리 앞에는 두 개의 선택지만 주어진 것 같다. 그 두 선택지란 더 이상 받아들이기 힘들게 된 교리를 설파하는 종교와 어떻게든 잘 지내보는 것, 혹은 공허감을 애써 무시하며 사는 것이다. 우리는 이 두 선택지 중 하나를 선택해야만 하는 것일까?

현대에 이르러서는 흥미롭게도 영성이 목적에 따라 의미를 달리한다. 한동안 나는 온천장이나 미용실이 선禪을 추구한다고 홍보하면서 팸플릿에 부처상을 크게 인쇄해 넣는 것을 자주 목격했다. 또 한때 영적이라는 것이 새벽 3시 기상, 금욕, 고행과 같은 의미로 사용되기도 했다. 지금에 와서는 영성이 쾌락주의의 의미에 가장 가깝게 사용되는 듯하다. 인간은 육체로도 이루어진 존재이기에 물질적인 것과 영적인 것의 경계를 뭉그러뜨리는 것은 일견 바람직해 보인다. 그러나 이런 식으로 경계를 희미하게 만드는 것은 영성이 갖는 독특한 측면을 모조리 없애고 그저 기분 좋은 경험 정도로 축소시켜버릴 위험성이 있다. 그럼으로써 결국 아무런 효용도 낳지 못하게 될 수도 있다.

제아무리 간절함이 크다고 해도 우리가 갈망하는 것들 중 일부는 결코 얻을 수 없다는 사실을 겸허히 받아들여야 할지 모른다. 영적인 갈망을 비롯하여 신성한 것, 영원한 것, 브라만(우주의 근본원리) 등을 찾아내려 노력한다 해도 반드시 그런 것들을 찾아내리라는 보장은 없다.

그러나 물질적인 것을 넘어선 의미 있는 삶을 찾고자 하는 우리의 갈망이 영적인 것을 찾는 것으로만 이어질 필요는 없다. 우리 갈망에 화답해줄 수 있는 또 다른 방법이 존재할지도 모른다.

의미를 발견하기 위한 3가지 방법

빅터 프랭클의 저작들은 의미를 향한 인간의 선천적인 경향성과 때때로 우리가 휩쓸릴 수 있는 '실존적 공허'를 다루고 있다. 이러한 공허감은 우리가 내면에 깊은 관심을 갖는다고 해서 극복할 수 있는 것이 아니다. 왜냐하면 마음은 협소한 영역에 지나지 않기 때문이다. 오히려 외부라는 넓은 영역에 관심을 가질 때 좀 더 쉽게 의미를 찾아낼 수 있다. 프랭클은 신앙인이었지만 그는 삶의 의미를 찾는데 영적인 영역이나 우리 자신보다 더 큰 무언가가 요구된다고 생각하지는 않았다. 다만 그는 우리 자신이 아닌 다른 것들에 집중할 것을 강조했다. 이것이야말로 유익한 초월이라고 생각한다.

프랭클의 표현을 빌자면, "인생은 유의미해질 수 있다. 그것은 (1)창조 행위를 통해 세상에 무언가를 남김으로써, (2)경험을 통해 세상으로부터 무언가를 얻어냄으로써, 그리고 (3)세상을 향한 우리의 입장을 정립함으로써, 즉 시련에 대한 자신의 태도를 결정함으로써 가능하다."[52]

마지막 방법이 아마도 가장 어려울 것이다.

프랭클에 따르면, 전혀 가망이 없는 상황에 처해 있을 때조차 의미를 찾는 것이 가능하다. 주어진 환경이 제아무리 강압적이라 할지라도 우리에게는 항상 마지막 자유가 존재한다. 그것은 그 환경에 어떻게 대응할 것인가를 선택할 수 있는 자유이다. 그는 아우슈비츠에 수용됨으로써 이 교훈을 몸소 실천할 기회를 얻었던 것이다.

그러나 프랭클은 의미를 찾는 데 고통이 필수적이지는 않다고 생각했다. 그는 주어진 상황을 좀 더 나은 방향으로 바꾸어낼 기회가 주어진다면 망설임 없이 그렇게 하는 것이야말로 우리가 해야 할 일이라고 믿었다.

다시 한 번 강조하자면 우리가 의미를 발견하기 위해서는 세 가지 방법이 필요하다. 창조를 통해, 즉 "무언가를 만들고 어떤 일을 행하겠다"는 계획에 착수함으로써 삶의 의미를 발견할 수 있다. 또 경험을 통해, 즉 누군가 혹은 무언가를 만남으로써 의미를 발견할 수 있다.[53] 그 만남의 대상은 자연, 예술, 혹은 사랑스러운 사람들이 될 수 있다. 그리고 태도를 통해, 즉 사건과 환경에 대응하는 방식을 선택함으로써 의미를 발견할 수 있다. 이 길 중 하나 혹은 둘 이상을 채택하는 것만으로도 충분히 자신의 인생에 의미를 다시 불어넣을 수 있을 것이다.

영적인 삶이란
어떤 것일까?

철학자에게 있어 인생의 의미 상실은 직업상의 재해와도 같다. 이런 재해는 19세기 후반의 독일에서 일어났는데, 프리드리히 니체Friedrich Nietzsche는 당시 사람들에게 닥쳤던 허무주의에 대한 글을 쓰면서, 종교의 교리와 객관적인 진리가 모두 거짓으로 밝혀졌다고 주장했던 것이다.

이런 일은 1936년의 영국에서도 벌어졌다. A. J. 에이어A. J. Ayer가 자신의 책 『언어, 논리, 진리Language, Truth, and Logic』를 통해 논리실증주의의 도래를 선언했던 것이다. 논리실증주의는 인생의 의미에 대한 진술은 말 그대로 무의미한 것이라고 보았다. (논리실증주의는 논리적인 주장이나 실증할 수 있는 주장이 아닌 모든 주장들은 무의미한 진술이라고 보는 20세기 초의 철학사조이다. 이들에 따르면 '3이 2보다 크고 2가 1보다 크다면, 3은 1보다 크다'는 진술은 의미가 있다. 논리적인 주장을 담고 있기 때문이다. '백두산은 높이가 2750미터이다'는 진술도 의미가 있다. 검증이 가능한 주장이기 때문이다. 반면 '인생은 살만한 가치가 있다'는 주장은 무의미한 진술이다. 논리적인 주장도 실증적인 주장도 아니기 때문이다.:옮긴이) 그리고 1940년대 프랑스에서 실존주의자 카뮈와 사르트르가 인생에는 미리 주어진 목적 같은 것은 없다고 선언했을 때에도 그러한 일은 발생했다.

그러나 이들 철학자가 한 일은 의미를 부정한 것이기보다는 그것을 다시 정의한 것이다. 인생의 의미는 우리가 그것을 발견해주기를 마냥 기다리면서, 세계 속의 어떤 사실로서 존재하지 않는다. 우리는 특정한 목적과 함께 태어나지는 않았지만 그렇다고 살아갈 목적이 없는 것은 아니다.

인생의 의미, 인생에 의미

인생의 의미는 없다. 그러나 우리가 자신의 인생에 의미를 부여한다면 그로 인해 인생에 의미가 생길 수는 있다. 의미를 부여할 곳은 과거나 미래가 아니다. 과거의 어느 시점에 우리가 태어난 데에서 아무 이유도 찾을 수 없으며 미래는 아직 존재조차 하지 않기 때문이다. 그보다는 바로 지금 이 순간 우리가 살아가는 모습에 의미를 부여해야 한다. 우리가 의미 있는 인생이라고 부르는 것은 단순히 말해 살 가치가 있는 인생이다. 살 가치가 있는 인생에서는 어떤 존재가 앞으로 무언가가 될 수 있기 때문에 가치를 갖는 것이 아니라 존재 그 자체가 가치를 지닌다.

그런데 우리는 이러한 가치의 원천을 어떻게 찾을 수 있을까? 많은 철학자들은 우리 자신에 주목해야 한다고 말한다. 예를 들어 에이어는 "한 개인의 삶이 자신에게 그 자체로 의미를 갖게 되는 방식은 많다"고 주장했다.[54] 아이를 키우는 일에서부터 우표를 수집하는 일까지, 우리가 소중하게 여기는 모든 일이 의미의 원천이 될 수 있다는 것이다.

이와 비슷하게 니체와 사르트르 그리고 카뮈에 이르기까지 위대한 철학자들이 확고히 믿었던 바에 따르면, 인생의 의미와 도덕성 역시 우리 자신에게서 나온다. 이들의 믿음에 의미심장한 무언가가 있겠지만 내 입장에서는 이들이 의미를 찾는 데 지나치게 개인의 자유에 초점을 두고 있다는 생각이 든다. 나는 의미를 찾을 때 자신에게만 초점을 두어서는 안 된다고 생각한다. 그보다는 인간 일반에 대해 주의를 기울일 필요가 있다. 궁극적으로 찾고자 하는 것은 '내' 인생의 의미라 해도 인간 일반이 가진 본성 중 보다 좋은 부분들에 부합하는 것을 찾으려 한다면 우리가 취할 수 있는 선택지는 좀 더 바람직한 것이 될 것이다.

초월적인 무언가에서 인생의 의미를 찾으려는 욕구

인생의 의미란 그저 그 안에 내재된 가치를 찾는 문제에 다름 아니라고 말하면 사람들은 "고작 그거란 말인가?"라는 실망스러운 반응을 보인다. 어떤 면에서 보자면, 이 주장은 참으로 냉정한 깨달음을 준다고 할 수 있다. 왜냐하면 그러한 가치들로는 자신의 삶을 의미로 채울 수 없다고 여기는 사람도 존재하며, 삶의 의미를 찾는 데 가치들이 도움은 줄지언정 달성 자체를 가능케 하지는 못한다고 생각하는 사람도 존재하기 때문이다.

그런 의미에서 볼 때 어떤 이들은 충만감이 철저히 결여된 삶을 살다 죽으며, 이 유한자로서의 삶 너머에 아무것도 존재하지 않는다는 부재감 속에서 살다가 죽기도 한다. 왜냐하면 그들에게는 자신들을 구원해줄 어떤 것도 존재하지 않기 때문이다. 이는 참으로 씁쓸한 뒷맛을 남기는 생각이며, 신이 없는 인생도 얼마든지 즐겁고 행복할 수 있다는 것을 보여주고 싶어 했던 세속적 인문주의자들이 종종 무시하거나 경시했던 생각이기도 하다.

아마도 이런 이유로, 많은 사람들이 삶의 의미를 그런 식으로 파악하는 입장 즉, 삶의 의미는 자신의 삶에 내재한 가치를 찾는 것일 뿐이라는 생각에는 뭔가 부족한 것이 있다고 여기는 듯하다. 이러한 결핍감은 현대 철학자 존 코팅햄John Cottingham이 '초월의 욕구'라고 명명했던 감정으로서 "내재하는" 물질적인 세계 너머의 무언가와 연결되고자 하는 욕구이다. 그리고 오직 종교만이 그 무언가를 제공해줄 수 있다.[55] 인생의 의미를 유한한 인생에서만 찾을 때 발생하는 문제는 그곳에 의미가 전혀 없다는 것이 아니라 충분한 의미가 없다는 것이다.

'그 이상의 무언가'에 대한 일상적인 갈망을 명확히 드러냈다는 점에서 코팅햄은 확실히 옳다. 이에 나는 다음의 말을 간단히 덧붙이고자 한다. 당신은 자신이 원하는 만큼 얼마든지 갈망할 수 있지만 당신이 갈망하고 있는 것이 그 너머에 존재하지는 않는다.

하지만 그렇다고 해서 그 갈망이 사라지지는 않을 것이다. 나는 셀 수도 없이 많은 사람들로부터 "난 종교인은 아니에요. 하지만 난 영적이죠"라는 말을 들었다. 영국의 경우 극소수의 사람만이 전통적인 방식으로 종교 생활을 하고 있으며, 국민 중 10퍼센트 정도만 매주 예배에 참석한다. 그럼에도 불구하고 대다수의 사람은 인생에서 뭔가 영적인 차원을 느끼며, 또 그것을 포기하지 않고 싶어 하는 것 같다.

영적인 삶이란 어떤 것일까?

충만하고 완성된 인생에 영성이 필수적이라는 생각은 공식적인 승인에 준하는 인정을 받았다고 볼 수도 있다. 학교는 교육강령을 통해 학부모들에게 학생들의 '영적인 행복'과 성장을 돌보겠다는 약속을 하고 있다. 미국 군대는 포괄적 군인 건강 프로그램의 일환으로 '영적인 건강'도 포함시킨다. 그 과정에서 몇몇 작가들은 '영적인 지성'을 하나의 덕목으로 이야기해왔다.

그렇지만 여전히 '영적'이란 개념은 미심쩍은 것으로 남아 있다. 가장 기본적인 의미에서 그것은 단순히 '물질적'이라는 말과 대조되는 개념이다. 그러나 이러한 구분 방식은 상당히 다른 두 가지 방식으로 이해될 수 있다. 첫 번째 방식은 정신과 물질의 이원론에 기반하고 있다. 그 기본적인 아이디어는, 물리학에서 말하는 세계를 구성하고 있는 근본적인 입자와 힘 말고도 다른 무언가가 또 있다는 것이다. 물리학이 기술하고 있는 실재의 모든 측면을 다 제거해보라. 그래도 남아 있는 것이 있다면, 그것이 바로 정신이나 영혼 혹은 그 비슷한 무엇일 것이다.

이러한 입장과 관련된 논의가 분분하긴 하지만 어느 것도 이원론적 입장을 지지하는 논의는 아니다. 많은 철학자들과 과학자들은 이원론을 역사적 유물로 떠넘기려 한다. 심지어 신학에서조차 이원론은 결코 보편적인 입장이 되지는 못한다. 육체와 별도로 존재하는 비물질적인 영혼이라는 개념은 그 이후에 첨가된 희랍철학적인 요소일 뿐이다.

그렇기 때문에 영성은 우주를 구성하는 두 가지 요소 중 비물질적인 요소를 말한다고 생각해서는 안 된다. 그럼 영성을 어떻게 파악해야 하는가? 영성을 생각하는 다른 한 방법은 구성 요소의 측면이 아닌 가치의 측면에서 접근하는 것이다. 우리는 먹을것, 잠자리, 건강 등과 관련된 신체적 욕구를 갖고 있다. 그리고 돈이나 물건과 관련된 물질적인 욕망도 갖고 있다. 그러나 오직 그러한 요소만을 중심으로 돌아가는 인생은 메마르고 팍팍하다. 또한 우리에게 필요한 것은 살아가면서 지켜야 할 도덕과 우리의 정신을 고양시켜주는 것들, 예컨대 아름다움이나 사랑, 경이로움, 경외심 같은 것들이다. 이들 중 어느 것도 세계를 과학적이고 물질적으로 기술하는 방식에 의해서는 포착되지 않는다. 따라서 이런 것들은 다른 범주에 놓고 생각할 필요가 있다.

우리는 왜 영적인 삶을 갈망할까?

그런데 왜 알려지지 않은 것에 우리 인생의 중요한 자리를 내주어야 하는가? 그 이유가 다음과 같은 간단한 설명으로 답변될 수 있을지 모르겠지만 아무튼 인간은 자신보다 더 크고 중요한 무언가의 한 부분으로서 자기 자신이 존재한다는 느낌을 갖기를 염원해왔기 때문이다. 이런 의미에서 본다면 우주의 무한한 신비를 숙고함으로 인해 우리는 '실존적 아편'을 얻을 수 있었던 것이다. 즉 우리 자신이 우주의 중요한 존재가 아니라는 눈앞의 분명한 증거에도 아랑곳하지 않고 우주 만물의 웅장한 기획 안에서 스스로가 중요한 존재라는 느낌을 가질 수 있었던 것이다.

좀 더 너그러운 설명도 가능하다. 그와 같은 영적인 삶은 실제로 우리를 더욱 겸손하게 만들어주며, 존재의 찰나적 본성을 깨닫게 해준다는 것이 그것이다. 나는 두 가지 설명 모두 참일 수 있다고 믿으며, 어느 쪽 설명을 받아들일 것인지는 무엇보다 각 개인의 선택과 그 개인들이 어떤 영적인 틀을 채택하느냐에 달려 있다고 본다(물론 나는 일신교는 다소 거짓된 위안을 제공하는 편이라 생각한다).

만약 영성이 정말로 알 수 없는 것들과의 지속적인 관계를 맺으려 애쓰는 것이라면 과연 그것은 바람직할까? 혹 그 끝이 불운할 수밖에 없는 오도된 계획이 아닐까? 이에 대한 대안적인 관점을 살펴보는 것이 그 답을 찾는 데 도움이 될 듯싶다. 영적인 것에 경도된 삶에 가장 극명한 대조를 보이는 견해는 1920년대 비엔나에서 나왔던 논리실증주의 철학이다.

이 견해에 따르면, 경험에 의해 검증할 수 없는 것은 문자 그대로 무의미하다. 이들의 입장을 영적인 것에 적용시켜본다면, 그리고 다소 과격한 일상적인 표현을 빌려와 그 입장을 표현해본다면 다음과 같은 슬로건이 도출될 수 있다. "그게 말로 표현할 수 없는 거라면 이러쿵저러쿵하지 말고 그냥 입 닫아." 어쩌면 논리실증주의자들의 주장이 다소 극단적인 것인지도 모른다. 어쨌든 알지 못하는 것은 미래의 인간이 이해해야 할 몫이고, 그때까지는 인간 경험과 무관한 것으로 간주해야 한다는 한결 너그러운 견해가 그 이면에 숨겨져 있다.

영적으로 경도된 입장은 이와 대조적인 견해를 보인다. 그것에 따르면, 우리가 알지 못하고 또 알아낼 수도 없는 것이 항상 존재하며, 이러한 사실을 적절하게 인식하는 것이야말로 지식을 쌓고 이해를 넓히는 것만큼이나 인간의 삶이 충만해지는 데 있어 중요하다.

나는 영적인 것이 하나의 실체로서 존재하지는 않는다고 확신한다. 궁극적으로 물질적일 뿐인 우리 세계가 안겨주는 삶의 심오한 체험들을 영적인 것으로 묘사하는 행위가 무용하다는 것 또한 확신한다. 그런 반면, 알지 못하는 것들을 인간 삶의 중심부에 위치시키려는 영적인 노력이 얼마나 가치를 지니는지에 대해서는 진정 아무것도 확신할 수 없다. 어쨌든 내가 발견한 흥미로운 사실은, 영성을 이런 식으로 이해하게 되면 종교에서 받아들이는 많은 것들과 영성은 서로 정반대의 길로 가버린다는 것이다. 우리가 알지 못하는 것들에 대해 종교가 더 많이 설명하려 애쓴다면 아마도 그렇게 설명된 만큼 영성 또한 사라져버릴 것 아니겠는가.

우리가 알지 못하는 것을 포용할 수 있는지 여부와 관계없이 실존주의의 가혹한 메시지는 그대로 남는다. 인생은 오로지 '여기 그리고 지금'에 있어서만 의미를 가질 수 있고, 그런 반면 당신이 의미를 만들어내는 데 성공할 것인지, 혹은 당신이 그 의미를 발견해냈을 때 과연 만족할 수 있을 것인지는 누구도 보장해줄 수 없다. 이 불완전한 세계에서 자신이 가진 모든 것을 최대한으로 활용해야 한다는 규칙에 삶의 의미 또한 예외가 될 수 없다.

육체는
영혼의
그릇일 뿐일까?

/

생각하는 유형 또는 행동하는 유형의 당신에게

심리학자
시간을 정해두고 육체노동을
권한 수도원의 생활지침이 말해주는 것

철학자
몸과 마음, 육체와 정신의 관계에 대하여

시간을 정해두고 육체노동을 권한 수도원의 생활지침이 말해주는 것

잘 사는 데 필요한 요소를 정확하게 집어내려고 할 때 나는 수도사들에게서 무언가 배울 만한 것이 있지 않을까 생각한다. 최초의 그리고 명백히 가장 영향력 있는 수도원 생활의 지침인 〈베네딕트 규칙The Rule of Benedict〉에 따르면, "나태는 영혼의 적이므로 형제들은 시간을 정해두고 육체노동에 종사해야만 하고 다른 시간에는 신성한 연구에 매진해야 한다."[56] 이 활동들은 수도사의 일상생활에서 주축을 이루는 예배 시간의 틈새 시간 동안 행해진다. 그래서 수도사들은 기도, 노동, 연구를 하루 동안 계속 반복한다.

시간은 흘렀다. 이제는 수도원에서 육체노동을 필수적인 것으로 여기지 않는다. 그 전통이 살아있다 하더라도 의례적인 형태로만 남았으며, 실무적인 것들 대부분은 평수도사나 고용된 인부가 하고 있다.

그러나 베네딕트가 내린 처방에는 불후의 지혜라 할 만한 핵심적인 주장이 내재해 있다. 그 핵심적인 주장은 다음과 같이 간략하게 표현할 수 있다. '내면의 삶에 집중하는 것과 더불어 육체노동과 같은 실질

적인 방식으로 세계에 관여하는 것 또한 중요하다.'

내면의 삶을 살아간다는 것

"내면의 삶'이라 말하면 사색 능력이나 영적인 길을 따를 것을 요구하는 것처럼 들릴 수 있다. 실제로도 독서, 연구, 명상과 같은 활동이 내면의 삶의 주요 재료이다. 그러나 '내면의 삶'에 집중하기 위해서는 기본적인 마음가짐이 있어야 하는데, 그것은 다름 아닌 자기 자신과 지속적인 대화를 나누겠다는 자세이다. 그 대화 내용은 다음과 같은 것들로 이루어진다. 반성하기, 질문하기, 자신의 경험에 대해 주의 기울이기, 인생의 문제들에 대해 스스로 궁리해 내놓은 해답의 실마리를 따름으로써 인생의 행로 개척하기⋯⋯.

내적인 대화는 풍요롭고 의미 있는 삶에 크게 기여한다. 일, 인간관계, 혹은 여행과 같은 외적인 활동들은 세상과 타인의 협조에 의존하는 반면 내적인 대화는 독립적이므로 살아가면서 맞닥뜨리는 인생사에 방해받지 않는다. 만약 우리가 내적인 삶을 풍요롭게 가져갈 수 있다면, 우리는 작은 것에도 쉽게 만족할 수 있을 것이다. 왜냐하면 다른 사람과 비교하는 일보다는 자기 자신과 세상에 대한 호기심이 흥미의 원천이 될 수 있기 때문이다.

성찰하고, 배우고, 계발하는 능력은 그 자체로 특별한 즐거움을 제공해 주지만, 자기 자신을 이해하는 데에도 필수적이다. 자기 자신에 대한 지식과 이해는 삶을 능동적으로 이끌어가고 자기 관리법을 익혀나가는 데 도움을 준다. 만약 우리가 자신의 변덕스러움과 행동 성향을 잘 알고 있다면, 그것이 일으킬 수 있는 곤경을 더 잘 피해갈 수 있을 것이다. 그리고 만약 우리가 자신의 진가를 명확하게 파악하고 있다면, 그것을 더 잘 활용할 수 있을 것이다. 누군가는 아마도 이것을 자유 의지라고 부를 것이다.

육체 노동에는 중대한 지적 요소가 포함돼 있다

내면의 삶과 더불어 온전하게 인간적인 삶을 사는 또 다른 방법이자 인간만이 느낄 수 있는 만족의 또 다른 원천은 세계를 직접 경험하는 것이다. 현대 소비 사회는 일상의 가사 노동으로부터 우리를 해방시켜 주었고 우리는 그 시간에 무엇을 할지 선택할 수 있는 자유를 얻었다. 과거에는 몇 시간 동안 힘을 써야만 해낼 수 있던 일들을 말 그대로 스위치 한 번 누르는 것으로 마무리할 수 있게 되었다.

그러나 정치철학 박사이자 오토바이 수리공으로 일하며 『손수 일을 해야 하는 이유Case for Working with Your Hands』라는 책을 쓴 매튜 크로포드Matthew Crawford에 따르면, 스위치 한 번으로 모든 것이 해결되는 세상이 우리에게 끼친 손실은 헤아릴 수 없을 정도로 많다. 실제 사물이나 사건과 마주하는 기회가 적어질수록 우리의 자립성은 점점 쇠퇴해간다. 수동적인 소비의 풍조가 세계를 직접 경험하는 능동적인 참여의 풍조를 대체해오고 있는 것이다.

크로포드의 주장에 따르면, 우리는 "선천적으로 도구적인 존재"이며, "도구의 사용은 인간이 이 세계에 살아가는 방식에 있어 확실히 근본적이다."[57] 충족되지 못한 채 오랫동안 무시되어왔던 '내 물건의 진정한 주인'이 되고 싶어 하는 욕구는 최근에 와서 '오래 쓰고 고쳐 쓰기'나 '내가 먹을 것은 내가 재배하기'와 같은 유행을 촉진시켰다. 이런 유행이 생겨난 원인을 경기침체의 여파로 파악하기보다는 이와 같은 욕구의 표현으로 이해하는 것이 좀 더 사실에 가까울 것이다.

행동은 생각을 고취하고 생각은 행동을 고취한다

크로포드는 이와 관련된 놀랄 만한 사례를 언급하고 있다. "1950년 대에 등장한 케이크 믹스가 케이크를 만드는 과정에서 요구되는 주요 작업을 대체하게 되었을 때 베티 크로커Betty Crocker는 모든 재료가 다 배합된 케이크 믹스를 판매하기보다는 재료 중 일부가 빠져 있는 제품을 만들어 파는 것이 사업에 더 큰 성공을 보장해주리란 사실을 간파했다. 주부들은 손수 계란 하나를 깨 넣어야만 되는 베티 크로커의 믹스로 케이크를 만들었을 때 기분 좋아했다."[58] 이 시점에서 시트콤 〈파더 테드Father Ted〉의 에피소드를 떠올리지 않을 수 없다. 차 만드는 기계를 팔러 온 판매원이 이번 신제품이 차를 끓이는 괴로움으로부터 해방시켜줄 거라고 선전하자, 주부인 도일Doyle 여사는 이렇게 대답한다. "어쩌죠? 나는 괴로운 게 좋은데!"

비록 우리 자신은 그와 다르게 파악하고 있을지 모르지만 숙고와 행동, 내면과 외면 그리고 자신에 대한 집중과 세계에 대한 집중은 사실 상반된 개념이 아니다. 크로포드는 손수 작업에 임하는 것에는 중대한 지적인 요소가 내재해 있다고 주장한다. 우리가 무언가를 만들거나 고치려고 할 때 먼저 계획을 세워야 하며, 실행 과정에서 발생하는 문제

또한 해결해야 하기 때문이다. 행동은 궁리를 이끌어내고 숙고는 행동을 자극한다.

실제 상황에 처했을 때 우리 중 대부분은 각자의 기질에 따라 둘 중 하나의 방식에 더 기울게 될 것이다. 일부는 생각하는 유형이라기보다는 행동하는 유형일 것이고, 다른 일부는 행동하는 유형이라기보다는 생각하는 유형일 것이다. 하지만 이 둘 사이에서 얼마간의 균형을 잡는 능력을 기르는 것이 유익할 것이다. 균형을 잡는데 둘을 얼마의 비율로 조합해야 하는가를 산출하는 공식은 존재하지 않는다. 중요한 것은 효과를 발휘할 수 있는 조합을 만들어내는 것이다.

몸과 마음,
육체와 정신의 관계에 대하여

마음과 몸, 생각과 행동, 내면 그리고 외면 이러한 이중성을 통해 우리 자신을 생각하는 것은 자연스러운 일처럼 보인다. 그러나 만약 그것이 자연스러운 생각이 아니라 시간이 지나면서 바뀔 수도 있는 우리 지성사의 산물이라면 어떨까? 이런 식의 구별법들은 순전한 우리의 창작물로서, 이들이 없어도 아무 상관이 없는 것은 아닐까?

이런 의문은 다소 기발한 상상인 것 같기도 하다. 이런 식의 이분법을 확실하고 절대적인 것으로 믿게된 책임은 어떤 한 남자에게 따져 물어야 한다고들 말한다. 바로 몸과 마음을 나누는 이원론二元論, dualism을 제시한 르네 데카르트René Descartes이다.

데카르트에 대해 가장 설득력 있는 비판을 제기한 이들 중 한 명이 길버트 라일Gilbert Ryle이다. 그는 데카르트의 죄악에 대해 여러 기념비적인 문구를 남겼다. 그가 가장 심각하게 제기한 혐의는 데카르트가 "기계 속의 유령이라는 미신"을 만들어냈고, 이 미신은 이후 수세기 동안 서구식 사고의 기본적인 가정으로 자리 잡게 되는 '공식적 교리'로서 정립되었다는 점이다.

데카르트의 죄악

데카르트의 주장에 따르면, 인간은 정신과 물질이라는 두 개의 서로 다른 실체로 구성되어 있다. 그러나 이 둘이 그 본성상 완전히 상이하다는 그의 생각이야말로 어쩌면 더 유해한 것인지 모른다. 물질은 공적이고 관찰 가능하고 측정할 수 있는 반면, 정신 속의 내용물들은 사적이라서 그 마음을 가진 본인만 확실히 알 수 있고 타인들의 접근은 아예 불가능하다.

데카르트는 또 다음과 같이 주장했다. '본질적으로 우리 자신은 연장물(res extensa, 물질적인 실체)이라기보다는 사유물(res cogitans, 생각하는 존재)이기에 우리는 사실상 자신만의 사적인 영역에만 갇혀 있다. 물론 우리는 신체를 통해 세상과 상호작용을 하지만 그러한 신체는 정신이 거주하는 집에 지나지 않으며 우리 자신은 바로 정신 속에 자리 잡고 있다.'

이러한 생각은 우리로 하여금 SF소설 『우주전쟁The War of the Worlds』에 나오는 괴물 '트라이포드'를 환기시킨다. 명령에 따라 이리저리 움직이는 트라이포드는 괴상한 몸뚱이와 놋쇠 덮개를 가진 거대한 금속 창조물이다. 사실 그것은 생명이 없는 기계에 불과하며, 그 내부의 유일한 의식은 화성인 조종사가 담당하고 있다.

데카르트의 '공식적 교리'도 우리 자신에 대해 이와 비슷한 이미지로 그리고 있다. 즉 자아는 신체 안에 거주하지만 결코 신체의 일부는 아니라고 본다. 그러나 보다 공정하게 데카르트의 생각에 접근해 본다면, 그도 이런 이야기가 사실이 아니라는 것은 알고 있었음을 깨닫게 된다.

"내가 내 신체 속에 자리 잡은 방식은 항해사가 배 안에 자리 잡고 있는 방식과 같지 않다. 나는 내 신체와 매우 긴밀하게 결합되어 있다. 즉 나와 내 신체는 섞여 있으며, 그런 식으로 나와 내 신체는 하나의 단위를 구성한다."[59]

그럼에도 불구하고 정신과 신체가 분리될 수 있고, 우리 자신을 규정해주는 것은 정신이며, 또 정신은 사적인 것이라 한다면 우리는 자기 자신을 신체에 일시적으로 거주할 뿐인 난쟁이 같은 개념으로 여길 수밖에 없을 것이다.

말이나 행동도 생각의 일부이다

물론 우리의 생각이나 감정 중 많은 것들이 주관이며, 오직 자신만이 그것들을 경험할 수 있다는 것은 사실이다. 그러나 데카르트식 모델이 주장하는 것과 어긋나는 사실도 있다. 우리가 자신의 내면에 대해 알지 못하는 것이 생각보다는 많다. 마찬가지로 타인들이 우리 자신의 내면에 대해 아는 내용도 생각보다는 많다.

예를 들어 종종 다른 사람들이 당신보다도 먼저, 그리고 더 정확하게 당신의 기분을 눈치 채는 경우가 얼마나 흔했던가를 생각해보라. 당신은 지금 열중해서 차를 달여 내고 있지만 언짢은 기분이 슬며시

몰려오고 있다. 이때 당신의 배우자는 다음과 같이 지적한다. "당신은 지금 화가 나 있는데, 그 이유는 좀 전에 당신이 달여 내놨던 차에 대한 평가가 좋지 않아서 분노가 일어났기 때문이야."

이보다 더 심각하고 극단적인 경우도 있다. 어떤 사람이 누군가와 사랑에 빠져 있다고 여기고, 그 사랑이 깊고도 진실하다고 확신하지만 주변 사람들은 그에게 어떤 진지함도 없음을 간파하는 경우가 있다. 이런 경우에서 알 수 있듯이 우리의 생각은 타인의 관점보다 때로 덜 정확하며 진실에 대한 포착 능력도 떨어진다.

이와 같은 논리는 생각과 행동을 구분하는 데에도 적용된다. "말보다는 행동이 더 많은 이야기를 들려준다"는 속담에는 이야기의 전모가 들어 있지 않다. 왜냐하면 이 속담은 말과 행동이 우리의 가장 내밀한 생각과 감정, 욕망을 표현하는 두 가지 방식이라고 이미 전제하고 있기 때문이다.

그러나 실제 상황은 그렇게 단순하지 않다. 나는 행동(말하는 것도 행동에 포함된다)이 생각을 단순히 표현하는 것이라고 보지 않는다. 그보다는 행동도 생각의 일부라고 생각한다. 왜냐하면 만약 당신이 자신의 생각에 대해 정확하게 정리하거나 전달할 때 그에 따른 행동을 포함시켜야 할 경우가 있기 때문이다.

그래서 이런 식의 예를 드는 것이 가능할 것이다. 만약 당신이 빵을 가게에서 사지 않고 직접 구웠다면 당신은 아마도 빵 굽는 일이 노력을 들일 만한 가치가 있다고 생각했기 때문일 것이다. 설령 별 생각 없이 빵을 구웠고 '빵을 직접 굽는 건 가치 있는 일이지'라고 의식적으로 생각한 적이 없다 할지라도 행동을 통해 당신이 그런 생각을 했다는 사실이 드러난다.

정말이지 가끔은, 실제로 행동을 돌아봄으로써 진짜 무슨 생각을 하고 있는지 알아내기도 한다. 이를테면 이런 식이다. "사실 나는 부모님과의 관계를 그다지 중요하게 생각하지 않는다고 알고 있었는데, 내가 자주 부모님께 전화를 드리고 찾아뵙고 하는 걸 보면, 그 관계에 적잖이 신경을 쓴다는 사실을 받아들일 수밖에 없겠군."

그렇기 때문에 인간은 몸과 마음이 합쳐진 존재가 아니라 '몸과 마음이 하나 된 전체'라고 봐야 한다. 우리는 생각하는 동물이다. 따라서 생각과 행동, 내면과 외면에 대해서 이야기할 때 두 개의 분리된 영역에서 이루어지는 활동에 대해 이야기하는 것이 아니라 자아와 긴밀하게 연결된 두 측면에 대해 말하고 있는 것이다.

그래서 성찰과 행동이 조화롭게 어우러질 때 가장 충만한 '자신'이 된다. 풍요로운 내면적 삶을 갖추지 못한 사람이 거북이가 빠져나간 껍질과 같다면, 과도하게 내면에서만 살려고 애쓰는 사람은 껍질이 없는 거북이와 같을 것이다.

통찰에
대하여

/

삶을 통찰하고 싶은 당신에게

철학자
계산하지 말고 관찰하라

심리학자
마음챙김과 몰입

철학자

계산하지 말고
관찰하라

우리 모두는 충치로 고생하는 치과의사, 엉망진창인 집에 사는 인테리어 전문가가 있다는 사실을 잘 알고 있다. 또한 온갖 신경증에 시달리는 정신건강 전문의가 있다는 사실도 잘 알고 있다. 이처럼 가장 예리한 눈초차도 자기 자신에게로 그 시선을 돌릴 수는 없다. 유감스럽지만 철학도 이 법칙에 예외가 될 수 없다. 참으로 부끄러운 일이다. 철학은 가장 기본적이고 근본적인 원리들에 대해 기꺼이 의문을 제기하는 것에 자부심을 느끼기 때문이다. 플라톤이 인용한 델피Delphi의 아폴로 신전Temple of Apollo에 새겨진 말도 있지 않은가. "너 자신을 알라."

논리적 연산 능력보다 중요한 것은 관찰이다

내가 보기에 현대 영어권 철학의 문제점은 철학의 주된 방법이 합리적 논증이라는 생각에 과도하게 심취해 있다는 것이다. 기본적으로 그들은 철학이 연쇄적인 추론을 통해 이루어진다고 생각한다. 또한 철학적 결론의 확실성 여부는 각 추론 사이의 연결고리가 얼마나 강력한가와 모든 추론의 시작점에 위치한 사실이 얼마나 확실한가에 달려 있다고 믿는다.

이것이 실제로 철학에서 매우 중요하다. 그러나 이에 버금갈 정도로 중요한 다른 무언가도 있다는 점을 말해두고 싶다. 그 무언가는 바로 당신이 통찰 혹은 판단이라고 부르는 것이며, 이를 위해서는 논리적으로 처리하는 능력보다는 신중하게 집중하는 능력이 절실히 필요하다. 이런 점이야말로 합리성 개념의 핵심이 된다고 나는 주장하고 싶다.

이 주장을 뒷받침해주는 증거는 많다. 철학사에 등장하는 가장 중요한 '논증들'을 살펴보라. 그 논증들이 진행되는 데 중심적인 역할을 하는 것은 연역적 추리보다는 귀납적 관찰이라는 사실을 발견하게 될 것이다.

예를 들어 현대 철학에서 가장 유명한 논문 중 하나로 꼽히는 토마스 네이글Thomas Nagel의 「박쥐의 입장에서 느낀다는 것은 어떤 것인가?What is it like to be a bat?」를 보라. 이 논문에서 저자가 도달한 결론은, 의식에 대한 과학적 설명을 완벽하고 객관적으로 제공하는 것은 가능하지 않다는 것이다. 이것은 대담한 주장이다.

그리고 이 주장은 논증뿐만이 아니라 관찰에도 의존하고 있다(이 논문의 제목도 관찰을 통해 이끌어낸 것이다). 예컨대, 이 논문은 박쥐처럼 세계를 지각한다는 것이 어떤 것일지 상상해볼 것을 우리에게 요구한다. 즉 박쥐가 눈이 퇴화되어 시각 대신에 초음파탐지를 통해 대상을 인식하는 것처럼 우리도 초음파를 통해 대상을 인식하고 판단할 것을 권한다.

우리는 박쥐가 세계를 지각하는 방식을 상상해보려고 하지만 그럴 수 없다는 것을 이내 깨닫게 된다. 그럼에도 우리는 박쥐가 자기만의 방식으로 세계를 지각할 때 갖게 되는 모종의 느낌이 반드시 존재한다는 것을 확신한다. 이 과정을 통해 우리는 경험하지 않으면 적절하게 묘사조차 하지 못하는 의식적 경험의 세계가 존재한다는 것을 관찰한다.

또 다른 예로 인과성과 관련된 간단한 사례를 떠올려보자. 당신이 손뼉을 치자 소리가 났다. 당신은 손뼉이 소리를 야기했다는 것을 관찰했는가? 그렇지 않다. 당신이 관찰한 사실이라고는 손뼉이 마주 부딪치고 거의 즉시 소리가 뒤따라 들렸다는 것뿐이다. 당신은 이런 일이 언제나 발생한다는 것을 알고 있고, 그래서 손뼉을 치는 것이 소리의 원인이라고 가정한다. 그러나 모든 인과성의 사례가 그러하듯이, 이것은 가정일 뿐이다. 왜냐하면 우리가 전자현미경으로 살펴본다손 치더라도 우리는 결코 한 사건이 다른 사건을 야기하는 것을 관찰할 수 없으며, 언제나 오직 한 사건 다음에 다른 사건이 발생하는 것만을 보기 때문이다.

이것은 심오한 함의를 갖는다. 단지 모든 과학 분야에서뿐만 아니라 일상적 삶에서 우리가 하는 일의 대부분은 원인과 결과에 대한 믿음에 기반하고 있는데, 이 믿음은 논리에 의해서도 경험에 의해서도 정당화되지 않는 것이다. 그런데 역설적이게도 이러한 결론은 주로 관찰에 의해서 도달한 것이다. 즉 세계에 대한 우리의 경험에 보다 세심한 주의를 기울임으로써 이러한 결론에 도달한 것이다.

과도한 계산은 주의를 분산시킬 수 있다

더 많은 사례를 제시할 수도 있겠지만 그 기본적인 아이디어는 이미 충분히 명백해졌을 거라고 판단된다. 훌륭한 철학은 사물을 올바르게 인지하고, 세심하게 주목하며, 그것의 의미를 파악하는 것에 의존한다. 이 사실은 중요하다. 왜냐하면 철학에서 참인 것은 합리성 일반에서도 참이기 때문이다. 그러나 세계에 대해 정확히 추론하기 위해서는 논리적 연산 능력 이외의 것도 필요하다. 휴대용계산기는 대상에 대한 이해가 없으면서도 정확히 계산해낼 수 있다. 그러나 사람이 계산기와 비슷한 모습을 보인다면 우리는 그를 어떻게 볼까? 단지 영리하다고 말할지언정 지혜로움을 갖추었다고는 말하지 않을 것이다.

이런 사실은 실천 이성, 즉 윤리와 인생의 선택 문제에 대한 생각과 관련지을 때 중요성을 띠게 된다. 예컨대, 인생의 어려운 선택 문제에 봉착했을 때를 생각해보자. 이 상황을 타개하기 위해 사용할 수 있는 다양한 방법들이 추천된다. 그중 한 가지 방법은 선택에 따른 장단점의 리스트를 작성하는 것이다. 나는 이것이 좋은 방법이라고는 생각하지만, 리스트를 작성해 올바른 행동을 계산해내는 것은 결코 가능하지는 않으리라 본다.

각 항목에 숫자로 점수를 매겨보려는 시도는 할 수 있지만 그러기 위해서는 단순 계산 이외의 다른 것이 필요하다. 각 항목에 대해 신중하게 주의를 기울여 그 각각이 실제로 얼마나 중요한지를 고려해야 할 필요도 있는 것이다. 심지어 점수를 매기는 데까지는 성공했다 하더라도 그때부터 할 일이라곤 매긴 점수를 합산해 그 결과가 양의 값인지 음의 값인지만 확인하면 된다고 감히 제안하지 않기를 바란다. 가령 12가지 항목을 작성했다고 하고, 그 중 11개 항목의 점수가 각각 -1이고 나머지 한 항목의 점수가 10이라고 하자. 그렇다면 단순 합계의 결과는 -1이 될 것이다.

하지만 이런 경우는 어떤가? 당신은 어떤 일을 해야 하는 하나의 분명한 이유를 가지고 있는 한편 그 일을 하지 말아야 하는 여러 개의 약한 이유들도 동시에 가지고 있다. 이 경우, 그 일을 해서는 안 된다는 원칙을 만들어낼 수는 없다. 정확한 판단을 내리기 위해서 당신은 논증을 구성하거나 합계를 산출하는 것이 아니라 각 항목에 주의를 기울이고 그 각각이 실제로 얼마나 중요한지를 살펴야 한다.

심지어는 너무 과도한 심사숙고가 문제가 되는 경우도 가끔 있다. 종종 사람들은 자신의 머릿속에서 떠올릴 수 있는 다양한 선택지를 열거해보고, 거기에 이 값을 매겼다가 저 값을 매겼다가 하며, 그 선택의 결과가 어떻게 될지를 따져보는 식으로 상황에 몰두하곤 한다. 이런 순간 잠시 생각을 멈추고 다음과 같이 자문하는 것이 도움이 될지 모른다. '이 순간 정말로 중요한 것은 무엇인가?', '정말로 긴급한 문제는 무엇인가?', '내가 제대로 된 사안에 몰두하고 있는 것일까?'

너무 과도한 계산은 우리의 주의를 분산시킬 수 있다. 우리 모두가 그런 것처럼 철학자들조차도 지도 읽기나 네비게이션에 몰두한 나머지 애초 지금 이 장소를 찾게 만든 주변의 풍경들에 주목하지 못하는 여행자가 되어버릴 수 있다.

마음챙김과
몰입

"자, 이제 집중하세요." 이 말은 마치 누군가를 나무랄 때 하는 말 같아서 단호한 표정을 짓거나 탁자를 쾅쾅 두드리기라도 해야 할 것 같다. 그러나 집중은 경직되거나 단호한 행동만은 아니다. 집중은 우리 삶에서 매우 중요한 문제이다. 제멋대로 굴도록 내버려두면 우리 정신은 과거와 미래의 평행우주를 마구 만들어내 그 세계에 빠져 허우적대도록 만들며, 바로 우리 눈앞에 있는 것들(예컨대 아름다운 풍경, 경고신호, 학습기회)을 놓쳐버리게 만든다.

마음 속 현상들을 알아차리고도 그것들과 고투하지 않기

집중하는 방법은 다양하다. 그중 한 방법은 최근 커다란 인기를 누리고 있는 '마음챙김正念, mindfulness'이다. 마음챙김은 불교 명상에서 그 기원을 찾을 수 있는데, 우울증 같은 문제들에 대한 임상치료 방법으로 주목받고 있다.

마음챙김은 생각, 감정, 지각과 같은 마음속 현상들이 생겨나고 사라지는 것을 알아차리면서도 그것들과 고투하지도 않고 얽매이지도 않은 상태로 호흡에 초점을 맞추는 것이다.

왜 우리는 이런 명상을 해야 하는가? 초기 불교에서는 마음챙김 명상을 함으로써 만물이 존재하는 실제 모습을 직접적으로 통찰할 수 있다고 보았다. 그 실제 모습을 보건대, 세상만물은 덧없고 쉬이 흩어져버리는 것이며, 끝없이 우리에게 피할 수 없는 고통을 만들어낸다. 이와 같은 통찰이 우리에게 깨달음을 준다.

그렇다면 마음챙김이 임상치료 방법으로 이용될 수 있는 원리는 또 무엇일까? 가령 우울증에 시달리고 있는 사람이 꼬리에 꼬리를 무는 상념의 소용돌이로 통제될 수 없는 지경에 이르게 된다고 해보자. 마음챙김을 이용하면 그런 통제 불가능한 상황에 이르기 전, 자신에게 침울한 기분과 부정적인 생각이 처음 들어서는 순간을 포착하는 법을 익힐 수 있다. 고통스러운 생각과 감정을 억누르는 대신 그것들이 오고 가는 것을 허용하는 법을 익힌다면, 그것들을 바라보는 시각이 완전히 달라질 수 있다.

마음챙김 명상을 해야 하는 두 가지 이유

간단히 말해 마음챙김은 관심과 수용의 자세로 경험에 주의를 기울이는 방법이다. 그렇기 때문에 비록 당신이 깨달음을 추구하는 것도 아니고 특정한 문제로 고통받는 것도 아니라 해도, 적어도 두 가지 건전한 이유 때문에 당신이 그것을 수행해볼 가치가 있을 듯하다. 첫 번째는 미학적인 이유이다. 우리 주위의 것들을 더 다양한 국면에서 보다 생생하게 살펴보는 것은 그 자체로 즐거운 일이다. 대부분의 시간 동안 우리는 자신만의 상념에 사로잡혀, 오후 햇살이 만든 빛의 무늬라든지 나무에 매달린 가을 열매의 붉은 색감과 같은 것들을 놓치고 산다. 이러한 질감들에 주목함으로써 인생 경험을 보다 풍요롭게 또 충만하게 만들 수 있다.

베트남 출신의 선불교 승려 틱낫한은, 마음챙김을 통한 주의 집중이 주변의 사물들이 가진 경이로움(자연의 아름다움 같은 의미는 아니다)에 주목하는 데 도움을 줌으로써 우리의 경험을 얼마나 변모시킬 수 있는지 시적으로 표현한 바 있다. 그의 가르침에 따르면 설거지나 차 끓이기처럼 단순한 일부터 시작해 우리가 하는 모든 일에 마음챙김을 통해 관심 기울여야 한다. "그릇을 느긋하게 씻어보라. 마치 그릇들이 관조의 대상인 것처럼 말이다. 모든 그릇이 신성한 사물이라고 여겨라. 마음이 산만해지지 않도록 호흡을 따라가라. 일을 빨리 마치려고 서두르지 마라. 설거지가 인생에서 가장 중요한 일이라고 생각하라. 설거지가 명상이다. 만약 주의를 집중한 상태로 설거지를 하지 못한다면 조용히 앉아서도 명상을 하지 못할 것이다."[60]

두 번째 이유는 실용적인 근거에서 찾을 수 있다. 불교도이자 무신론자인 스티븐 배첼러Stephen Batchelor가 썼듯이, 우리는 보통 "자각하지 못한 채 습관적인 충동의 파도를 따라" 표류하고 있다.[61] 우리는 자신의 생각과 감정에 붙들린 나머지 그것들이 정신의 일시적인 상태라는 것도 자각하지 못할 정도이다. 그래서 우리는 생각과 감정들을 부주의하게 방치한 결과 그것들에 끌려 다니거나 휘둘린다.

이런 점에서 보면 집중은 우리 안의 상처와 분노와 자기연민이 깜빡거리는 첫 신호를 잘 파악하는 것을 의미한다. 만일 우리가 이러한 감정이 일어나는 순간을 포착하는 법을 익힌다면 어느 정도까지는 감정을 통제할 수 있을 것이다.

집중하기의 또 다른 방법, 몰입

집중하기의 방법으로 마음챙김 말고 몰입이라고 알려진 방법도 있는데, 이 둘을 비교해보는 것도 매우 흥미롭다. 미하이 칙센트미하이에 따르면 우리가 뭔가에 몰입하는 때는 다음과 같다. 목표가 명확하고, 행동에 대한 결과가 즉각적으로 나타나며, 과제와 실력이 조화를 이루면 몰입하게 된다. 즉 어떤 일이 그 자체로 가치가 있음을 깨닫고 일에 집중하면 몰입하게 된다. 그 순간에는 무언가를 경험하고 있다는 것뿐만 아니라 자기 자신도 잊게 되며, 시간 가는 줄도 모른다.[62]

어떤 측면에서 보자면 이 상태는 마음챙김과 정반대에 위치한 것처럼 보인다. 마음챙김은 주관적 경험이 몰고 오는 잔물결 하나하나까지 의식하는 반면 몰입은 오직 '하고 있는 일'에 그 상태로 열중함으로써 무엇을 하고 있는지조차 잊는 것이기 때문이다.

그러나 한편 마음챙김과 마찬가지로 몰입 또한 혼돈스러운 일상에 질서를 부여함으로써 주의를 통제하는 것과 관련되어 있다. 일상의 사소한 불평과 욕구 불만에 안달하며 에너지를 낭비하는 대신 한 가지 사안에 집중함으로써 그것에 질서를 부여하는 것이다. 그리고 몰입은 신비하고 영적인 체험에만 국한되지 않는다. 칙센트미하이가 명확히 밝힌 바에 따르면 위에 언급한 상황을 만들어낼 수 있다면 그 누구든 자신의 삶에서 더 많은 몰입의 상태를 만들어낼 수 있다.

인생을 살아가기 위해 우리가 선택할 수 있는 최고의 방법

살펴본 것처럼 마음챙김과 몰입은 하나의 맥락으로 합류한다. 이 둘이 공통적으로 가치를 부여하는 것은 주의를 통제할 수 있는 능력과 지속적인 충동의 흐름에 휘둘리지 않고 의식적으로 행동할 수 있는 능력이다. 물론 이 능력들은 결코 만병통치약이 아니다. 마음챙김이나 몰입만 가지고서는 어떻게 살아야 하는지 알 수 없을 것이다. 그러나 삶의 우여곡절을 극복하고자 할 때 이 둘은 진정으로 변화를 초래할 수 있기에 계발할 가치가 있다.

집중은 삶의 어려움에 직면했을 때나 지루한 일상사로부터 벗어나고자 할 때에만 의존하는 것이 아니다. 집중은 내적인 경험이자 우리가 살고 있는 세상에 대해 열린 자세를 갖는 것이다. 한 마디로 삶을 풍요롭게 해주는 재료이다. 나는 집중을 인생을 잘 살아가기 위해 우리가 선택할 수 있는 최고의 방법이라고 표현하고 싶다. 불교에서 가르치듯이 연민과 결합된 집중은 선함과 지혜로움에 이르는 길로 우리를 인도할 것이다.

Thank's to 아리스토텔레스

삶의 문제를 다루는 데 우리 두 사람에게 가장 큰 영향을 준 철학자 겸 심리학자가 아리스토텔레스이다. 그의 저작은 인생을 어떻게 살아야 하는가라는 질문에 대한 통찰력을 담고 있다. 비록 그가 2천 년 전에 그 책들을 집필했기 때문에 오늘날 우리가 당연하다고 믿는 것들에 대한 지식을 담고 있지는 못하지만(그로 인해 당연하게도 완전히 잘못된 생각을 내놓기도 했지만) 인간 삶에 대한 그의 이해 방식은 수많은 현대 이론들보다 훨씬 날카로운 통찰력을 지니고 있다.

우리 두 저자는 좋은 삶에 대한 그의 이론에서 많은 영감을 얻었다. 만일 독자 여러분이 더 알고 싶은 것이 있다면 『니코마코스 윤리학』을 일독하길 권한다. 이 책은 아리스토텔레스의 강의노트를 묶은 것이라 분량이 그리 많지 않음에도 읽고 이해하는 일이 그리 녹록지 않을 것이다. 그럼에도 그만한 노력을 들일 가치가 충분하다고 본다. 이 책이야말로 '모든 이들의 필독서'라는 카피를 붙여도 좋을 만큼 뛰어난 가치를 지니고 있기 때문이다.

1. 아리스토텔레스의 방법, 실천적 지혜

아리스토텔레스를 여러 철학자 중 한 명으로 생각한다면 그를 지나치게 과소평가하는 것이다. 단언하건대, 그는 인류 역사상 가장 박식한 인물 중 한 사람이다. 그는 논리학과 형이상학 같은 추상적인 문제의 철학적 기초를 놓는 글들을 썼으며 생물학, 극작법, 인간사의 질서를 밝히는 분야에까지 관심을 두었다. 추상적인 것에서 출발해 구체적인 것으로 노련하게 나아가는 걸출한 능력은 다른 어떤 분야보다 윤리학과 관련된 그의 저서를 보면 잘 드러난다.

아리스토텔레스의 윤리학은 그가 훌륭한 삶의 중심원리라고 간주했던 한 가지 개념으로 요약된다. 그것은 바로 실천적 지혜, 즉 '프로네시스phronesis'이다. 이것만 갖추고 있다면 우리는 다양한 상황에서 구체적으로 어떻게 행동해야 할지에 관한 올바른 판단력을 갖게 된다.

문제는 그것을 어떻게 계발하는가이다. 우선, 자신의 가치를 숙고하고 좋은 삶을 이루는 데 필요한 품성들을 올바로 깨닫는 단계에 도달해야 한다. 다음 문제는 그 깨달음을 실천으로 옮기기 위한 기술을 연마하는 것이다. 그 기술은 다음과 같은 능력을 포함한다. 첫째, 자기 자신, 자신이 처한 상황, 그리고 타인을 명확하게 판단하는 능력이다. 둘째, 가능성 있는 목표를 선택해 평가할 수 있고, 그 목표를 성취할 수 있는 최선의 방법을 찾아낼 줄 알며, 그에 따른 결과를 검토할 수 있고, 자신이 배운 것을 적용하거나 변용할 수 있는 능력이다.

의사결정을 잘하는 것은 첫걸음일 뿐이다. 너무 많이 번민하지 않고 결정된 내용으로부터 적절한 행동이 흘러나오도록 하는 것 또한 중요하다. 절치부심하듯 생각에 매달리는 것은 깊이 생각하지 않는 것보다는 낫다. 하지만 가장 좋은 것은 적절하고도 순조롭게 결심한 내용을 이행하는 것이다. 어쨌든 이 과정에서도 당신이 한 분야의 전문가가 되었다고 가정해보자. 그렇다면 왜 그렇게 행동해야 하는가에 대한 심사숙고 없이 즉각적인 판단에 따라 행동해도 무방하다. 인도자 역할을 하는 이성이 반드시 동반되어야 한다. 매상황마다 깊이 생각할 필요 없이 자동적으로 올바로 행동할 수 있게 되는 것은 바로 이성 때문이다.

이러한 능력에는 어떠한 신비스러움이나 의심도 없다. 아리스토텔레스의 생각은 현대 심리학에서 말하는 숙달된 직관력이라는 개념과 놀라울 만큼 유사성을 갖는다. 당신이 한 분야의 전문가가 되었다고 가정해보자. 그런 경우, 가장 훌륭한 행동 방식은 왜 그렇게 해야 하는가에 대한 심사숙고 없이 그저 돌발적으로 행동이 튀어나오는 것이다. 물론 당신의 판단이 틀릴 가능성은 언제나 존재하며, 합리적인 근거를 찾아내기 위해 노력하는 것은 훌륭한 습관이다. 그럼에도 불구하고 확실한 정당성이란 종종 사건이 벌어진 이후에나 찾아오는 법이다. 바로 이러한 이유 때문에 올바른 결정을 신속하게 내리기 위해 우리는 전문가에게 의지하곤 한다. 이런 의미에서 볼 때 실천적 지혜란 삶의 기술에 있어 전문가가 되는 것이라고 할 수 있다.

인생의 문제는 양자택일이 아니므로
자신이 처한 상황에 맞는 눈금의 자리를 발견하자

실천적 지혜를 계발하는 것은 말처럼 쉬운 일이 아니다. 하지만 아리스토텔레스는 그것을 잘 파악할 수 있도록 돕는 유용한 장치를 가지고 있었다. 바로 중용이다. 이 개념에 따르면 우리는 결코 양자택일적인 상황에 처해 있지 않다. 예컨대 자신감과 신중함, 용기와 비겁, 쾌락과 금욕 중 어느 하나만을 선택해야 하는 것은 아니라는 말이다. 그 대신 우리는 자신과 자신이 처한 상황에 맞는 눈금의 자리를 발견해야만 한다. 그 자리가 바로 중용이다. 아리스토텔레스는 『니코마코스 윤리학』에서 다음과 같이 설명한다.

예를 들어 두려움, 대담함, 욕망, 분노, 연민 혹은 보통의 즐거움이나 고통을 느끼는 일은 살면서 자주 경험할 수도 있고 너무 적게 경험할 수도 있으되, 양자 중 어느 쪽도 좋은 것이 아니다. 그러나 적절한 때에, 적절한 대상에 대해, 적절한 사람을 향해, 적절한 목적을 위해 그리고 적절한 방식으로 그것들을 느끼는 것이 중용이며 최선이다. 즉, 이런 식의 느낌이야말로 덕德에 속하는 것이다. 이와 비슷하게 행동의 측면에서도 지나침과 모자람 그리고 중용이 있다.

하지만 모든 것에 틀에 박힌 적절성을 추구하라는 것이 중용은 아니다. 때를 가리지 않고 가장 적절한 양의 분노를 추구해야 하는 것도 아니다. 어떤 경우에는 커다란 분노가 요구되기도 하며(그것이 어떤 식으로 표출되어야 하는지는 또 다른 문제겠지만), 전혀 분노가 요구되지 않는 경우도 있다. 중용은 우리가 처한 각각의 상황에 맞게 정교하게 조절되어야 한다.

이런 점에 있어 아리스토텔레스의 입장은 명확하다. 그는 인간 행동에 있어 중용이 산술적인 평균 같은 것은 아니라고 못 박은 바 있다. 체중을 예로 들어보자. 신장 6피트(약 183센티미터)인 사람에게 50킬로그램은 너무 가볍지만 100킬로그램은 너무 무겁다. 그렇다고 해서 그것의 산술적인 평균값인 75킬로그램이 누구에게나 가장 적절한 체중이라고 단정할 수는 없다. 예컨대, 경쾌한 춤을 추어야 하는 무용수는 그보다 가벼워야 하고 보디빌더는 그보다 무거워야 한다. 더욱이 훌륭한 삶을 사는 문제에 있어 중용을 계산하는 정확한 셈법은 존재하지 않는다.

물론 인생의 문제들을 고민하고 해결해가는 과정에서 중용이라는 용어를 수시로 떠올리지는 않겠지만 그럼에도 우리가 맞닥뜨리는 수많은 인생의 문제들은 결국 중용을 찾기 위한 투쟁에 다름 아니다. 우리는 더 큰 모험을 감수하고 싶을 수도 있다. 더 큰 자신감, 더 큰 인내심, 더 큰 참을성을 원할 수도 있다. 혹은 즉각적으로 채워지는 쾌락에 저항하는 능력을 원할 수도 있다. 우리 자신을 좀 더 강하게 몰아붙여야 할지 아니면 좀 더 약하게 다루어야 할지 판단내리기 힘들 때가 있으며, 인내심을 절대적 순종이나 무모할 정도의 용기로 변환시키는 시점을 결정하기 힘들 때도 있다. 이 책에서 논의되는 수많은 삶의 문제들 속에서 이와 같은 변화무쌍함은 명백하게 드러난다.

때로 우리는 중용이 어디쯤에 위치하는지를 판단하는 데 애를 먹는다. 아리스토텔레스는 그러한 상황들에서 적용될 수 있는 생활의 지혜와 같은 지침 두 가지를 제시한다. 그중 하나는 양극단 중 해로운 쪽을 멀리하라는 것이다. 곰이 출몰한다는 경고판을 보았을 때 당신은 무엇을 선택해야 할까? 되돌아가는 것은 비겁한 것일까, 혹은 계속 앞으로 나가는 것은 바람직한 용기일까? 확신이 들지 않는다면 돌아가는 쪽을 선택해야 한다. 멋진 산책로에서 벗어나는 아쉬움이 성난 회색 곰에 붙잡혀 찢겨 죽는 것보다 백 배 천 배 낫지 않겠는가.

나머지 하나는, 극단을 멀리하라는 것이다. 실제로 우리는 일상 속에서 하나의 극단으로 쉽게 치우치는 경향이 있다. 예를 들어, 당신이 지나치게 신중한 성향이 있다고 하자. 이 경우, 당신은 미세하게나마 좀 더 대담한 쪽으로 발걸음을 옮김으로써 중용을 찾아갈 수 있다.

건축을 함으로써 건축가가 되고
정의로운 행동을 함으로써 정의로운 사람이 된다

중용을 향해 옮겨가는 것은 가능하다. 왜냐하면 이 세상의 다른 사물들과 달리 인간은 변화의 능력을 갖추고 있기 때문이다. 아리스토텔레스의 말을 인용해보자.

"아래쪽으로 낙하하는 자연적 본성을 지닌 돌멩이에게 지속적인 습관을 작용시킨다고 해서 위쪽으로 상승하는 능력을 가진 돌멩이를 만들어낼 수는 없다. 누군가 그 돌멩이를 수만 번이나 위로 던져 올린다고 해서 위로 상승하는 본성을 지닌 돌멩이가 될 수는 없는 법이다. …… 혹은 자연 상태에서 한 가지 방식으로 행동하는 어떤 것이 다른 방식으로 행동하는 습관을 갖게 되는 일이란 일어나지 않는다." 이와 달리, 아리스토텔레스가 덕이라 칭했던 것, 즉 잘 자리 잡은 성향은 "본성으로부터도, 혹은 본성과 대립되는 어떤 것으로부터도 나오지 않는다. 하지만 본성은 그것을 획득할 수 있는 능력을 우리에게 부여하며, 완성은 습관화를 통해 이루어진다.

우리 자신의 인성은 어린 시절의 경험 속에서 형성된 습관에 뿌리를 깊게 두고 있다(유전적인 요인도 여기에 덧붙일 수 있을 것이다). 그럼에도 불구하고 우리는 자신의 인성 형성에 대한 책임을 져야 한다. 하지만 인성을 변화시킬 수 있는 힘은 어디에서 나오는 것일까? 무엇보다도 그것은 습관화를 통해 이루어진다.

아리스토텔레스는 다음과 같이 말한다.

"우리는 건축을 함으로써 건축가가 되고, 리라를 연주함으로써 리라 연주자가 된다. 마찬가지로 우리는 정의로운 행동을 함으로써 정의로운 사람이 되고, 온화한 행동을 함으로써 온화한 사람이 되며, 용기 있는 행동을 함으로써 용기 있는 사람이 된다."

아리스토텔레스의 지혜가 현대 심리학 연구에 의해 정당화되는 장면이 이 대목에서도 목격된다. 다양한 형태의 행동 치료법이 효과가 있는 것은 우리가 할 수 있는 행동을 변화시킬 때 우리가 생각하고 느끼는 방식도 영향을 받는다는 사실 때문이다.

이 모든 자기 훈련의 목적을 즉각적이면서도 올바른 판단을 위한 것이라 보아서는 안 된다. 그보다는 우리의 이성적 숙고와 즉각적인 반응을 날줄과 씨줄로 엮어내는 방법을 계발하는 것으로 보아야 한다.

2. 훌륭한 인생에 대하여

실천적 지혜는 인생에서 진정 가치 있는 것이 무엇인지 파악하는 능력을 포함한다. 용기를 예로 들어보자. 어떤 것이 위험을 무릅쓸 만한 가치가 있는지 여부가 명확하지 않다면, 혹은 위험을 무릅쓸 가치가 얼마나 있는지 명확하지 않다면 당신은 중용을 비겁과 용기 사이의 어느 지점에 위치시킬지 판단하기 어렵다.

의리를 지키는 것도 마찬가지이다. 다른 고려사항들이 의리를 저버리라고 할 때 사회적인 유대나 가족 간의 화합을 지속시키는 것이 자신에게 얼마나 중요한지에 대한 판단에 따라 어느 정도의 의리를 보이는 것이 바람직한지가 결정된다. 무엇이 최선의 행동인가에 대한 모든 결정에는 어떤 종류의 인생이 더 좋고 나쁜가에 대한 판단이 포함될 수밖에 없다.

훌륭한 삶을 구성하는 요소는 뭘까?

우리는 어떤 인생이 최선인가에 대한 보편적인 판단이 존재할 수 없다고 보는 경향이 있다. 그러면서 최선의 인생을 결정하는 문제를 순전히 주관적인 영역이라고 믿고 싶어 한다. 그러나 좋은 인생을 이루는 요소 중에는 어느 정도 보편성을 가진 것들이 있다는 것은 놀랄 일이 아니다. 모든 인간이 공유하는 수많은 경험들을 고려해보면 그럴 수밖에 없다.

적어도 다음과 같은 생각에는 우리 모두 동의할 수밖에 없을 것이다. 인간에게 좋은 삶이란 고양이나 돼지에게 좋은 삶과는 다른 것일 수밖에 없지 않겠는가. 진흙 속에서 구르는 일이 때로 우리에게 즐거움을 줄 수도 있지만 그것을 돼지만큼 자주 하는 것은 인간이 추구해야 할 삶의 방식과는 거리가 멀다.

훌륭한 삶을 구성하는 데 필요한 하나의 요소, 혹은 일련의 요소들을 찾아내고자 하는 노력은 수천 년 철학의 역사에서 상당히 까다로운 문제로 자리매김해왔다. 그 긴 세월 동안 이 문제에 천착했던 중요한 인물들은 꽤나 합치된 의견을 남긴다. 예를 들어, 경제학자 리처드 레이어드Richard Layard는 행복에 있어 가장 중요하다고 판단되는 다섯 가지 요소를 제기했다. 또한 그는 그렇게 판단할 수 있는 강력한 근거도 함께 제시한 바 있다. 그 다섯 가지는 가족 관계, 재정 상황, 직업, 공동체와 친구 그리고 건강이다. 아리스토텔레스는 행복보다는 번영의 문제에 좀 더 관심을 두는 편이었다. 그렇긴 하지만 행복에 대한 아리스토텔레스의 입장을 보면, 그 또한 위의 다섯 가지와 대체로 유사한 항목들을 염두에 두면서 논의를 전개해나갔음을 알 수 있다.

아리스토텔레스는 당대의 다른 철학자들과 상이한 입장을 취했다. 그는 물질적인 요소들 중 어떤 것들을 행복한 삶을 사는 데 필수적인 요소로 보았다. 왜냐하면 "인간의 본성은 관조를 하는 데 필요한 요소를 갖추고 있지 못하며, 오히려 관조를 위해서는 신체가 건강해야 하고 음식이나 다른 돌봄을 필요로 하기" 때문이다. 그러나 돈은 오로지 목적을 달성하는데 사용하는 수단에 지나지 않는다. 그래서 아리스토텔레스는 인생을 이끄는 목표에서 돈을 제거한다. 물질적 재산은 언제든 잃어버릴 수 있는 것이기에 좀 더 가치 있는 목표를 추구할 수 있는 기회를 희생해가면서까지 물질적인 재산을 축적하는 데 시간을 허비해서는 안 된다.

어려운 환경 속에서도 우리는 최선의 것을 만들어낼 수 있다. 이는 마치 "제화공이 자신에게 주어진 가죽을 이용해 최고로 멋진 신발을 만들어 내는 것"과 같다.

친구 한 명이 늘어날 때 수입이 2퍼센트 증가한다?

유명세나 명성을 얻는 문제를 보자. 이는 우리 시대의 공통된 목표 중 하나이다. 하지만 아리스토텔레스에 따르면, 이 또한 인생에서 중점적으로 추구해야 할 목표는 될 수 없다. 지나치게 타인 의존적이며 기회 의존적일 수밖에 없는 문제이기 때문이다. 너무 분별없는 것이기 때문이기도 하다. 우리는 타인이 우리를 인정하는 것 그 자체를 목적으로 삼는 우를 범하곤 한다. 하지만 정말로 중요한 문제는 존경 그 자체가 아니라 우리가 가진 참되고 훌륭한 자질이 훌륭한 사람들에게 존경받는 것이다.

좋은 대인관계가 행복한 삶을 사는데 중요하다는 것은 심리학자들로부터 널리 인정받는 사실이다. 불행히도 그러한 연구 보고서들은 질보다는 양에 초점을 맞추는 경향이 있다. 예를 들어, 마치 우리가 준수해야 하는 이상적인 친구의 수라는 것이 존재한다는 식으로 말하는 보고서들이 종종 나오곤 한다. 어떤 보고서에는, 한 사람이 학창시절에 어울리는 친구의 수를 보면 그 사람이 미래에 얼마나 잘 살 것인지 예측할 수 있다는 주장이 나온다. 친구를 한 명 더 가질 때마다 수입이 2퍼센트씩 증가한다는 식이다.

대인관계에 대한 아리스토텔레스의 입장은 상식적이다. 그에 따르면, 철저히 외로운 어떤 사람을 두고 그가 좋은 인생을 살고 있다고 말하기란 매우 어렵다. "아무도 친구 없는 삶을 선택하지는 않을 것이다. 심지어 그 대신 다른 모든 좋은 것을 가질 수 있다 하더라도 말이다." 훌륭한 인생에는 타인들이 포함되어야 하며, 특히 순전히 즐거움이나 유용성에 근거한 인간관계보다는 진정한 상호간의 존경에 기반을 둔 견고한 인간관계가 필요하다. 그렇지만 훌륭한 사람은 또한 "자신만의 시간을 보내고자 하는 의지도 있어야 한다." 왜냐하면 한편으로 "지혜로운 사람은 혼자 있어도 관조할 수 있으며" 그렇기 때문에 "가장 자기 충족적인 사람"이다. 타인과 맺는 훌륭한 인간관계가 중요하긴 하지만 그것은 훌륭한 인생을 구성한다기보다는 촉진한다.

아리스토텔레스는 살아 있는 것들은 저마다 자신만의 고유한 본성과 기능을 가지고 있으며, 저마다 각자에게 좋은 삶이 있는데, 그것은 바로 자신의 본성이나 기능에 조화를 이루며 사는 것이다. 따라서 인간에게 좋은 삶이란 이성적 동물로서의 본성과 조화를 이루며 사는 것을 의미한다.

인간을 인간이게 만드는 핵심요소

물론 인간이 얼마나 이성적인가에 대해 아리스토텔레스가 다소 과장한 측면도 있을 것이다. 아리스토텔레스는 인간의 육체적 본성에도 정당한 비중을 두고 주의를 기울였다. 그러나 그 본성이 이성의 지배를 받아야 된다는 것이 그의 주장이었다. 인간에게 다른 동물들과 공통된 부분이 있다는 것은 부인할 수도 없고 감출 수도 없는 사실이다. 하지만 우리가 결코 그런 부분들에 의해서만 좌우되지는 않는다.

인간 본성에 대해, 그것을 고정불변의 어떤 것으로 이해하거나 그것을 우리가 가진 적절한 기능 개념에 지나치게 결부시킬 필요는 없다. 훌륭한 인생이란 우리가 가진 본성과 조화를 이루며 사는 것이라고 할 때 그것은 바로 우리가 가진 잠재능력을 극대화함으로써 단순한 동물이상의 삶을 살도록 이끄는 것을 의미한다. 이 과정에서 이성의 작용이 필요하다는 것이지만 그렇다고 어떤 고상한 정신이나 학문적인 방법론이 필요하다는 의미는 아니다.

앞서 보았듯이, 실천적 지혜는 훌륭한 인생을 논의하는 데 있어 아리스토텔레스가 핵심에 두었던 개념이다. 그것은 누구나 계발할 수 있는 것이며, 각자가 가진 지식의 양과는 무관한 것이다. 인간의 이성 능력이라는 말은 넓은 의미로 사용될 수 있다. 이 경우, 이성 능력이란 생각 없이 이루어지는 본능에 단순히 대립되는 개념으로 이해하면 될 것이다.

한 사람의 인생에서 가장 중요한 것은 과학이 될 수도 예술이 될 수도 있으며, 스포츠나 공예, 코미디가 될 수도 있다. 혹은 타인에 대한 이타주의가 인생에서 가장 중요한 것이 될 수도 있다. 하지만 그것이 무엇이든 다른 동물들은 그런 삶을 살 수 없다. 침팬지나 돌고래조차 그런 삶을 사는 것은 불가능하다.

인간을 인간이게 만드는 핵심적인 요소는 자기 자신을 위해 사고하고 선택하는 능력을 갖추고 있다는 점이다. 그리고 그 누구도 우리가 무엇을 해야 하는가에 대해 명쾌한 답변을 제시하지 못한다. 우리가 절실히 필요로 하는 것이자 아리스토텔레스가 우리에게 건네는 것은 우리 스스로 선택해야만 한다는 책임감을 덜어주는 처방약 같은 것이 아니다. 그보다는 더 나은 선택을 하는 데 필요한 틀을 제공해주는 인생철학이다.

1. 에밀 쿠에, 『자기 암시Self Mastery Through Conscious Autosuggestion』(American Library Service, 1922). 이 문구는 여러 번 언급되는데, 운율을 덜 맞춘 형태도 있다. "나는 나날이, 그리고 모든 측면에서, 점점 더 좋아지고 있다."

2. 장 폴 사르트르, 『실존주의는 휴머니즘이다Existentialism and Humanism』(1984)

3. 임마누엘 칸트, 『윤리 형이상학 정초Groundwork of the Metaphysics of Morals』(Cambridge University Press, 1998). 이 간결한 문구는 칸트의 논증을 요약하기 위해 사용되곤 하지만, 칸트 자신이 사용한 적은 없다.

4. 달라이라마 · 하워드 커틀러 공저, 『달라이 라마의 행복론The Art of Happiness』(Hodder and Stoughton, 1998).

5. 대니얼 길버트, 『행복에 걸려 비틀거리다Stumbling on Happiness』(Alfred A. Knopf, 2006).

6. 미하이 칙센트미하이, 『몰입Flow』, (Harper & Row, 1992), p. 8.

7. 대니얼 카너먼, 『생각에 관한 생각Thinking, Fast and Slow 』(Allen Lane, 2011), p. 397.

8. 버트런드 러셀, 『행복의 정복The Conquest of Happiness 』, (Routledge, 1993), p. 121.

9. 마틴 셀리그만, 『플로리시Flourish 』(Nicholas Brealey, 2011)

10. 그레첸 루빈, 『무조건 행복할 것The Happiness Project』(HarperCollins, 2010), p. 45.

11. 빅터 프랭클, 『죽음의 수용소에서Man's Search for Meaning』(Rider, 2004). p110

12. 미하이 칙센트미하이, 『몰입』, (Harper & Row, 1992), p. 215.

13. 아리스토텔레스, 『니코마코스 윤리학Nicomachean Ethics』, I, 8(Cambridge University Press, 2000), p. 46. III, 5

14. 러스 해리스,『만족의 간극The Confidence Gap』(Robinson, 2011), p. 98.

15. 스티븐 핑커, '(비)폭력의 역사A history of (non)violence',『Foreign Policy』2011년 11월호

16. 폴 길버트,『동정에 초점을 맞춘 치료법 Compassion Focused Therapy』(Routledge, 2010), pp. 105 – 06.

17. 러스 해리스『만족의 간극』(Robinson, 2011), p. 102.

18. 데이비드 이글먼,『인코그니토Incognito』(Canongate, 2011), p. 199.

19. 마틴 셀리그만,『플로리시』(Nicholas Brealey, 2011).

20. 프란스 드 발,『내 안의 유인원Our Inner Ape』(Granta, 2005), p. 82.

21. 폴 길버트,『동정하는 마음The Compassionate Mind』(Constable, 2009), p. 166.

22. 버트런드 러셀,『행복의 정복』(Routledge, 2000), p. 39.

23. 러스 해리스,『ACT가 단순하게 하다ACT Made Simple』, (Russ Harris), (New Harbinge, 20090) p. 195.

24. 마이클 마멋,『사회적 지위가 건강과 수명을 결정한다The Status Syndrome: How Social Standing Affects Our Health and Longevity』(Holt McDougal, 2005)를 참고하라.

25. 린다 하그리브스 외,「잉글랜드의 교사와 교사직의 지위: 직업 내외부에서 본 관점The Status of Teachers and the Teaching Profession in England: Views from Inside and Outside the Profession」, Department for Education and Skills Research Report RR831A, 2007년.

26. 크리스틴 페데스키, 데니스 그린버거 공저『기분 다스리기Mind over Mood』(Guilford Press, 1995).

27. 데이비드 이글먼,『인코그니토Incognito』(Canongate, 2011).
이글먼 교수는 이 책에서 자유의지와 관련하여 다음과 같은 일화를 소개하고 있다. 1966년 오스틴 텍사스 대학에서 찰스 휘트먼이라는 학생이 무차별 총격을 가해 13명이 죽고 31명이 다친 사건이 일어났다. 놀랍게도 그는 그날 새벽 이미 어머니와 아내를 살해했다. 총격 전날 밤 그는 이런 글을 남겼다고 한다.
"요즘 난 내가 누구인지 정말 모르겠다. 나는 이성적이고 똑똑한 사람이라 생각했는데, 최근에는 터무니없는 이상한 생각들에 사로잡혀 있다. 언제부터인지는 잘 모르겠다."

많은 이들이 그를 미치광이, 정신질환 환자로 생각했지만 확인 결과 그는 다정한 남편이자 모범생에 은행원이었다. 그는 글에서 자신의 뇌에 이상이 생긴 것같으니 사후 검사를 해보라고 썼다. 놀랍게도 그의 뇌에서 5센티미터 크기의 종양이 발견됐는데 두려움과 공격성을 조절하는 편도체를 누르고 있었다.

28. 대니얼 카너먼, 『생각에 관한 생각』(Allen Lane, 2011), pp. 378-90.

29. 같은 책 pp. 379-80.

30. 데이비드 이글먼, 『인코그니토』(Canongate, 2011), p. 107.

31. 아리스토텔레스, 『니코마코스 윤리학』Ⅶ, 3,(Cambridge University Press, 2000), p. 124

32. 플라톤, 『파이드로스Phaedrus』§253-255, trans. Walter Hamilton (Penguin, 1973). pp. 61-3.

33. 데이비드 흄, 『정념에 관하여 - 인간 본성에 관한 논고 2A treatise of Human Nature, Book 2』Part Ⅲ, Section Ⅲ, (Clarendon Press, 1978), p. 415.

34. 쇠얀 키에르케고어, 『죽음에 이르는 병The Sickness Unto Death』(Penguin, 1989), pp. 62-3.

35. 플라톤, 『소크라테스의 변명The Apology, §29a, in The Last Days of Socrates』(Penguin, 2003), p. 55.

36. 파스칼, 『팡세Pensées』(Penguin, 1995), p. 127.

37. 폴 루세사바기나, 『보통 사람An Ordinary Man』(Bloomsbury, 2006), p. 127.

38. 안토니오 다마지오, 『데카르트의 오류:감정과 이성 그리고 인간의 뇌Descartes' Error:Emotion, Reason, and the Human Brain 』(Vintage, 2006).

39. 대니얼 데닛, 『행동의 여지Elbow Room』(Bradford Books, 1984), 『의식의 수수께끼를 풀다Consciousness Explained』(Little Brown, 1991) 를 보라.

40. 「소녀들의 성애화에 대한 APA 전담반의 보고서Report of the APA Task Force on the Sexualization of Girls」, 미국 심리학회American Psychological Association, 2007년.

41. https://implicit.harvard.edu
암묵적 연합검사는 고정관념이나 편견처럼 보이고 싶지 않은 암묵적 태도를 측정하는데 효과적인 방법이다. 특정한 대상에 대한 동작이나 판단을 인과성에 대한 의식 없이 자동적으로 평가하게 하여 환자들의 암묵적인 태도를 측정할 수 있다.

42. 플라톤, 『국가Platonis Rempublicam』(Oxford University Press, 2008)

43. 임마누엘 칸트, 『순수이성비판Critique of Pure Reason, Second Edition 1, 2』(Palgrave Macmillan, 2007)

44. 스티븐 슈왈츠, 「이성의 무기력함Reason's no quitter」, 『철학자의 잡지The Philosophers' Magazine』, 36호 4분기, 2006, pp. 27 - 30.

45. 세네카, 「스토아로부터의 편지Letters from a Stoic」(Penguin, 2004), p. 179.

46. 같은 책, p. 71.

47. 바바라 에런라이크, 『긍정의 배신Smile or Die』(Granta, 2009)를 참고하라.
『긍정의 배신』은 에런라이크 자신의 생생한 경험을 바탕으로 한 것이다. 2000년부터 유방암으로 치료를 받던 그녀는 다른 환자들에게서 '암은 축복'이라는 식의, 극도로 긍정적인 태도를 목격한다. 이를 통해 긍정주의가 얼마나 깊게 퍼졌는지 깨닫고, 자기계발서와 동기 유발 산업, 초대형 교회, 긍정심리학 등 사회 곳곳에서 사람들을 옥죄는 긍정 이데올로기를 추적한다. 이 책이 그 결과물이다.

48. 빅터 프랭클, 『죽음의 수용소에서』(Rider, 2004), pp. 139

49. 매트 리들리, 『이성적 낙관주의자The Rational Optimist』(Fourth Estate, 2010).

50. 레이 브래드버리, 『태양의 금빛 사과Golden Apples of the Sun』(Doubleday, 1953).

51. 밀란 쿤데라, 『참을 수 없는 존재의 가벼움The Unbearable Lightness of Being』(Faber and Faber, 1984), p. 8.

52. 빅터 프랭클, 『심리요법과 실존주의Psychotherapy and Existentialism』(Washington Square Press, 1985), p. 37.

53. 빅터 프랭클, 『죽음의 수용소에서』(Rider, 2004), p. 115.

54. A. J.에이어의 논문, '삶의 의미The Meaning of Life'(Hackett, 1994), p. 117.

55. 존 코팅햄, '훌륭함, 선함 그리고 유의미함The Fine, The Good, and the Meaningful', 철학자의 잡지The Philosophers' Magazine, Issue 45, 2nd Quarter 2009, pp. 31 - 9. 다음의 책도 볼 것. 『왜 믿는가Why Believe?』(Continuum, 2009).

56. 『베네딕트 규칙The Rule of Benedict』(Penguin Classics, 2008), p. 72.
1500년 전 성 베네딕트가 몬테카시노 수도원에서 수도원 가족들의 생활 지침서로 쓰기 위해 저술한 작은 책자다. 73장으로 되어 있고 크게 두 부분으로 나뉜다. 1장에서 7장은 교리(원리)를 다루고, 8장에서 73장은 수도자들의 생활과 훈련(실제)을 다룬다.

57. 매튜 크로포드, 『손수 일을 해야 하는 이유The Case for Working with Your Hands』 (Penguin, 2009), p. 68.

58. 같은 책 p.67.

59. 르네 데카르트, 『성찰Meditations on First Philosophy, §81』 (Cambridge University Press, 1986), p. 56.

60. 틱낫한, 『틱낫한 명상The Miracle of Mindfulness』(Beacon Press, 1987), p. 85.

61. 스티븐 배철러, 『붓다는 없다Buddhism Without Beliefs』 (Bloomsbury, 1998), p. 6.

62. 미하이 칙센트미하이, 『몰입』